이더리움 스마트 계약 개발

Mayukh Mukhopadhyay 지음

이영환 · 윤덕훈 옮김

솔리디티를 사용한 블록체인기반 탈중앙화 애플리케이션 구축

도서출판 홍릉

Ethereum Smart Contract Development

(by Mayukh Mukhopadhyay)

이더리움 스마트 계약 개발

인 쇄 : 2020년 4월 17일 초판 1쇄
발 행 : 2020년 4월 27일 초판 1쇄

역자와의 협의하에 인지생략

역 자 : 이영환 · 윤덕훈
발행인 : 송 준
발행처 : 도서출판 홍릉
주 소 : 01093 서울시 강북구 인수봉로 50길 10
등 록 : 1976년 10월 21일 제5-66호

전 화 : 02-999-2274~5
팩 스 : 02-905-6729
e-mail : hongpub@hongpub.co.kr
http://www.hongpub.co.kr
ISBN : 979-11-5600-763-0(93000)

정 가 : 25,000원

낙장 및 파본은 구입처나 본사에서 교환하여 드립니다.

기여자

저자에 대해서

Mayukh Mukhopadhyay는 BI 개발자로서의 경력을 시작했다. 2008 년 9 월 금융 위기 이후 텔레콤 부문의 Fortune 500 대 기업 중 한 곳인 Tata Consultancy Services에 근무했다. Jadavpur University에서 소프트웨어 엔지니어링 석사 과정을 마친 그는 데이터 분석 개발자로 일하면서 데이터 분석 및 기계 학습을 원시 통신 장비 로그에 적용하여 비즈니스 분석을 창출하는 데 중점을 둔다. 그는 오디오 신호 처리, 구조 생물 정보학, 생물 영감 알고리즘부터 의식 공학에 이르기까지 다양한 학문적 관심사를 갖고 있다. 오라클 공인 전문가 외에도 그는 C4 (Crypto Currency Certification Consortium)에서 인정하는 공인 비트코인 전문가이다. 그는 여러 비즈니스 영역에 블록체인 기술을 적용하려고 한다.

To my guide @JU Dr Parama Bhaumik — your lectures on distributed systems were my main inspiration while writing this book.

To my professional network connections Ivan Liljeqvist, Dug Campbell, Mahesh Murthy, Kaushik Sathupadi, Ravinder Deol, Narayan Prusty, and Thomas Wiesner—thanks for your blogs and vlogs. This book is as much your creation as it is mine.

리뷰어 정보

다니엘 크래프트(Daniel Kraft)는 오스트리아 그라츠 (Graz)에서 응용 수학과 이론 물리학을 공부한 후 2015 년 그라츠 대학교 (University of Graz)에서 박사 학위를 취득했다. 그 후 스위스 취리히 (Zurich)에서 소프트웨어 엔지니어로 일했다. 그는 2011 년부터 비트코인 및 암호화폐에 많은 관심을 보였으며 2013 년부터 비트코인 개발에 참여했다. 2014 년 이후 네임코인(Namecoin) 및 헌터코인(HuntER-Coin)의 주요 개발자였으며 이 둘을 최신판 비트코인 코어의 코드베이스에서 성공적으로 다시 재구현하는데 성공했다. 크래프트박사는 비트코인 코어의 개발에 관여하여 거의 모든 곳에 개선 사항을 기고하고 있다. 또한, 동료평가 저널에 다수의 연구 논문을 출간했으며 암호화폐와 직접 관련있는 논문을 2 개 게재했다.

Packt가 작가를 찾고 있다.

Packt의 저자가 되고 싶다면 authors.packtpub.com을 방문하여 오늘 신청하십시오. 우리는 수천 명의 개발자 및 기술 전문가와 함께 여러분과 마찬가지로 글로벌 기술 커뮤니티와 그들의 영감을 공유할 수 있도록 도와 왔다. 원하는 사람은 일반 신청서, 특정 주제 저자모집 신청서에 혹은 자신의 아이디어를 담아 제출할 수 있다.

목차

제 10장
BaaS와 다크웹 시장 207

제11장
고급 주제와 로드맵 225

머리말

이 글을 읽으시는 분들에게 블록체인, 특히 이더리움 스마트 계약을 배우고자 할 때 가장 어려운 난관을 이미 극복하셨기 때문에 축하드립니다. 이 기술은 전도 유망한다. 그러나 아직은 미숙한다. 그런데 이 기술을 둘러싼 압도적인 과대 광고는 큰 난관이다. 따라서 그 안에서 정말로 어떤 일이 벌어지고 있는지를 알기 위해 노력하는 것이 필요한다.

소프트웨어 개발자로서 이 책을 통해 여러분과 함께 이 수수께끼 같은 혁신적인 기술을 통해 매혹적인 여행을 시작하고자 한다.

이 책의 챕터들은 조금씩 증가하는 방식으로 배열되어 있다. 처음에는 비트코인을 이용하여 블록체인에 대해 부드러운 소개로 시작하다가 곧바로 이더리움의 세계와 그 생태계의 주요 플레이어로 빠르게 뛰어 들어갑니다.

그런 다음 우리는 “Hello World” 스마트 계약의 코딩을 실습한다. 그 다음에는 분산된 자율 조직, 분산된 응용 프로그램 및 스마트계약 최적화라는 주제를 다룹니다. 우리는 이더리움 커뮤니티에서 최근에 발생했던 두 가지 유명한 수 백만 달러짜리 해킹과 미래에 이를 방지하기 위해 사용된 예방 조치를 분석한다.

그런 다음 솔리디티 프로그래밍 언어와 web3.js 라이브러리의 복잡 미묘한 부분을 다룹니다.

마지막 장에서는 표준화된 토큰의 개발, ICO의 개념, 스마트 계약의 기업 사용의 잠재적 사례, 탈중앙화된 마이크로 블로그 플랫폼 설계 및 다크웹 마켓플레이스 서핑을 주로 다룹니다.

마지막으로 그래프 기반의 분산원장기술과 퀀텀 보안 블록체인과 같은 유망한 미래 전망을 가진 고급 주제에 대한 기초를 제공함으로써 이 책을 결론지었다.

처음에는 명확하게 해둘 것은 내가 비록 이 책의 저자이므로 가능한 한 정확하게 사실을 출간하는 것이 나의 전적인 책임이지만 나는 결코 이 주제에 대한 유일한 권위자가 아니다.

독자 여러분들께 저는 여행을 시작하는데 필요한 최적의 정보를 소개함으로써 지식추구에 도움을 줄수 있는 한 사람의 열광적인 동료 학습자임을 기억하시기 바랍니다. 나는 내가 다수의 실수를 통해 배운 난관과 함정들에 대해 여러분들께 알려 드리겠다.

자, 이제『**이더리움 스마트 계약 개발**』을 사용하여 손을 더럽히면서 블록체인을 향한 여정을 시작해 보자.

이 책의 대상

이 책은 밑바닥부터 솔리디티를 사용하여 강력하고 견고하며 최적의 스마트계약을 개발하고자 하는 초보 프로그래머부터 오픈소스 자바 스크립트 라이브러리 등을 이용하고자 하는 솔루션 설계자, 블록체인 열광자 등을 대상으로 한다. 블록체인상에서 스마트하게 실행될 수 있는 광범위하고 탈중앙화된 응용 프로그램을 만들고 싶다면 이 책은 당신을 위한 책이다! 개방적이고 호기심 많은 태도가 필요 충분한 전제 조건이다. 데이터 구조, 객체 지향 프로그래밍, 네트워킹 개념 및 암호화에 대한 다소의 예비 지식은 독자가 이 책에서 제시된 개념을 이해하는 데 도움이 될 것이다.

이 책의 내용

1장, 블록체인 기본은 이더리움과 스마트 계약 개발에 깊이 들어가기 전에 블록체인에 대한 워밍업 세션의 역할을 할 것이다. 블록체인을 실제로 이해하기 위해서는 기술로서 확고하게 블록체인의 바탕이 되는 두 가지 근간인 분산 시스템과 암호기술을 이해해야 한다. 이 두 가지 핵심 개념을 다룬 다음에는 소프트웨어 개발자이자 금융상품의 거래자라는 두 가지 관점에서 블록체인을 이해하려고 한다. 그 다음 블록체인에 존재하는 블록의 내부 논리 아키텍처를 조사하여 비트코인 블록 구조를 검토하고 마이닝 및 포킹(forking) 프로세스에 대해 간략하게 소개한다. 그 후에 지금까지 어떻게 블록체인이 진화해왔는지, 또 기술적으로 과도하게 포장된 사이클 속에서 현재의 위치는 어디에 있는지 분명히 밝히는 것으로 끝을 내겠다.

2장, 이더리움의 총체적 이해는 분권화의 의미와 이더리움의 진정한 분권화 여부를 이해하는 데 도움이 될 것이다. 또한 핵심 기술 스택을 다룰 것이며 Mist, EVM, Swarm, Whisper, Ether, Gas와 같은 다양한 전문용어에 익숙해질 것이다. 그 후 튜링완전 언어라는 뜻에 대해 간략하게 설명할 것이다. 그 다음 우리는 이더리움의 관점에서 포킹, 마이닝, 및 블록 아키텍처를 다시 다룰 것이다. 이 장에서는 스마트 계약 개발을 위한 확고한 기반이 될 이더리움 지갑과 클라이언트 인터페이스 개념을 마지막으로 설명한다.

3장, 이더리움 스마트 계약 Hello World는 우리의 첫번째 스마트 계약을 개발하기 위한 실용적인 가이드를 제공한다. 소프트웨어 개발자들의 전통에 따라 "Hello World"로 프로그램을 시작한다. 그런 다음 기본 산술자인 증가 및 감소 연산을 계약을 사용하여 시도한다. 그런 다음 스마트 계약내에서 반복문을 코딩 하는 방법과 Github에서 문제 제기 하는 방법에 대해 알아봅니다. 우리는 이 장을 Genesis 블록에서 우리가 직접 프라이빗 블록체인을 만들어 Geth와 연결하고 Mist 브라우저를 사용하여 일부 이더리움을 채굴한 후 이 장에서 공부한 스마트 컨트랙트 계약 중 하나를 전개해 봅니다.

4장, DApp 및 DAO에 대한 왕초보 가이드는 개발자 관점에서 탈중앙 응용프로그램에 대한 이해를 증진시킵니다. 분산 애플리케이션을 개발하기 위한 높은 수준의 단계를 소개한다. 그런 다음 우리는 여러 dApps의 통합자 역할을 하고 있는 이더케스트라고 하는 독창적인 시장을 탐험한다. 그 후에는 탈중앙 자율조직(DAO)을 설계한다. 우리는 순수 기술적인 관점에서 ETH/ETC 분할로 이어지는 악명높은 DAO 해킹을 회고 하면서 이 장을 마무리한다.

5장, 스마트 계약 심층 연구는 스마트 계약 설계에 대해 자세히 살펴봅니다. 처음에 우리는 스마트 계약의 교과서적 정의를 이해함으로써 시작한다. 그런 다음 스마트 계약 모델의 차이점을 이해하고 스마트 계약에서 코드의 역할을 이해하게 된다. 스마트 계약의 기본적인 구조를 살펴보고 어떻게 스마트 계약이 효과가 있는 지를 살펴봅고자 한다. 그런 다음 스마트 계약 최적화, 감사 및 ERC20 준수와 같은 고급 주제로 촛점을 옮깁니다. 우리는 투표 dApp 구축에 관한 실습을 통해 이 장을 마무리한다.

6장, 솔리디티 심층 이해는 전체가 이더리움 블록체인상에서 튜링 완전성을 가진 솔리디티 언어에 관한 것이다. 우리는 솔리디티와 같은 새로운 언어가 왜 필요한지에 대하여 설계의 판단에 대해 살펴보면서 시작할 것이다. 그 다음에는 솔리디티 언어와 기본 구문에 사용되는 뉘앙스와 기본 문법에 대해 설명한다. 특히 계약 중심의 기능, 함수 및 이벤트, 상속, 라이브러리, 표현식, 제어 구조, 단위, 및 변수에 대해 살펴보겠다. 그런 다음 옵티마이저 및 디버깅 옵션을 살펴보겠다. 마지막으로 패리티 지갑 해킹으로 3000만 달러 상당의 이더를 도난당하는 결과를 초래한 이더리움의 코드 결함을 분석하면서 이 장을 마무리한다.

7장, Web3.js 입문서는 JavaScript로 작성된 특수 응용프로그래밍 인터페이스 라이브러리를 소개한다. 이 인터페이스는 웹브라우저를 이더리움 블록체인 노드와 연결한다. 우리는 Geth, Web3.js, Mist의 차이점을 이해함으로써 이 장을 시작할 것이다. 그런 다음 API 라이브러리를 임포트하는 것을 배우고 Geth와 연결하는 방법을 배우게 된다. 그 다음 Web3.js 라이브러리 내부의 API 구조를 살펴보겠다. 우리는 소유권 계약의 설계를 연구함으로써 이 장을 마무리할것이다.

8장, 바닥부터 개발하는 암호화폐, 트루플 프레임워크를 사용하여 ERC20 표준화 토큰을 개발하는 실습 튜토리얼을 제공한다. 그런 다음 **초기 코인 제공**(ICO) 개념과 가짜 및 폰지 (ponzi) 사기에서 진정한 ICO를 식별하는 방법에 대해 살펴봅니다. 이 장은 다양한 토큰 변환 프로세스와 페어트레이딩 개념을 토의하여 결론을 맺다.

9장, 기업 사용 사례에서는 이더리움 스마트 계약의 흥미롭고 유망한 사용 사례를 제공한다. 또한 솔리디티를 사용한 탈중앙 마이크로 블로깅 플랫폼의 설계에 대해서도 논의한다.

10장, BaaS와 다크웹 시장에서는 Microsoft와 IBM의 블록체인 프레임 워크를 소개한다. 이 장에서는 기존 웹과 다크웹 (.onion 웹사이트와TOR)의 차이점과 암호화폐의 사용 사례를 찾기 위해 다크웹을 안전하게 탐색하는 방법에 대해 설명하는 것으로 끝을 낸다.

11장 고급 주제와 향후 길잡이는 탱글에 초점을 맞춘 그래프 기반 분산원장기술, 양자 보안 블록체인, 이더리움 개선 프로토콜, 컨소시엄 블록체인, 분산 자치 사회 및 솔리디티용 일반적 디자인 패턴 등 흥미진진한 주제를 다루고 있다.

예제 코드 파일을 다운로드

이 책의 예제 코드 파일은 www.packtpub.com의 계정에서 다운로드할 수 있다. 이 책을 다른 곳에서 구입한 경우 www.packtpub.com/support를 방문하여 등록후 파일을 이메일로 받아볼 수 있다.

다음 단계에 따라 코드 파일을 다운로드 할수있다.

1. www.packtpub.com에 로그인하거나 등록하십시오.
2. Support 탭을 선택하십시오.
3. Code Downloads & Errata를 클릭하십시오.
4. Search 박스에 책의 이름을 입력하고 화면의 지시를 따르다.

파일을 다운로드 한 후에는 아래 프로그램의 최신 버전을 사용하여 폴더의 압축을 해제하여 사용한다.

- Windows 용 WinRaR/7-zip.
- Mac 용 Zipeg/iZip/UnRarx.
- Linux 용 7-Zip/PeaZip.

책의 코드 번들은 Github, https://github.com/packtpublishing/이더리움-Smart-Contract-Development에서도 호스팅된다. 코드에 대한 업데이트가 있는 경우 기존 Github 저장소에서 업데이트된다.

또한, https://github.co.kr/packtpublishing/에는 다양한 도서 및 동영상 카탈로그의 다른 코드 번들도 보유하고 있다. 꼭 체크해 보시기를 권한다!

컬러 이미지 다운로드

이 책에서 사용된 스크린샷/다이어그램의 컬러 이미지가 있는 PDF파일을 제공한다. 아래 주소에서 다운로드 하시기 바랍니다.

http://www.packtpub.com/sites/default/files/downloads/EthereumSmartContractDevelopment_ColorImages.pdf.

사용된 규칙

이 책 전체에 다수의 텍스트 규칙이 적용되었다.

CodeInText: 텍스트의 코드 단어, 데이터베이스 테이블 이름, 폴더 이름, 파일 이름, 파일 확장명, 경로 이름, 더미 URL, 사용자 입력 및 트위터 핸들을 나타낸다. 그 예는 다음과 같다. "구글 크롬 브라우저를 열고 그림 3.1에 표시된대로 Google에 remix solidity를 입력한다."

코드 블록은 다음과 같이 설정된다.

```
{"jsonrpc":"2.0","method":"eth_coinbase","params":[],"id": 67}
```

명령행 입력 또는 출력은 다음과 같이 작성된다.

```
$ geth --datadir=./chaindata/ init genesis.json
```

굵게: 새 용어, 중요한 단어 또는 화면에 표시되는 단어를 나타낸다. 예를 들어 메뉴나 대화 상자의 단어가 이와 같이 텍스트에 나타납니다. 예를들면 다음과 같다. "그림 3.7에서 하이라이트로 표시된 대로 Create 버튼을 클릭하십시오. 아싸! 당신은 스마트계약을 만들었다."

경고 또는 중요한 메모가 이렇게보이다.

팁과 트릭이 이렇게 보이다.

출판사 연락

독자들의 피드백은 언제나 환영한다.

일반피드백: feedback@packtpub.com으로 이메일을 보내고 메시지 주제에 책제목을 언급하십시오. 이 책의 모든 측면에 대해 궁금한 점이 있으면 questions@packtpub.com으로 전자 메일을 보내주십시오.

Errata: 콘텐츠의 정확성을 보장하기 위해 모든 노력을 기울였지만 실수는 발생한다. 이 책에서 실수를 발견한 경우 이를 우리에게 제출해 주시면 감사하겠다. 웹사이트 www.packtpub.com/submit-errata를 방문하여 도서를 선택하고Errta 제출 양식 링크를 클릭한 다음 세부 정보를 입력하여 주십시오.

불법복제: 인터넷상의 어떤 형태로든 불법 복제물을 발견하면 위치 주소나 웹사이트 이름을 알려 주시면 감사하겠다. 이메일 copyright@packtpub.com으로 링크와 함께 알려주십시오.

저자가 되기 위해 관심이 있는경우: 전문 지식이 있고 책을 쓰거나 기여하는데 관심이 있는 주제가 있는 경우 authors.packtpub.com을 방문하십시오.

리뷰

리뷰를 남겨주세요. 이 책을 읽고 사용한 후에 구입한 사이트에서 리뷰를 남기지 않으시렵니까? 향후 다수의 잠재적 독자가 귀하의 편견 없는 의견을 보고 구매결정을 내리는데 사용할 수 있다. 출판사는 귀하가 제품에 어떻게 생각하는 지에 대한 고귀한 의견을 듣고 저자는 책에 대한 귀하의 의견을 볼 수 있다. 고맙습니다!

For more information about Packt, please visit packtpub.com.

제 01 장

블록체인 기본

이 장은 이더리움과 스마트 계약 개발에 뛰어 들기 전에 블록체인에 대한 워밍업하는 세션이다. 블록체인을 제대로 이해하기 위해서는 블록체인 기술이 단단히 기반하고 있는 두 가지 요소 기둥을 이해해야 한다. 그것은 분산 시스템 및 암호화이다. 우리가 이 두 가지 요소 개념을 이해하고 나면, 블록체인을 소프트웨어 개발자로서 또 다른 하나는 금융 상품 트레이더이라는 두 가지 관점에서 이해할 수 있다.

그런 다음 비트코인 블록 구조에 초점을 두고 블록체인 상에서 블록의 내부 논리 아키텍처를 자세히 공부한 후 마이닝 및 포킹 프로세스에 대해 간략하게 소개한다.

이 장을 공부하면 다음의 사항을 할 수 있게 된다.

- 블록체인기술 기반의 이해하기
- 개발자와 거래자로서 블록체인에 대한 감사하기
- 비트코인 블록의 기본 구조 설명하기
- 블록체인 마이닝 및 포킹에 대해 알기, 또한 블록체인 관련 진화 과정 및 그에 대한 과도한 포장 이해하기

분산 시스템 이해

분산 시스템을 이해하려면 먼저 기존 중앙 집중식 시스템과 구별해야 한다. 전통적인 중앙 집중식 시스템은 클라이언트와 서버의 두 가지 주요 구성 요소로 구성된다. 가장 간단한 설정에서 클라이언트는 작업을 수행하도록 요청하는 쪽이고 서버는 그 작업을 수행하는 쪽이다. 이것은 웹 1.0이 작동하는 방식이

었다. 우리는 월드 와이드 웹이라고 부르기 시작했다. 예를 들어, 구글 검색엔진에 검색요청을 하면 웹 링크의 세트와 요약된 결과가 반환된다.

만일 두 클라이언트가 서로 통신하기를 원할 경우 미들맨으로 작동하는 서버를 통해 요청을 해야 한다. 예를 들어, 내 모바일의 클라이언트 응용 프로그램에서 메시지를 보내면 이 메시지가 카카오톡 서버로 보내지고, 내 클라이언트 프로그램은 숫자 1을 표시한다. 동시에 서버는 상대방의 클라이언트 응용 프로그램에 내 메시지에 관한 알림을 전달한다. 그래서 상대방이 내 메시지를 보면 상대방의 클라이언트 응용 프로그램은 확인 신호를 카카오톡 서버로 보내고, 서버는 다시 이를 다시 내 클라이언트 응용 프로그램에 알려 준다. 이것이 현재 인터넷이 작동하는 방식이며 소셜 네트워크의 출현으로 웹 2.0이라고 부른다. 위의 두 가지 예에서 우리는 중앙 집중식 시스템이 잘 작동하는 것을 볼 수 있다. **그림 1.1**에서 이 중앙 집중식 설정을 왼쪽 레고 블록 설정으로 나타내고 있다. 중간에 모여 있는 블록은 서버를 나타내지만 주위에 고립 블록은 클라이언트를 나타낸다. 그러나 이러한 중앙 집중식 서버는 일반적으로 비즈니스 조직이 소유하며 클라이언트가 통신하는 동안 개인 데이터 유출에 대한 범죄 기관 또는 중앙 기관의 영향을 받을 수 있다. 이 근본적인 결함을 극복하기 위해 피어-투-피어(peer-to-peer) 네트워킹 (웹 3.0)이 만들어졌다 (예컨대, BitTorrent). 이 들은 **그림 1.1**의 오른쪽에 묘사된 것처럼 각 노드가 클라이언트나 서버 또는 둘 다일 수 있으며 다른 노드와 구분할 수 없는 분산 시스템이다. 이 시스템은 프라이버시에는 좋지만 비잔틴 장군의 문제와 CAP 정리와 같은 문제들에 직면했다. 이 문제들은 추후 뒤에서 나오는 섹션에서 설명될 것이다.

그림 1.1: 중앙집중식 시스템(왼쪽)과 분산시스템(오른쪽)의 레고블록 표현

비잔틴 장군 문제

옛날 암흑시대를 상상해 보자. 어떤 해적선이 공격당하고 있다. 해적선에는 200명의 해적이 타고 있다. 이를 둘러 싼 6대의 군함은 각각 50명의 전사가 타고 있다. 각 군함은 각기 선장의 명령을 받는다. 300명의 전사들이 해적선에 탑승하여 공격한다면 200명의 해적들을 쉽게 압도 할 수 있다. 그러나 그들이 함께 동시에 공격을 하지 않는다면 해적들이 전사보다 숫적으로 많아 질 것이며 전투에 패배할 것이다.

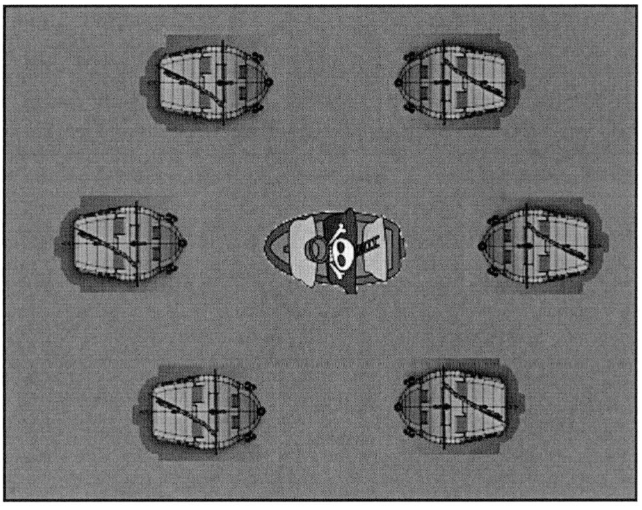

그림 1.2: 팔선(50)으로 포위된 해적선(200)

그렇다면 선장들이 모두 같은 시기에 해적선을 공격하는데 어떻게 동의 할 수 있을까? 요즘이라면 빨리 화상 그룹회의가 필요할 것이고 선장은 22:00시 공격에 쉽게 동의할 수 있다.

그러나 암흑시대로 돌아가면 상황은 조금 더 복잡해진다.

- 22:00 공격 메시지는 한 선원이 모든 작은 보트를 타고 가야만 전달된다. 그는 각 군함마다 항해하고, 각 선장을 차례로 방문하여 알려야 한다.
- 어떤 선장이건 배신자일수 있으며 해적선의 반역자와 동맹관계에 있을 수 있다.

패배 전략

선장 1이 22:00에 공격하기로 결정한다. 그는 선원에게 메시지(22:00 공격)를 전송하여 2번 함으로 전달한다. 도착하면 2번 선장은 메시지를 읽고 공격 시간을 기록하고 22:00 공격이라고 하는 메시지를 보낸다. 그는 선원에게 3호 선장에게 메시지를 전하기 위해 보낸다. 그러나 문제가 있다. 3번 함장은 반역자이다. 그는 공격이 실패하기를 원한다. 따라서 메시지를 받으면 21:00의 공격(오후 9시)이라는 새로운 메시지로 바꿉니다. 선원은 알지 못한다. 이제 Captain 4가 21:00 공격이라는 메시지를 수신한다. 그는 시간을 기록하고, 21시에 공격하는 메시지에 서명하고 이것을 5번 선장에게 보낸다. 그러면 5번 선장은 같은 메시지를 6번 선장에게 보낸다. 이제 메시지가 모든 사람에게 전달되었지만 문제가 있다. 부정직 한 선장이 결과를 혼란에 빠뜨렸다. 우리는 이제 3명의 경감(4, 5, 6)과 150명의 전사가 21시에 해적선을 공격했다. 다른 이들이 그들과 합류하기를 기대하면서 그들은 200명 이상의 해적들에 의해 압도당한다. 승리 한 해적들은 이제 해적선에서 나와 배신자 인 Captain 3과 힘을 합칩니다. 갑자기 2명의 나머지 선장(1과 2)은 100명의 전사만 있고 200명의 해적과 50명의 반역자를 만나고 있다. 불행히도 해적과 반역자가 승리한다.

이기는 전략

선장 1은 동일한 메시지를 보내려고 한다(22:00에 공격). 그러나 이번에는 반드시 따라야 할 두 가지 규칙이 있다.

- 각 선장은 새로운 메시지를 준비하는데 10분을 소비해야 한다.
- 그는 모든 새로운 메시지에 모든 이전 메시지의 기록을 포함시켜야 한다.

자, 이번에 무슨 일이 일어나는지 보자. 이전과 마찬가지로, 선장1은 보트에 선원과 함께 메시지(22:00 공격)를 보낸다. 그러나 이번에는 선장2와는 다른 점이 있다. 왜냐하면 그는 두 가지를 확실히 알고 있기 때문이다.

- 메시지는 준비하는데 10분이 걸렸음에 틀림없다.
- 이전 메시지가 없으므로 진실이어야 한다(선장 1이 반역자이고 잘못된 시간을 넣었더라도 상관없다, 대다수의 선장이 제안을 따라 22:00 공격시간, 그들은 여전히 해적선에 있는 사람들보다 많고 전투에서 승리할 것이다)

이제 선장 2가 메시지를 보낼 때이다. 필요에 따라 새로운 메시지를 준비하는데 10분을 소비하고 선장1의 메시지를 자신의 것으로 삽입한다. 그런 다음 선원은 이 메시지로 출발한다(실제로 두 번째 메시지는 첫 번째 메시지가 포함되어 있으므로 두 메시지가 함께 연결된다). 이제 선장 3에게 도착한다.

기억하시겠지만 그는 배신자이다. 그래서 그는 무엇을 할까요? 지난 번에 그는 메시지를 21:00 공격으로 변경하여 4, 5, 6 기장이 일찍 공격을 하고 패배하도록 했다. 그러나 이제 그는 새로운 규칙에 따라 캡틴 4에게 보낼 메시지를 준비하는데 10분 밖에 없기 때문에 그렇게 할 수 없다. 그에게는 두 가지 옵션이 있다.

1. 메시지를 21:00 공격으로 변경하여 속인다. 이를 위해 그는 (a) 메시지를 작성하는데 10분을 소비한 다음 (b) 추가로 2 x 10분을 소비하여 선장 1과 2로부터의 메시지를 21:00 공격 메시지로 대체하여 기재한다. 이를 실행하려면 30분이 소요되고 다른 선장은 그가 배신자인 것을 알게 된다.
2. 패배를 승인하고 10분 동안 22:00 공격 메시지를 준비한다.

다른 말로 하면, 모든 선장이 다른 선장에게 무언가 전달하기 위해 10분 이상을 갖지 못하게 하고 부정직하려고 하는 자가 가짜를 만드는 시간을 10분 이상 걸리게 했다. 배신자가 만일 10분 안에 가짜를 전달할 수 없다면, 모두가 부정직한 존재임을 알게 되어 그를 무시하고, 다른 사람들을 오도하려는 시도는 쓸모없게 된다.

CAP 정리

CAP 정리를 설명하기 전에 실제 문제를 사용하여 일관성(Consistency), 가용성(Availability), 및 파티션(Partition) 허용 오차를 먼저 이해하자.

결혼 한 사람으로서 나는 배우자의 생일과 결혼 기념일과 같은 중요한 날을 잊어버리면 사람의 삶이 얼마나 괴로워지는지 압니다. (대부분의 경우 남편이 범인 본인이지만 이는 별도의 문제다.) 친구(그의 이름이 규탁이라고 하겠다) 규탁 씨가 이를 사업 기회로 생각하고 이 문제를 해결하기 위해 해피스파우스(happyspouse.com)을 창업했다. 어느 날(그저 보통 영업일이었다) **규탁**(K)씨와 그의 **고객**(C)은 다음과 같은 대화를 나누었다.

K: 해피스파우스입니다. 안녕하세요. 무엇을 도와드릴까요?

C: 안녕하세요, 제 아내의 생일을 기억하길 바랍니다.

K: 물론이죠. 언제입니까?

C: 9월 3일입니다.

K: (C의 전용 고객 페이지에 기록) 저장되었습니다. 배우자의 생일을 다시 알려 줄 수 있도록 언제든지 전화 주세요!

C: 감사한다!

K: 천만에요! 고객님의 신용 카드에 0.05달러가 청구되었습니다.

규탁 씨의 아이디어는 매우 단순해서 단지 공책과 전화기만 필요했을 뿐이었다. 하지만 매우 효과적이어서 눈덩이처럼 쉽게 뭉쳐져서 점점 크게 굴러가기 시작했다. 벤처사들이 자금을 쏟아 붓기 시작했다. 그는 또한 매일 수백 통의 전화를 받기 시작했다. 바로 거기서 문제가 시작되었다. 이제 점점 더 많은 그의 고객들이 그와 이야기를 하기 위해 기다려야 했다. 그들 중 대부분은 통화 대기 신호음에 진저리가 나서 심지어 전화를 끊었다. 그러던 어느 날 그는 아파서 일을 할 수가 없었고 그날 하루 전체 업무는 마비되었다. 그 날 정보를 받고자 했던 고객들이 불평을 했던 것은 두 말할 것도 없다. 그래서 규탁 씨는 사업확장을 하고 아내에게서 도움을 받기로 결정했다. 그는 고객에게 그의 가용성을 해결하는 간단한 계획을 만들었다.

1. 그와 아내 둘 다 내선전화를 갖는다.
2. 고객들은 여전히 같은 번호로 전화를 걸 수 있다.
3. 내선 교환기는 둘 중 자유로운 사람에게 고객의 전화 통화를 보내 준다.

몇 주는 순조롭게 진행되었다. 어느 화창한 아침에, 그는 그의 옛 고객들 중 한명인 **제영**(J) 씨로부터 전화를 받았다.

J: 여보세요, 규식씨와 통화할 수 있을까요?

K: 안녕 제영 씨, 기억해 줘서 고마워요. 무엇을 도와드릴까요?

J: 우리 결혼 기념일이 언제였는지 말해 줄 수 있나요?

K: 물론이죠. 제영 씨 1초만 기다리세요. (규탁 씨는 노트북을 뒤져보니 덕훈씨의 페이지에 아무것도 없었지요.) 제영 씨, 당신 배우자의 생일 밖에는 없습니다.

J: 맙소사! 바로 어제 너희들한테 전화했었어! (통화 끊음!)

어쩌다 그런 일이 일어났을까? 정훈 씨가 거짓말을 하고 있었나? 규탁 씨는 그것에 대해 잠시 생각했고 그 이유를 당장 알았다! 어제 정훈 씨의 전화가 그의 아내에게 보내졌을까? 그는 아내의 책상으로 가서 그녀의 공책을 확인했다. 아니나 다를까, 거기 있었다. 그는 아내에게 이를 말했고 그녀도 문제가 있다는 것을 깨달았다. 이 분산 셋업에는 엄청난 결함이 있다. 이 셋업이 일관되지 않은 것이다.

이제 그들은 둘 중 하나가 전화를 받아서 노트를 할 때마다, 다른 사람의 노트북을 업데이트 하기로 결정했다. 이렇게 하면 둘 다 동일한 최신 정보를 갖게 된다. 한 사람이 일을 못하는 날이 있더라도 다른 하나는 이메일로 업데이트하면 된다. 그래서 하루 쉬고 다음 날 출근하더라도 업데이트를 적으면 된다. 그런 식으로 하면 그것들은 일관되고 가용할 것이다.

하지만, 운명은 그들만의 계획을 가지고 있는 법이다. 이렇게 바쁜 일정 때문에, 규탁 씨는 아내의 생일을 잊어버렸다. 이제 그의 아내는 화가 나서, 벽을 만들고 그와 어떤 업데이트도 공유하지 않았다. 이 일을 수습하기 위해, 규탁 씨는 고객들에게 그 자신을 이용하지 못하게 하고 그의 아내에게 봉사를 해야 했다.

자, 그럼 지금부터 CAP의 정리를 살펴보겠다. CAP 정리에 따르면 우리가 분산 시스템을 설계할 때, 일관성(Consistency), 가용성(Availability), 그리고 파티션 허용(Partition Tolerance)의 세 가지 모두를 동시에 달성할 수 없다고 한다. 우리는 CAP에서 두 가지만 선택하고 세 번째는 포기하게 된다, 그것이 CA, AP, 또는 CP 이다:

- **일관성**: 고객이 해피스파우스(HappySpouse.com)으로 전화를 걸어 정보를 업데이트하면, 그 후에는 고객은 항상 최신 정보를 얻을 수 있다. 이때 고객이 얼마나 빨리 다시 거는 지와는 상관이 없다.
- **가용성**: 해피스파우스(HappySpouse.com)은 (규탁 씨 또는 그의 아내 중) 어느 누구라도 일을 하는 한 항상 이용 가능한다.
- **파티션 허용**: 규탁 씨와 그의 아내 사이에 통신의 단절(부부싸움)이 있더라도 해피스파우스(HappySpouse.com)는 작동한다!

분산 시스템내에서의 컨센서스

컨센서스는 어떤 데이터 베이스 내에서 데이터 처럼 공동의 상태를 복제하는 분산 시스템에서 발생하는 문제이다. 한 그룹의 모든 프로세스가 각 프로세스의 투표에 기초하여 어떤 특정 값에 동의하도록 하는 것이 과제이다. 컨센서스 알고리즘이 값을 임의로 만들어 낼 수는 없다. 모든 프로세스가 동일한 값에 동의해야 하며 이 값은 프로세스 중 하나 이상에 의해 제출된 값이어야 한다.

이전의. 예에서는 일관성 문제를 방지하기 위해 뛰어다니는 직원이 있을 수 있으며, 이 직원은 노트북 하나를 업데이트될 때 다른 노트북을 업데이트할 것이다. 이 방법의 가장 큰 장점은 백그라운드에서 작업을 할 수 있다는 것이며, 다른 사용자가 업데이트할 때까지 기다리지 않아도 된다는 것이다. 공식적으로 말해서, 이러한 분산 시스템에서는 한 노드가 로컬에서 업데이트되고 그에 따라 백그라운드 프로세스가 모든 다른 노드를 동기화한다. 유일한 문제는 우리가 당분간 일관성을 잃게 된다는 것이다.

예를 들어, 고객의 전화가 규탁의 아내에게 먼저 전달되고 직원이 그의 노트북을 업데이트 할 기회를 갖기 전에 고객이 전화를 다시 걸어 온다. 그러면 고객은 일관된 응답을 얻지 못할 것이다. 따라서 우리는 고객이 수 분 안에는 다시 전화할만큼 너무 빨리 잊지 않을 것이라고 가정하여 결국에는 일관된 솔루션이 작동할 수 있도록 해야 한다.

또한 비잔틴 장군 문제의 승리전략을 다시 살펴보면 진실된 메시지를 거짓과 구별하기 위해 여러 선장들 사이의 합의가 이루어져야 한다는 것을 알 수 있다.

이 장의 뒷부분에서 블록체인에서 비트코인이 사용하는 작업 증명 알고리즘을 사용하여 다시 살펴보겠다. 현재로서는 합의에 관한 두 가지 사실을 알고 있는 것이 좋다.

- Raft및 Paxos 알고리즘은 합의 문제를 해결하기 위한 초기 시도였다. Paxos와 Raft는 모두 하나의 클러스터에서 다수 표결을 이용하여 합의 문제를 해결했다. 그 두 알고리즘은 대부분 초점이 달랐다. Raft은 완전히 실용적인 알고리즘을 제공하는 것을 목표로 했고 Paxos는 합의 알고리즘의 기본적인 근간을 제공했다.
- 분산 원장 시스템에서 컨센서스 알고리즘에는 크게 두 종류가 존재한다. **실제적 비잔틴 결함 허용 알고리즘**(PBFT)과 블록체인을 위한 알고리즘이 그것이다. 블록체인을 위한 알고리즘에는 시스템에서 합의를 찾는 주요 방법이 있다. 블록체인을 위한 알고리즘은 **지분증명 알고리즘**(PoS)과 **작업증명 알고리즘**(PoW)으로 더 자세히 분류할 수 있다. PoS에는 **위임된 지분증명 알고리즘**(DPoS)이라는 특수한 형태가 있다.

해시 함수및 머클트리의 이해

암호 기법은 메시지를 숨기는 기술이자 과학이다. 그것은 과학보다는 기술이다. 여기에 사용되는 과학은 기술적 상상력을 수학적 알고리즘으로 변형시키는 단순한 도구로 활용될 뿐이다.

이 섹션에서는, 우리는 이 엄청나게 방대한 주제에서 단 두 가지 특정한 개념에만 집중할 것이며, 이것은 우리가 블록체인의 진정한 본질을 이해하는 데 도움이 될 것이다. 이것들은 해시 함수와 머클트리이다. 이것들은 어떤 것을 감추기보다는 무결성을 확인하기 위해 사용된다는 점에 유의하기 바란다.

이제 해시 함수가 무엇이며 어떻게 작동하는지 이해하도록 하자. **그림 1.3**은 해시 함수를 보여 준다. 이 그림에서 알 수 있듯이 해시 함수는 단방향 매핑이다.

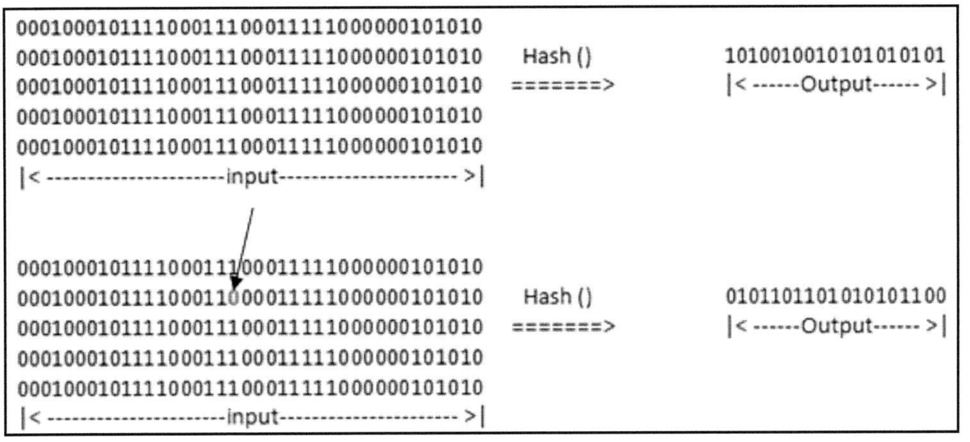

그림 1.3: 입출력이 가능한 해시함수

즉 입력 값을 받을 수 있다는 것을 의미하고 (입력은 일반적으로 커다란 비트 시퀀스이고, 그것은 영화, 노래, 전자 책, 화상, 또는 임의의 디지털 데이터 일 수 있다) 출력값으로는, 입력값의 크기보다 종종 훨씬 작기도 한, 고정된 크기의 값을 생성한다. 그러나 이 입력값에서 단 하나의 비트만 변경한다 하더라도 출력값은 완전히 달라진다. 이것은 해시 함수의 첫 번째 속성이며 해시 함수에게 충돌 저항성을 갖도록 해 준다. 두 번째 속성은 출력값만 있는 경우 입력값을 전혀 파악할 방법이 없다는 것이다. 그래서 해시 함수에 대한 입력값을 가지고 있다면 입력이 얼마나 큰 지 상관없이 항상 출력값을 얻을 수 있다. 그러나 해시 함수의 출력값만 있는 경우에는 해시 함수가 단방향이므로 입력을 다시 생성할 방법이 없다. 또한 출력 해시값은 고정 길이로 된 임의의 비트 시퀀스이지만 터미널에 표시되면 16진수 형식으로 변환되어 영숫자로 표시된다.

해시 함수의 출력값을 받아 입력값으로 다시 입력하면 어떻게 되는지 궁금 할 것이다. 고정 길이 비트의 시퀀스가 완전히 다르게 된다. 게다가 이제는 원래의 출력값을 재구성할 수 없다. 이 새로운 출력값은 해시값이 아니다. 해시의 해시값이다. 이것은 해시체인이라고 불리며 h(h(x)) 또는 h2(x)로 표시된다. 여기서 x는 비트의 원래 문자열이다.

우리가 이해해야 할 다음 사항은 머클트리가 무엇인가하는 것이다. 머클트리는 각 계층이 하위 계층의 해시값의 조합으로 된 데이터 구조이다. 일반적으로 머클트리는 이진 해시 트리를 사용하여 표현되며 각 노드는 최대 두 개의 자식을 갖는다. 브랜치는 두 자식의 결합 해시의 해시이다. 상위 노드를 만들기 위해 자식 노드의 연결을 다시 해싱하는 이 프로세스는 루트해시 또는 머클루트라고하는 트리의 최상위에 도달할 때까지 수행된다. 그림 1.4에서 어떻게 작동하는지 알 수 있다.

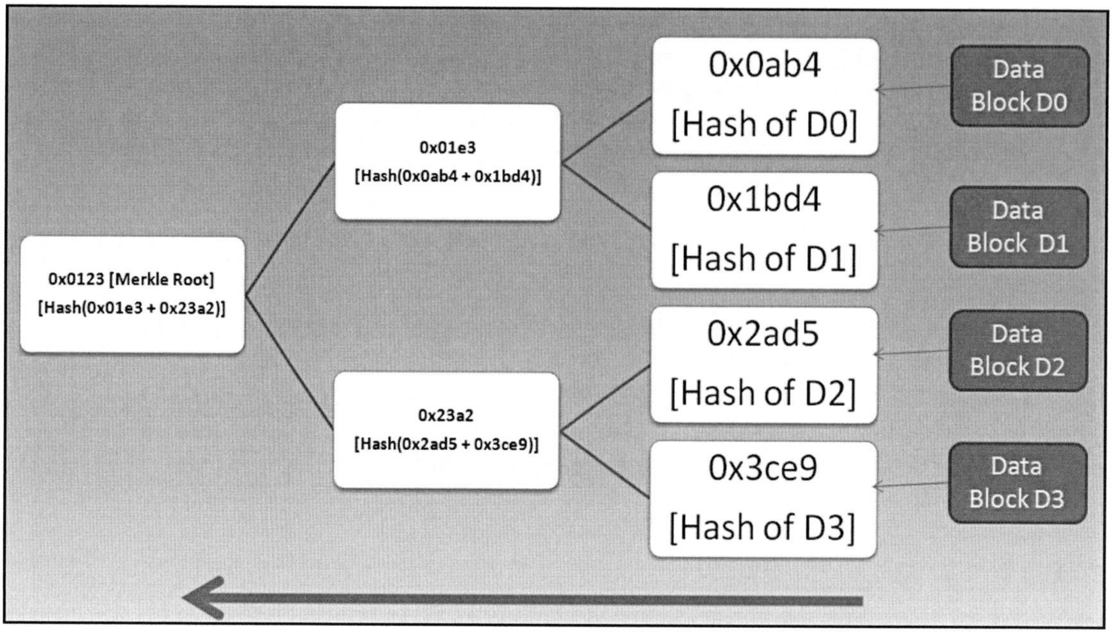

그림 1.4: 4개의 데이터 블록 D0, D1, D2 및 D3를 사용하는 머클트리복

두 개의 해시값 (**2ad5**와 **3ce9**)이 있다고 가정해 보자. 0x는 16진수 표기법을 나타내지만, 간단히 하기 위해 접두사는 생략한다. 트리에서 다음값을 얻으려면 이 값을 단일해시로 결합하여 값 **23a2**를 얻는다. 전에 말했듯이 이 해시는 단방향 함수이다. 따라서 **2ad5**와 **3ce9**를 결합하여 해시값 **23a2**를 얻을 수는 있지만 **23a2** 만 있으면 원래 값을 파악할 방법이 없다. 이제 **0ab4**와 **1bd4**와 같은 해싱을 수행하여 **01e3** 값을 얻은 다음 **01e3**과 **23a2**를 해시하여 **0123**의 루트값을 얻게 된다. 따라서 이 루트값은 이 데이터 구조를 나타내지만 원래 데이터 블록 **D0**, **D1**, **D2** 및 **D3**는 말할 것도 없고, 트리의 모든 개별값을 다시 찾아내야 한다. 물론 그것은 매우 어려울 것이다.

앞의 다이어그램에서 데이터 블록 **D2**의 소유자라고 가정 해 보자. 또한 배포 된 합의에서 우리 상황이 **0123** 인 루트 해시를 얻는다. 분산 시스템에 내 레코드 **D2**가 트리에 있음을 증명해달라고 요청한다. 서버가 나에게 돌려주는 것은 해시 **3ce9**, **01e3** 및 **0123**이다.이 정보를 사용하여 증명은 다소 다음과 같다. (여기에서 + 기호는 덧셈기가 아니라 결합자를 나타내며 그 증명은 기본적으로 검증 과정임을 유의하기 바란다.)

1. **D2**의 해시, 우리는 **2ad5**를 얻도록 계산한다.
2. 우리가 **23a2**를 계산하는 [**2ad5** + **3ce9**]의 해시.
3. 우리가 계산한 [**01e3** + **23a2**]의 해쉬 **0123**

우리는 분산된 합의에서 루트 해시를 알고 있기 때문에 **2ad5**가 트리에 있음을 확인한다. 우리의 **D2**기록도 일치한다. 게다가, **D2**로부터 연결된 루트해시 **0123**까지 도달할 수 있는 올바른 해시를 제공 할 수 있으므로 이를 증명한 시스템에서 우리가 권한을 가졌음을 증명한다. 어떤 시스템이든 우리의 요청을 검증하는 체하는 시스템은 중간 해시값을 제공할 수 없다. 우리는 시스템에 루트 해시를 제공하지 않으므로, 우리는 증명을 달라고 요청하게 되고, 그 시스템은 우리의 루트해시를 모르므로 분산된 컨센서스가 증명을 발명할 수는 없다. 우리는 루트해시를 알고 있는 것이다. 게다가 증명을 검증하기 위해서도 트리에 관한 정보가 거의 공개되지 않다. 또한 이 증명에 필요한 데이터 패킷은 매우 작기 때문에 네트워크를 통해 전송하고 증명 계산을 하는 데에 효율적이다. 자 이제 내가 **D2** 대신 **D4**가 있다고 주장하면 **3ce9**, **01e3** 및 **0123** 데이터로 증명할 수 없다. **3ce9**를 결합한 **D4** 해시의 해시가 완전히 다른 숫자였을 것이기 때문이다. 즉, 우리는 스텝2에서 얻는 것은 **23a2**가 아니다. 우리는 궁극적으로 **0123**의 합의 루트 해시값과는 전혀 다른 루트해시 값을 얻었을 것이다.

이제 해시, 해시체인및 머클트리가 무엇이며 어떻게 작동하는지 이해했으므로 다음 섹션에서 논의할 블록체인을 이해할 수 있다.

개발자와 거래자의 관점에서 블록체인 이해하기

소프트웨어 개발자의 관점에서 블록체인은 거대한 머클트리일 뿐이다. 잠시 독서를 멈추고 이 말을 먼저 이해하시라. 또 명확성을 위해 다른 방향에서 반복한다.

블록체인은 거대한 머클트리이며, 각각의 새로운 블록은 이전 블록의 해시와 현재 블록체인의 루트 해시를 포함하며 결국 해시 블록의 체인을 형성한다. 아주 분명하지는 않지만 머클트리 구조에는 중앙 서버가 필요하지 않다. 각 블록은 물리적으로 분리된 클라이언트에서 가져올 수 있다. 따라서 블록체인은 분산 시스템이기도 하다. 혼란스러운가요? 혼란을 완화하기 위해 그림 1.5를 보라. 그림에 보이는 타임스탬프와 논스는 나중에 논의할 것이다.

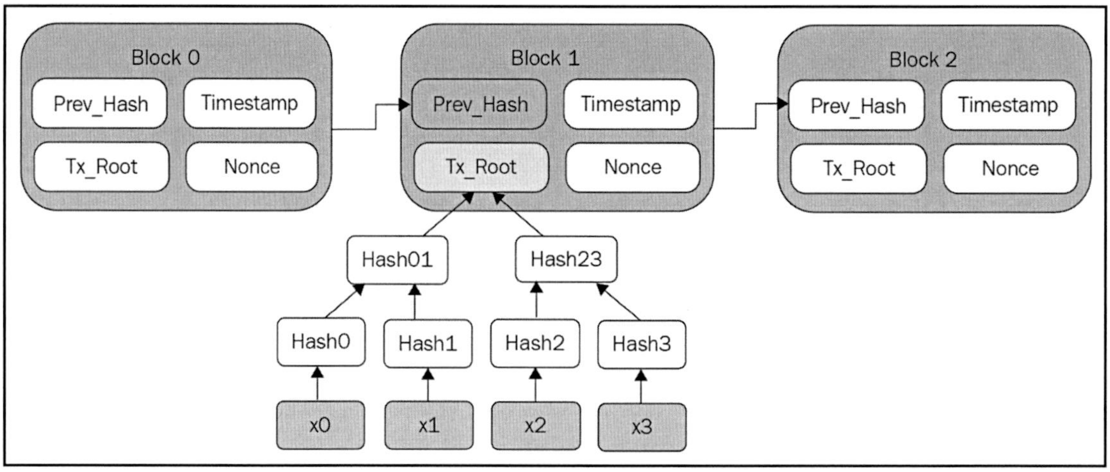

그림 1.5: 거대한머클트리의블록체인

블록체인은 머클트리가 각 블록에 매달려 있는 링크드리스트와 비슷하게 보일지 모르지만 원래의 데이터값으로 역전파할 수 없기 때문에 그것은 근본적으로 잘못된 인식이다. 블록의 루트해시를 사용하여 실제값 **x0**, **x1**, **x2** 및 **x3**을 되돌리기 위해 역전파하는 것이 매우 어렵다는 것이 더 적절한 진술이다. 그러나 이점은 이러한 해시가 변경 불가능 하다는 사실에 있다. 블록체인 체인은 원칙적으로 일단 만들어지면 되돌릴 수 없다.

블록체인에 대한 트레이더의 관점을 논의하기 전에 비트코인 블록체인이 무엇인지, 이더리움 블록체인이 무엇인지, 그리고 어떻게 원칙과 실천이 다른지 깨닫는 것이 좋을 것이다. 앞의 문장을 읽는 초보자들에게는 블록체인 커뮤니티에서는 소문자로 나타낼 때는 통화의 기술, 프로토콜 및 생태계를 표현하고 대문자로 나타낼 때는 암호화폐를 표현하는데 표준으로 동의했다고 말하고싶다. 따라서 비트코인(Bitcoin) 또는 이더리움(Ethereum)은 가상 암호화폐를 나타내며, 비트코인(bitcoin) 또는 이더리움(Ethereum)은 각각의 암호화폐를 둘러싼 기술스택, 프로토콜 및 생태계를 나타낸다.

그림 1.6에서 블록체인의 단순화된 다이어그램을 살펴보겠다. 모든 블록체인에는 루트 값 **R**이 있다. 내가 친구에게 2 비트코인(BTC)을 보냈을 때 실제로 거래가 발생한다. **T1**이라고 부르자.

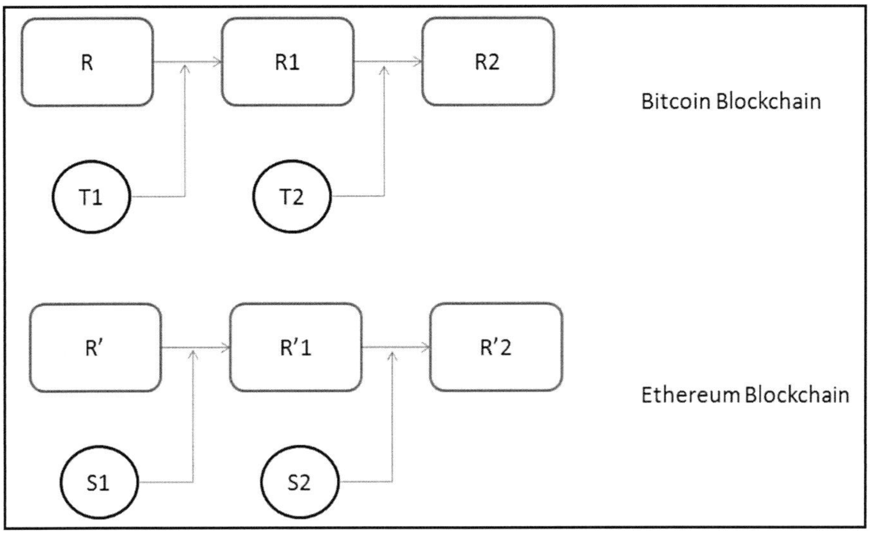

그림 1.6: 비트코인과 이더리움 블록체인

이 트랜잭션 **T1**은 이전 루트 **R**과 함께 해시되고 새 루트 **R1**을 작성한다. 그래서 이것은 머클트리와 거의 같다. (사실 미클드리다.) 데이디 블록, 즉 미클드리의 잎은 드랜잭선을 나다내는 데이디 비트고인을 저장하고 있다. 새로운 루트 해시. 그런 다음 다른 트랜잭션 **T2**가 들어오고 루트 **R1**으로 해시되어 또 다른 새로운 루트 **R2**를 형성한다.

이것은 원래 해시루트의 시작부터 자리를 차지하게 모든 거래의 영구 저장소를 유지 블록체인이 작동하는 비트코인 은 (또한 창세기 블록이라고도 함) 방법이다. 자, 만약 우리가 트랜잭션 **T1**이 100 btc (사실, 우리는 단지 2 btc를 보냈다)로 시스템을 속이려고 하면 가짜 트랜잭션은 블록체인 커뮤니티에 의해 점검될 것이다. **R1**과 완전히 다른 새로운 루트 해시 값 **r'1**. 이러한 모순의 증가는 우리의 100 가지 btc 주장을 위조 할 것이다. 이것은 이중 낭비를 방지하기 위해 비트코인을 암호 해독으로 만드는 것이다.

현재 발생하는 흥미로운점은 이더리움 블록체인이 어떻게 작동하는지이다. 비트코인 블록체인은 가치를 이전하고 트랜잭션을 확인하기 위한 분산된 응용프로그램이다. 반면 이더리움 블록체인은 코드를 실행할수도 있다. 소프트웨어 개발자로서, 대부분의 사람들은 런타임 시코드의 상태를 잘알고 있을것이다.

간단히 말해 주어진 순간의 코드조각을 구성하는것이다. 이더리움 블록체인은 분산된 응용프로그램 플랫폼의 역할을 하며 실행중 (즉, 런타임중에) 코드의 각 상태를 저장하고 그 중 해시체인을 만듭니다. 다시한번, 이 개념을 가라앉히기 위해 잠시 시간을내야 한다. 따라서 이더리움 블록체인에서 코드를 실행하면 실행된 코드의 모든상태 (**S1**, **S2**)가 각각 **r'** 및 **r'1**과 병합된다. 공개적으로 볼수 있다. 모든 종류의 코드결함은 공개 블록체인에 저장되며 영원히 남아 있게 된다. 앞으로 이더리움 블록체인에서 실행된 모든 코드의 이전상태를 모두 볼수 있다. 이더리움 플랫폼을 통해 전세계적으로 많은 코드가 실행될 때 런타임 로그의 기하급수적인 증가로 이러한 블록체인이 어떻게 확장될 수 있는지에 대한 분명한 의문이 제기된다. 그것에 대해 생각해봐. 간단히 말해 주어진 순간의 코드 조각을 구성하는 것이다. 이더리움 블록체인은 분산된 응용 프로그램 플랫폼의 역할을하며 실행 중 (즉, 런타임 중에) 코드의 각 상태를 저장하고 그 중 해시 체인을 만듭니다. 다시 한 번, 이 개념을 가라 앉히기 위해 잠시 시간을 내야 한다. 따라서 이더리움 블록체인에서 코드를 실행하면 실행된 코드의 모든 상태 (**S1**, **S2**)가 각각 **R'** 및 **R'1**과 병합된다. 공개적으로 볼 수 있다. 모든 종류의 코드 결함은 공개 블록체인에 저장되어 저장되며 영원히 남아 있게 된다. 앞으로 이더리움 블록체인에서 실행된 모든 코드의 이전 상태를 모두 볼 수 있다이더리움 플랫폼을 통해 전 세계적으로 많은 코드가 실행될 때 런타임 로그의 기하 급수적 인 증가로 이러한 블록체인이 어떻게 확장될 수 있는지에 대한 분명한 의문이 제기된다. 그것에 대해 생각해 보십시오.

한편, 상인의 관점에서 블록체인을 이해한다. 금융 상품의 상인이나 은행가는 통화를 세 가지 주요 기능을 수행하는것으로 간주한다.

- 교환매체
- 가치창고
- 회계의단위

상거래에 대한 암호유포는 가상 존재만 있고 제어의 중앙 권한이 없더라도 실제 통화와 다르지 않다. 상인의 관점에서 볼때, 블록체인은 분산원장으로 간주되며, 분산된합의는 그러한 가상화폐의 뚜렷한 중앙권위로 작용한다.

불변인 블록체인(블록체인)은 과거에 발생한 가치 이전에 대한 영구적인 기록이며, 거래의 양측에서 고객신원의 프라이버시를 암호로 유지한다.

블록체인에 대한 이러한 두 가지 관점은 상호 배타적이지 않다는 점을 강조할 필요가 있다. 이러한 명백하게 다른관점은 사과와 오렌지를 비교하는것과는 다르다. 그들은 모두 한마음으로 존재하고 시너지 효과를 발휘하여 분산된 경제를 창출한다. 차후 장에서 살펴보겠다. 이제 그림 1.7을 참조하여 금융 기술 생태계내에 블록체인을 배치하는 방법을 이해할 수 있다.

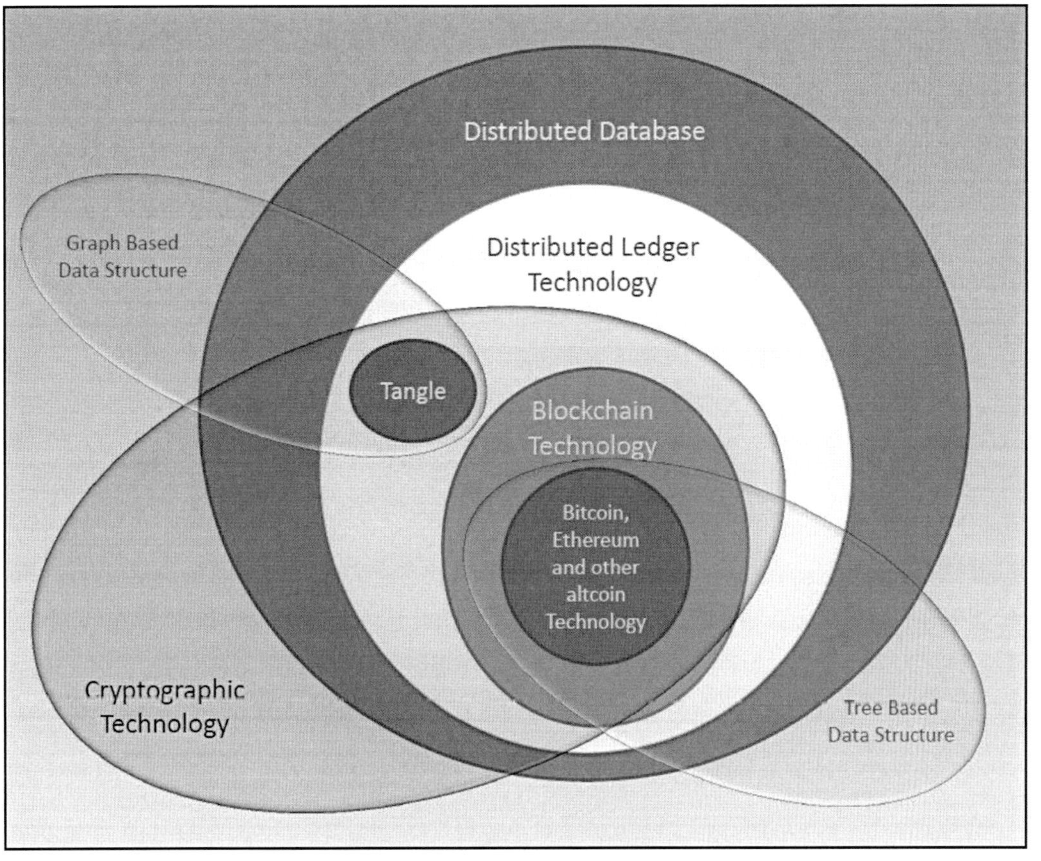

그림 1.7: 과학기술생태계의블록체인

블록내부

이제 비트코인 블록체인 블록의 내용을 살펴보겠다. 이것은 이더리움을 이해하고 비교하는데 도움이 될것이다. 이더리움은 2장, 이더리움의 총체적 이해에서 다루겠다. 블록은 블록체인에 속성을 부여하기 때문에 매우 흥미로운 개념이다. 이것은 블록체인의 기본 요소이다.

그러므로 블록이 무엇을 구성하는지를 아는 것이 중요한다. 그림 1.8은 비트코인 블록의 기본 부분을 나열한다. 우선, 비트코인 네트워크 id라고도 하는 매직 넘버가 있다.

Field	Description	Size
Magic no	value always 0xD9B4BEF9	4 bytes
Block size	number of bytes following up to end of block	4 bytes
Block header	consists of 6 items	80 bytes
Transaction counter	positive integer VI = VarInt	1 - 9 bytes
Transactions	the (non empty) list of transactions	<Transaction counter>-many transactions

그림 1.8: 비트코인블록의일부 (비트코인위키)

길이는 4바이트이며 비트코인 블록임을 알리는 임의의 숫자이다. 매직 넘버는 비트코인 특유의 것이 아니다. 모든 노드는 전송 제어 프로토콜을 사용하여 통신한다.

Tcp에서 서로 다른 유형의 데이터 패킷은 서로 다른 마법번호를 사용하여 자신을 식별한다. 그것은 남성, 여성 또는 트랜스젠더로 자신을 식별하기 위해 여권을 작성하면서 성별을 선언하는것과 같다. 우리의 맥락에서 블록은 실제로 0과 1의 시퀀스이다. 어떤 머신이 그런 데이터 시퀀스를 읽고 0xd9b4bef9의 바이너리버전을 만날때, 비트코인 블록으로 데이터를 식별할것이다. 따라서 이 비트코인수는 모든 비트코인 동전블록에서 동일한다. 자, 비트코인 블록에 0xd9b4bef9가 선택된 이유는 무엇입니까?

비트코인 main.cpp 파일 (비트코인구현은 C++ 언어로 작성되었다)에 있는 주석에 따라 매직 번호는 문자가 utf-8로 유효하지 않은 상위ascii에서 거의 사용되지 않도록 선택되었다. 정렬시 큰 4바이트정수

다음으로 우리는 4바이트 크기의 블록 크기를 가지며이 블록이 모든 트랜잭션과 얼마나 오랫동안 있는지 알려 준다. 2017년 7월 전체 비트코인 블록의 크기는 최대 1MB가 될 수 있다. 그런 다음 80바이트인 블록 헤더가 있으며 가장 흥미로운 부분이다. 우리는 잠시 동안 그 내용에 대해 이야기한다. 다음은 트랜잭션 카운터이다. 이 블록은 얼마나 많은 트랜잭션이 있는지를 알려 주는 정수이며, 그 다음에는 이 블록에 있는 모든 트랜잭션을 포함하는 트랜잭션 목록이 있다.

예를 들어 거래 카운터가 20인 경우 블록에 20개의 거래가 있다. 트랜잭션 카운터는 1~9바이트이다.

이제 비트코인 블록 헤더가 무엇을 구성하는지 살펴보겠다. 여기, 그림 1.9에는 헤더 부분이 있다. 헤더는 단순히 우리가 현재에 있는 형식의 버전을 우리에게 알려 주는 버전이 있다.

예를 들어, 현재 비트코인 버전은 2이다.

Field	Purpose	Updated when...	Size (Bytes)
Version	Block version number	You upgrade the software and it specifies a new version	4
hashPrevBlock	256-bit hash of the previous block header	A new block comes in	32
hashMerkleRoot	256-bit hash based on all of the transactions in the block	A transaction is accepted	32
Time	Current timestamp as seconds since 1970-01-01T00:00 UTC	Every few seconds	4
Bits	Current target in compact format	The difficulty is adjusted	4
Nonce	32-bit number (starts at 0)	A hash is tried (increments)	4

그림 1.9: 비트코인블록헤더 (비트코인 wiki)

이제 어떤 이유로 버전 1 클라이언트의 비트코인 블록이 오면 블록체인에 의해 무시된다. 장래에 비트코인 블록의 크기와 형식이 변경될 수 있다. 그런 다음 각 블록에서 이 버전을 변경하여 블록체인에서 관련성을 유지해야 한다. 버전 번호는 4바이트이다. 다음으로 이전 블록의 32바이트 해시가 있다. 이전 블록헤더의 해시를 나타낸다. 이 필드는 매우 강력한다. 예기치못한 치명적인 해킹이 블록체인을 벗어나는 경우 하나의 블록이 보존되어도 전체 블록체인을 생성 할수 있기 때문이다. 다음으로 머클 루트의 해쉬를 얻는다. 이 32바이트는 앞서 **그림 1.5**에서 tx_root로 표시된것처럼 현재 블록과 관련된 모든 트랜색선의 머글 루트해시를 저장한다. 블록의 본문에는 트랜잭션이 포함된것을보았다. 이들은 머클 루트를 통해 간접적으로 해싱된다. 따라서 한 트랜잭션으로 블록을 해싱하는것은 10,000개의 트랜잭션으로 블록을 해싱하는것과 똑 같은 노력이 필요한다. 다음으로 우리는 4바이트 타임 스탬프 필드를 가지고 있다. 이 필드는 현재 타임스탬프를 유지하기 위해 몇 초 마다 업데이트된다. 대상이라고 하는 4바이트의 다음 필드는 또 다른 흥미로운 필드이다. 이 필드는 현재 블록의 난이도를 알려 준다. 대상 필드가 어떻게 작동하는지 이해하려면 4바이트 nonce 필드가 작동하는 방식을 이해해야 한다. Nonce라는 단어는 무 의미한 증분자를 나타내며 다음 섹션인 채굴 및 분기에 대해 설명한다.

블록체인채굴 및 분기

채굴자가 블록을 채굴할 때 채굴자는 실제로 무엇을 합니까? 채굴자가 하는 일은 현재 블록의 해시 머클 루트를 취한 다음 0에서 증분을 시작하여 추측할 1을 덧붙이다. 그들은 새로운 해시를 얻고 이 결과를 대상과 비교하기 위해 이 연결된 데이터를 해시한다. 이 새로운 해시가 기본적으로 비트코인 프로토콜로 지정된 256 비트코인 숫자인 대상 보다 작으면 퍼즐을 해결하고 광산 보상을 받게 된다. 그러나 새 해시값이 목표값보다 높으면 nonce를 늘려야 한다. 즉, nonce를 0에서 1로증가시키고 머클 루트의 해시에 이 값을 추가하고 또 다른 완전히 새로운 해시값을 얻기 위해 해시를 다시 가져와서 이것을 타깃과 비교하여 이 새로운 해시값이 더 낮은지 여부를 확인한다 목표값 보다 새로운 해쉬가 낮아진다면, 다시 이퍼즐을 해결할수 있다. 그렇지 않으면 nonce 값을 증가시켜 이 전체 프로세스를 반복한다. 따라서 목표가 낮을수록 목표값 보다 낮은 해시값을 찾는 것이 더 어려워진다는 것을 인식하는 것이 중요한다.

비트코인 네트워크는 이 목표를 자동으로 조정하여 매 10분마다 새로운 블록을 얻는다 (해적선 캡틴으로부터 10분 퍼즐을 불러와 퍼즐이 여기에 있음). 따라서 블록 코인이 블록을 채취하는 데 5분이 걸린다고 Bitcoin 네트워크에서 알게 되면 해결하기 위해 10분이 소요될 때까지 목표 값이 감소한다. 반대로, 어떤 이유로 새로운 블록을 채굴하는 데 1시간이 걸리면 목표 값이 높아 지므로 10분 내에 광산 채굴을 쉽게 풀 수 있다. 이것은 PoW 알고리즘이 하는 것이다. 그래서,우리가 이해할 수 있는 것은 광산업은 바보 같은 퍼즐 일 뿐이며,이 멍청한 퍼즐에 대한 해결책은 논스이다. 목표 필드는 최적의 PoW로 벙어리 퍼즐을 해결했는지 확인하는 벤치 마크값이다. 그렇지 않으면 목표 벤치 마크가 변경된다. 또한 이 프로세스는 넌 스의 점진적인 증가와 함께 완전히 히트 또는 누락된 프로세스임을 유의하는 것이 매우 중요한다. 컴퓨터 과학 용어에서 우리는 이 과정을 무차별 공격이라고 부른다. 여기서 우리는 가능한 모든 조합을 시도하여 가장 짧은 시간에 코드를 해독한다. 이것이 일반적인 **중앙 처리 장치**(CPU), **그래픽 처리 장치**(GPU) 또는 FPGA(Field-Programmable Gate Array)보다 비트코 인을 제조하기 위해 **특정 용도의 집적 회로**(ASIC) 칩과 같은 고성능 장치를 필요로하는 바로 그 이유이다.) 하나의 그러한 광업 퍼즐에 대한 보상액은 현재 한 블록을 해결하기 위해 12.5 BTC이다. 이전에, 50 BTC였고, 25 BTC로 내려갔다. 그리고 현재 우리가 가지고 있는 것까지 다시 내려갔다. 비트 코닝의 광업은 2100만 비트 코킹이 모두 채굴될 때까지 광산 보상에 대한 열화로 계속될 것이다.

포킹은 프로토콜 변경이나 재구성 요구로 인해 블록체인에서 분할을 야기하는 완전히 다른 현상이다. 블록체인 포크는 블록의 단일체인을 두개로 나눕니다. 새로운 포크는 포크의 시점까지 동일하며 원칙 및 기술적 측면에서 다르게 행동하여 포크 이벤트를 게시한다.

블록체인 커뮤니티에서 발생하는 두 가지 유형의 포크 (하드및소프트)가 있다. 이들 각각은 **그림 1.10**과 같이 사용자 또는 miner 활성화할수 있다.

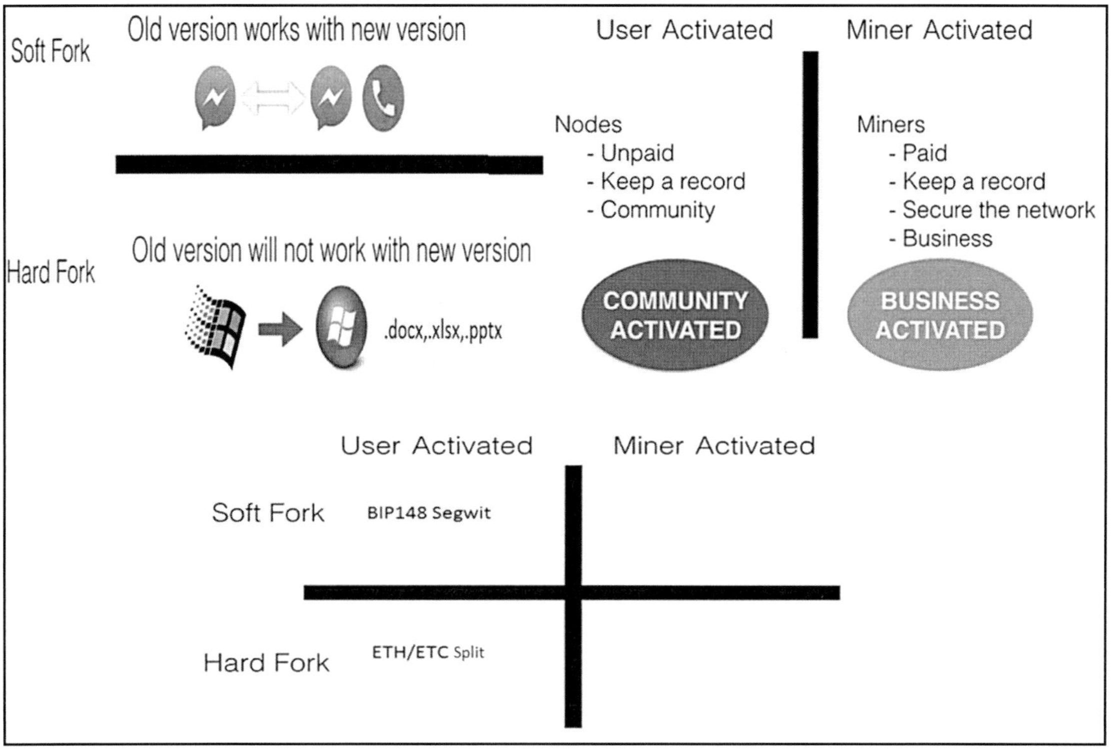

그림 1.10: 분기의 유형

예를 들어 비트코인 블록체인 커뮤니티에서 2017년 8월 1일에 발생한 segwit**의** Bip148은 실제로 **사용자 활성화 소프트포크**(uasf)였다. 이더리움 블록체인 커뮤니티에서 eth/etc **분할** 포스트 DAO 비극은 **사용자 활성화 하드포크**(uahf)였다. 요약하면, 소프트 포크는 이전 버전과 호환되지만 하드포크는 호환되지 않다. 단단한 포크에서는 커뮤니티가 단 하나의 경로만 선택해야 하며 변경된 사양으로 다른 지역으로 돌아갈수는 없다. 하드포크는 영화 the matrix의 morpheus의 빨강/파랑 알약과 같다.

블록체인－진화, 세대및과대광고

우리는 기하 급수적으로 살고 있다. 단순한 필사자로서, 우리는 보통 선형방식으로 시간을 감지한다.

예를 들어, 인류의 가장 위대한 발명품중 하나인 유선 전화기는 스마트폰이 지난 10년 안에 그 장벽을 넘는 반면 럭셔리폰의 상징으로 주류 가전으로 자리 잡기 위해 약 반세기가 걸렸다.

블록체인은 파괴적인 컴퓨팅 패러다임이다. 메인 프레임, 퍼스널 컴퓨터, 월드와이드웹 (world wide web), 소셜 네트워킹 후 다섯 번째로 자리매김했다. 블록체인 교육자이자 몽상가인 melanie swan은 블록체인 진화의 기존 및 잠재적 활동을 블록체인 1.0, 2.0 및 3.0의 세 단계로 구분했다.

- **블록체인** 1.0: 통화, 송금, 송금 및 디지털 지불 시스템과 같은 현금과 관련된 응용프로그램에서 암호화폐의 배포를 포함한다.
- **블록체인** 2.0: 주식, 담보, 제목, 채권, 선물, 대출, 스마트 자산 및 인터넷의 간단한 현금 거래 보다 광범위한 포괄적인 계약 (블록체인을 사용하는 경제, 시장 및 금융 응용프로그램의 전체슬레이트)을 포함한다.
- **블록체인** 3.0: 통화, 금융 및 시장 이상의 블록체인 응용 프로그램을 포함한다. 여기에는 정부, 보건, 과학, 문맹퇴치, 문화 및 예술 분야가 포함된다.

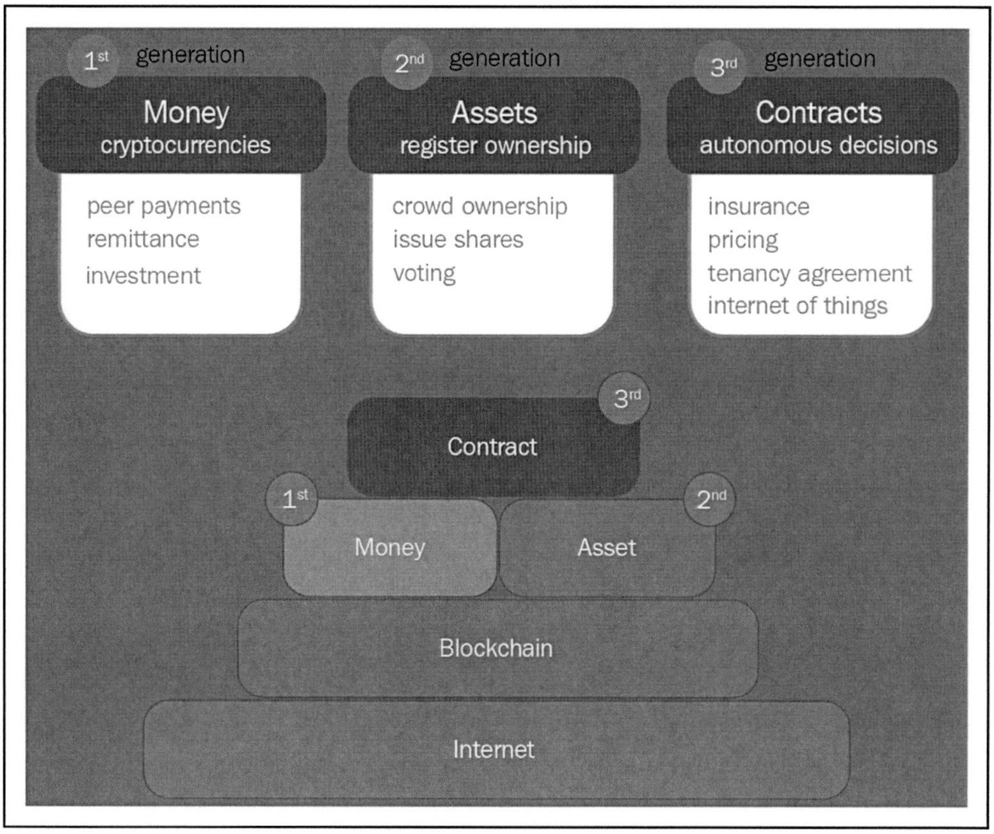

그림 1.11: 3 세대의 블록체인 – 돈, 자산, 계약서, 출처: biccur.com

흥미롭게도 robert-reinder nederhoed는 산업기술자이자 풀 뿌리 수준의 블록체인 구현자로서 블록체인 기술을 세 가지 세대로 분류했다. 그림 1.11은 나카 모토사토시 (satoshi nakamoto) (사토시 (satoshi)라는단어는지혜로, 나카는중도로, 모토는 원초적으로 번역되어 중앙 정보로 번역된다)에 의해 2009년 처음 시작된 이후 블록체인이 경험한 세세대를 요약한다. 이 들은 돈, 자산 및 계약이다.

선형 사상가 들로서 우리는 기술 수명주기가 짧아지는 추악한 진리를 받아 들여야 한다. 시장 조사 기관인 gartne는 과장주기라는 유명한 그래프를 사용하여 이를 추적한다.

그러한 그래프의 일반적인 표현은 **그림 1.12**와 같다:

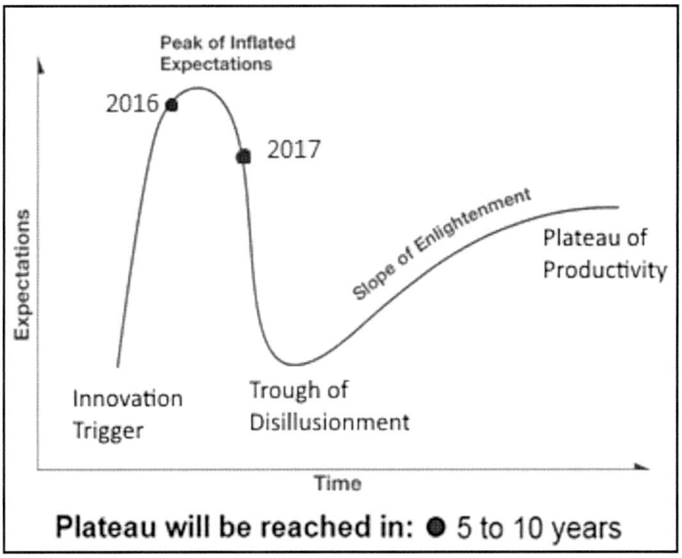

그림 1.12: Gartner 과대 광고주기의 블록체인

2017년 7월 현재 블록 체 인은 환멸 국면의 골짜기에 들어섰다. 실험 및 구현이 제공되지 않아서 일반적인 관심이 줄어드는 모든 혁신적인 기술에 대한 현실성 검사 단계이다. 기술의 생산자가 흔들 리거나 실패한다. 생존 제공자가 얼리 어답터를 만족시키기 위해 제품을 개선하는 경우에만 투자가 계속된다. 스마트 계약기술은 이 골짜기에서 블록체인을 계발로 가져갈 수 있는 희망 중 하나이다.

개요

이 장에서는 비잔틴 장군의 문제와 cap 정리와 같은 분산 시스템의 중요한 과제와 한계를 소개했다. 그런 다음 단방 향 해시 함수를 이해하고 해시 체인과 머클 트리를 생성하기 위해 계속 진행했다. 우리는 블록체인이 거대한 머클트리라는 것을 깨달았다. 비트코인과 이더리움 블록체인 간의 미묘한 차이점은 트랜잭션 또는 실행 상태와 같은 트리의 리프 노드를 나타내는 데 있다. 우리는 광산을 인센티브가 주어진 무차별 공격으로 설명하기 위해 비트코인 코 블록 구조에 깊이 잠수했다. 한편, 포킹은 블록체인에 대한 프로토콜 변경을 의미했다. 마지막으로, 우리는 블록체인 생성의 세 가지 유형을 돈, 자산 및 계약으로 식별했으며, 가트너의 과대 선례대로 블록체인지가 현실 확인 단계를 거치는 방법을 고려했다.

2장, 이더리움 이해하기에서는 이더리움을 자체 turing 완전한 프로그래밍 언어를 가지고 있으며 분산된 방식으로 스마트 계약을 전개할 수 있는 플랫폼으로서 온건 한 소개를 할 것이다.

제 02 장

이더리움 이해하기

이 장에서 우리는 에테 리움을 이해하려고 노력할 것이다.우리는 분권화가 의미하는 것과 이더리움이 진정으로 분권화되어 있는지를 연구 할 것이다.핵심 기술 스택을 다룰 것이며 미스트, EVL(이더리움 Virtual Machine), 웜, 속삭임, 에테르 및 가스와 같은 다양한 특수 용어에 익숙해진다.솔리드 니스 (솔리디티)와 튜링 (Turing) 완전한 언어의 개념에 대해 간단히 논의할 것이다.우리는 이더리움의 관점에서 아키텍처를 포킹, 마이닝 및 차단하는 방법을 다시 살펴 보겠다.이 장에서는 이더리움 지갑과 클라이언트 인터페이스를 이해함으로써이 장을 끝내게 될 것이며, 이는 영리 계약 개발을위한 확고한 기반이 될 것이다.

이 장을 공부하면 다음을 할수 있다.

- 이더리움의 개념 이해
- 분권화의 개념을 이해한다.
- 이더리움 관련 전문용어에 익숙해지기
- 솔리디티 및 Turing의 완전한 언어에 대해 알고 있어야 한다.
- 이더리움 마이닝, 포킹 및 블록아키텍처 이해
- 다양한 이더리움 wallet 및 클라이언트 인터페이스인식

이더리움의 이해

이더리움이 우리에게 무엇을 의미할까요? 비트코인을 모방한 또 하나의 암호 보안에 불과할까요? 아니

면 공용 블록체인으로 다양한 어플리케이션을 실행할 수 있는 분산 소프트웨어 플랫폼일까요? 소프트웨어 개발자로서, 저는 이더리움이 표준 위키 피디아 문서에 현재 어떻게 정의되어 있는지 보다 훨씬 더 크다는 것을 확신할 수 있다.

다음 정의를 읽으십시오. 멈추고, 눈을 감고 그것에 대해 생각 하십시오. 다음 정의는 미묘 하지만 매우 강력한 메시지를 방송한다. 그것은 우리에게 말한다:

여기에 24/7 컴퓨팅 시스템이 있다. 이 시스템은 초기 비용이 전혀들지 않다. 복사하고, 사용하고, 모방하고, 수정하고, 재생하고, 필요에 맞게 조정할수 있다. 뿐만 아니라, 당신은 자신의 개인화된 화폐를 발명하여 소유할수 있는 사람을 제공할수 있다. 그 대가로 공무원장과의 계약을 통해 영구히 정의된 일부 서비스를 제공하게 되므로 귀하와 귀하의 고객 모두 가속임수를 쓸수없다. 귀하의 서비스에 따라 귀하의 가치가 커지고 귀하의 통화가치도 커질것이다. 고객 그룹과 함께 귀하는 중앙 통제권한과는 별도로 자체 맞춤경제시스템을 갖춘 미니 생태계를 구축할것이다. 효율성은 보상을 받을것이고, 만족은 불 이익을 받게 될것이다. 준비됐니?

이 전의 해석은 대담하고 야심적으로 들릴지도 모르다. 그러나 실제로 이것은 1990년대에 앉아서 인터넷이 택시 산업을 어떻게 방해할것인지 생각하는 것 보다 훨씬 덜상상이다. Uber와 ola와 같은 앱이 우리 얼굴에서 두 번 눌렀다. 수 십년후 **그림 2.1**과 같이 유머러스 하게 나타납니다.

1998:

Don't get into strangers' cars
Don't meet people from the internet

2017:

Literally summon strangers from the internet
to get into their car

그림 2.1: meme,출처: starecat.com

따라서 이러한 파괴적인 패러다임에 대항하기보다는 변화를 수용해야 한다. 이를 향한 긍정적 인 단계는 분권화의 개념과 이것이 어떻게 우리가 다음 절에서 다룰 이더리움에 적용되는지 이해하는 것이다.

분권화의 개념

왜 우리는 자연에 의해 분권화된 것을 만들어야 합니까?

이를 이해하려면 중앙 통제 권한을 가진 중앙 집중식 경제를 기반으로 한 실제 사용 사례를 살펴보겠다.

소피아는 영국 카디프에 있는 한 술집의 주인이다. 주류 시장에 침투하기 위해, 그녀는 대부분이 술을 많이 마시는 그녀의 단골 고객들이 지금 마시고 나중에 돈을 내도록 하기로 결정한다. 그녀는 원장에 적힌 맥주 잔을 추적한다. 소피이의 dnpl 업무 모델은 그녀의 고객들로부터 극찬을 받고, 소피아의 술집으로 새로운 소비자들이 몰려들면서, 그녀는 곧 카디프에서 가장 큰 판매량을 기록했다.

소피아는 고객들에게 즉시 지불할 수 있는 자유를 제공함으로써, 가장 많이 소비되는 음료인 위스키와 럼주에 대한 가격을 대폭 인상함으로써 아무런 저항을 받지 않는다. 그녀의 매출액과 판매량이 크게 증가했다.

지역 은행의 젊고 역동적인 부사장은 이러한 고객 채무를 소중한 미래 자산으로 인식하고 소피아의 차입한도를 늘립니다. 그는 후원자가 담보로 빚진 채부채를 챙기므로과도한 우려를 표할 이유가 없다. 은행의 본사에서 양적 거래자는 주류 대출을 깔끔하고 뾰족한 성격을 띠고, 숙녀분과 숙식을 제공한다. 그런 다음이 증권은 전세계 보안시장에서 거래된다. 신인 투자자들은 실제로 aaa 등급 채권으로 판매되는 유가증권이 실제로 수입이 없는 무거운 술꾼의 부채대출이라는 사실을 이해 하지 못했다. 그럼에도 불구하고 채권 가격은 지속적으로 상승하고 증권은 미국을 대표하는 일부중 개회사의 최고 판매품복이 되었다.

어느날 채권가격이 여전히 상승하고 있지만, 지역은 행의 리스트 관리자는 소피아의 술집 고객이 빚어낸 채무에 대한 지불을 요구할때가 되었다고 결정한다. 소피아는 후원자에게 돈을 요구하지만, 실직 상태가되어도 술 마시는 채무를 갚을 수는 없다. 그래서 소피아는 대출 의무를 이행하지 못하고 파산을 주장한다. 깔끔한 끈이 있고 가격이 95% 나 떨어진다. 숙취가 더잘수행되고 75% 하락한후 가격이 안정된다. 감소된 채권 자산가치는 지방 은행의 유동성을 파괴하고 새로운 대출을 발행하는 것을 방지한다. 그녀의 관대한 지불 연장을 받고 증권에 투자한 소피아의 술집의 공급자는 그녀의 채권을 탕감하고 채권에 80% 이상을 잃는 문제에 직면해 있다. 파산과 그녀의 럼공급자를 위한 그녀의 위스키 공급자 파일은 현지 공장을 즉시닫고 40명의 노동자를 낳는 경쟁자에 의해 점거된다. 은행과 중개회사는 두 주요정당의 지도자가 극적인 24시간 협상을 하면서 정부에의해 구원받았다. 이 구제 금융에 필요한 기금은 고용된 중산층 비음주 자에게 부과되는 새로운 사회 복지 세금을 도입하거나 개정안이나 새법안을 통과시켜 새로운 기금을 경제에 주입함으로써 통화공급이 감소하여 통화 가저평가된다.

소피아가 지방 은행의 부사장에 의해 처음 접근되지 않았다면, 가치 없는 펀드 펌핑으로 인한 치명적인 규모보다는 훨씬 적은 영향으로 훨씬 더 일찍 자금 부족으로 인해 비즈니스 모델이 실패했을 것이다. 우리는 또한 그러한 중앙 집중화된 경제에서 중개인과 중앙 당국은 재량권으로 인하여 잃을 것이 아무것도 없는 반면 실제 부담은 일반 노동 계급으로 넘어 간다는 것을 관찰한다. 이것은 분권화의 개념이 존재하게 된 주된 이유 중 하나이다.

이상적으로는 일반적으로 스타 토폴로지로 대표되는 완전히 중앙화된 시스템을 클라이언트 서버 아키텍처라고 부르거나 메시 또는 그리드 토폴로지로 대표되는 완전히 분산된 시스템을 가질 수 있다. 그러나 현실 세계에서는 물류 및 금융 장벽과 같은 다양한 실질적인 제약으로 인해 부분적으로 중앙 집중되고 부분적으로 분산된 네트워크로 끝을 맺다. 이것은 그리드 - 오브 - 별 모양의 토폴로지와 같으며 분산 시스템이라고 한다. 폴 바란 (paul baran)은 분산 통신 네트워크 (1964년 8월)에 관한 고전적 텍스트에서 그림 2.2와 같이 통신 네트워크에 적용할 수 있는 세 가지 종류의 아키텍처를 구별했다

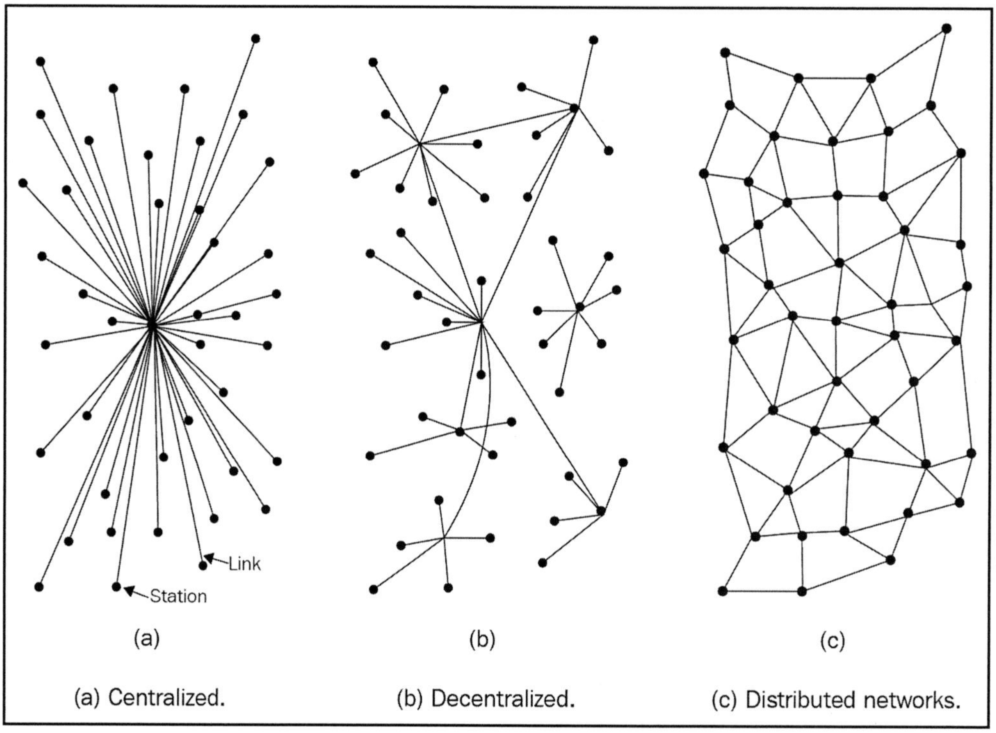

그림 2.2: 집중화된, 분산 및 분산된 아키텍처

이제 우리는 이더리움이 분권화되어 있는지 여부를 논의할 필요가 있다. 이더리움이 분권화되어 있지 않다고 말하는 것을 들었을것이다. 부분적으로 정확할수도 있다. 이더리움의 창립자중 한명인 vitalik buterin도 그렇게 말한다. 이것이 완전히 미쳤다고 생각할 수도 있다. 물론, 이더리움은 분권화되어야 한다. 이것은 블록체인 기술이며, 블록체인 기술에 대한 전체 아이디어는 분산되어야 한다는것이다.

그러나 이것에 대한 대답은 단순한 예 또는 아니오 가 아니다. 그것보다 조금 복잡한다. Vitalik buterin은 분권화에 대한이 개념을 분석했으며, 지금 우리가 논의할 것이다.

지방 분권화는 건축축, 정치축 및 논리적 축의 세 가지 중요한 축으로 구성된다. 이더리움과 같은 시스템은 이러한 3 개의 직교축을 따라 중앙집중화되거나 분산화될 수 있다. 또한 때로는 선을 그어 이 시스템이 중앙 집중화되거나 전체적으로 분산되어 있다고 말하는 것이 어려울수도 있다. 실용적인 측면에서 결정하기가 어렵다.

건축 축이 뜻하는 것부터 시작해 보자. 어떤 시스템이 구조적 축에 집중되어 있고 내가 시스템에서 몇 개의 노드/컴퓨팅 단자를 제거하면, 그것은 붕괴될 것이다. 반대로, 구조적 축에 분산된 시스템에서는, 비록 내가 대부분의 노드 2컴퓨터 단말기를 제거하더라도, 시스템은 여전히 의도한 대로 기능할 것이다. 그런 의미에서, 이더리움은 건축 축에 분산되어 있다. 왜냐하면 우리는 시스템에서 많은 컴퓨팅 노드를 제거할 수 있지만 전체 네트워크는 계속 작동하기 때문이죠. 하지만 각 서버가 필요한 서버 또는 서버 네트워크에 호스팅 하는 웹사이트가 있는 경우 서버 하나를 제거하면 중앙 집중 식 시스템에서 해당 웹사이트가 더 이상 작동하지 않다.

계속 나아 갑시다. 두 번째 축은 정치 축이다.

예를 들어, 정치적 축에 대한 중앙집중식 시스템은 ceo 또는 이사회가 있는 회사 또는 기업이될수 있으며 회사의 진행 과정을 결정한다. 그러나 이더리움은 정치적축에서 분산 되어 있다. 이더리움 제단 조차도 모든 사람이 그들의 고객을 사용하게 하거나 모든 사람들이 프로토콜을 따르도록 강요할수 없기 때문이다.

이제 토론의 마지막 축은 논리적 축이다. 따라서 논리축에서 중앙 집중화된 시스템은 모놀리식 개체와 같이 단일 엔터티 역할을 하는 반면 논리적축에서 분산된 시스템은 여러 부분으로 나 눌수 있으며 각 부분은 의도 한대로 작동하고 작동한다.

예를 들어 bittorrent 프로토콜과 bittorrent 시스템은 시스템을 여러 부분으로 나눌수 있기 때문에 논리적축에서 분산되어 있으며 분할된 부분의 컴퓨터는 의도한 대로 bittorrent 프로토콜을 계속 사용할수 있다. 그러나 여기에서 이더리움이 분권화되지 않은 곳이 있다. 사실, 이더리움은 논리적 축인 경우 중앙 집중식이다. 이더리움은 단일 컴퓨터로 작동하기 때문이다. 이더리움과 블록체인에서 운영되는 이 거대한 컴퓨터에서 계약을 체결한다. 그래서 그 의미에서, 이더리움은 중앙 집중화되어 있다. 이더리움을 두개의 다른 부분으로 분리하면 이더리움의 전체적인 아이디어가 단일 컴퓨터여야 한다는 것이기 때문에 더 이상 의도한 대로 작동하지 않다. 단일 컴퓨터로 작동해야 한다. 그런식으로, 이더리움은 논리적 축에서 중앙 집중화되지 않다.

그림 2.3은 이더리움의 세 가지 분산화 개념을 보여 준다.

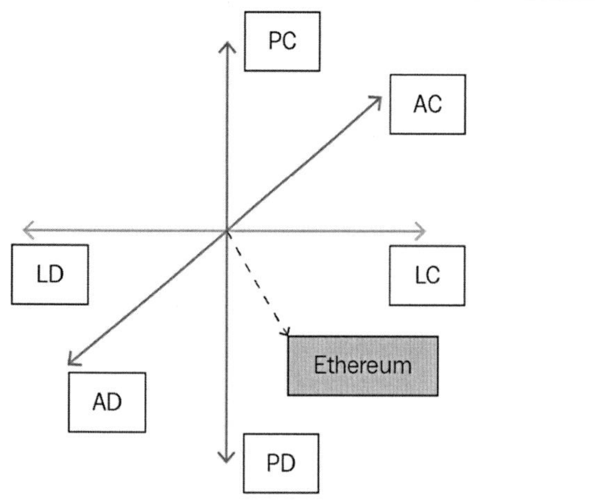

Axis	Decentralized	Centralized
Architectural	Yes	No
Political	Yes	No
Logical	No	Yes

그림 2.3: 이더리움의 분권화 개념

여전히 문제는 남아 있다. 어떻게 이더리움이 완벽하게 분산된 아키텍처에도 불구하고 중앙 집중 식 논리 추상화 수준을 달성할 수 있는가 하는 것이다. 이에 답변하기 위해, 우리는 이더리움생태계의 다양한 요소들에 대해 잘 알고 그것의 기술적 스택을 구축하도록 노력할 필요가 있다. 다음 섹션에서는 이를 수행한다. 자, 그래서 우리가뛰어들자.

이더리움 에코시스템

1장, 블록체인 기본에서 이더리움 블록체인이 거대한 머클 트리로 어떻게 표현되는지를 연구했다. 트리의 잎은 코드 실행 상태이다. 블록체인은 웹 3.0 프레임워크를 사용하여 분산 원장임을 알게 되었다.

그림 2.4는 이더리움 기술 스택을위한 프레임워크를 묘사한 것이다. 이제는 상황이 까다로워지므로 주의하십시오.

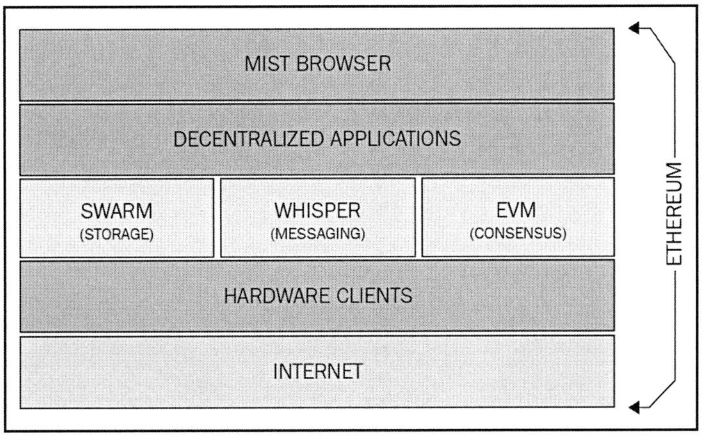

그림 2.4: 이더리움을 위한웹 3.0 기술더미, 근원: 이더리움스택교환

Mist

Mist 브라우저로 시작해 보자. 이해하기 쉽다. 이것은 이더리움 플랫폼의 사용자 인터페이스 레이어이다. 스마트폰 사용자이고 android 또는 ions 휴대전화를 사용하는 경우 mist 브라우저는 구들 스토어 또는 apple app store와 동일한 웹 3.0으로 생각할수 있다. Mist는 분산된 응용 프로그램을 찾아보고 사용할 수 있는 도구이다.

까다로운 부분은 오늘날의 브라우저에는 휴대폰용 안정 버전이 없다는 것이다.

Java 개발자팀인 p-aces가 2016년 10월개발자용 android 호환이더리움 API 앱 (https://google/an-srv4)의 불 안정한 버전을 출시했음을 언급할 가치가 있다. 따라서 기술적으로, 이 팀은 웹 2.0 앱스토어를 통해 웹 3.0 앱 브라우저를 제공했다. 이전 버전과의 호환성! 생각 하지 않니? 그림 2.5는 명확성을 위해 브라우저 비유를 보여 준다

그러나 데스크톱 버전은 매우 안정적이며 Linux, Mac 및 windows에서 사용할 수 있다. 3장, 이더리움 스마트 계약의 hello world:

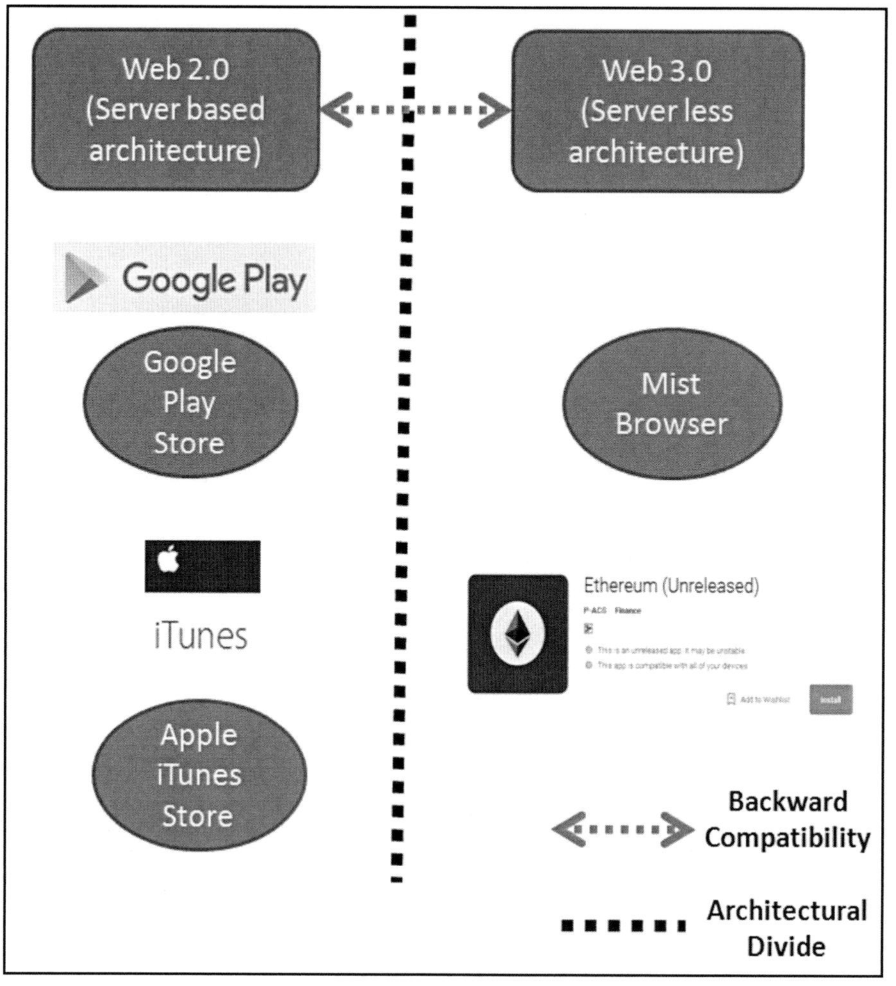

그림 2.5: mist 브라우저 비유

분산된 응용프로그램

이제 다음 계층 인 분산 응용 프로그램 (dApps)에 대해 살펴보겠다. 이것은 기본적으로 분산된 peer-to-peer네트워크에서 실행되고 오픈 소스 코드를 갖는 애플리케이션이다. 그것은 두 개의 숫자를 더하는 단순한 논리 기반의 프로그램 일 수도 있고 마이크로 블로킹 서비스와 같이 아주 복잡한 무언가 일 수도 있다.

미식가이기 때문에 나는 mist 브라우저를 5 성급 호텔의 주말 브런치 뷔페 테이블 (가스 버너 포함)로 상상해 보십시오. 다양한 종류의 dApp가 확산되어 배고픈 소프트웨어 개발자와 고객이 먹을 준비가 되었다. 단 한 가지 점은 여러 주방장을 고용 한 중앙 집중 식 주방에서 오는 것이 아니라 이러한 dApps를 다양한 소프트웨어 개발자가 potluck 방식으로 조달하는 것이다. DApps를 맛 있게 유지하기 위해 가스 버너에 비용을 지불하기도한다. 가장 중요한 부분은 개발자가 무료로 조리법 및 재료를 공유해야 한다는 것이다. 그림 2.6은 mist 브라우저의 dApps를 보여 준다.

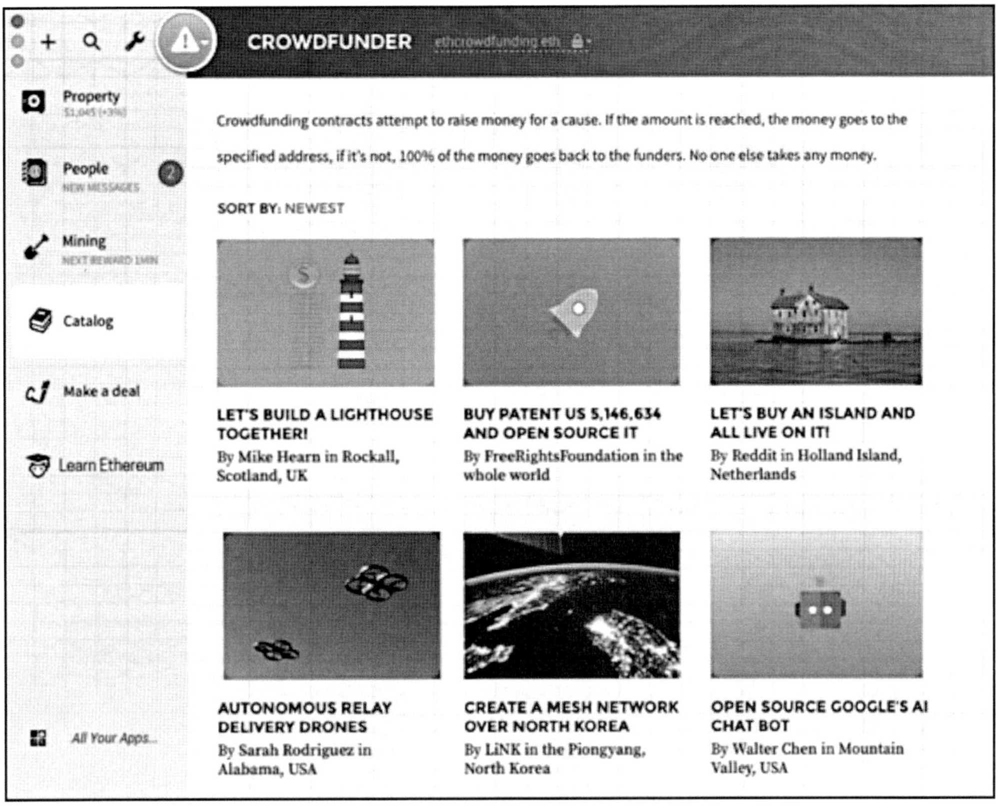

그림 2.6: mist 브라우저에 등록된 dApps, 출처: ronnierocket.com

Middleware

Mist와 DApps는 주로 이더리움의 프런트 엔드 스택의 일부이다. 이제 백엔드 메커니즘으로 이동하십시오. 먼저 **미들웨어**부터 시작한다. 이더리움의 미들웨어에는 서버와 같은 중앙 권한이 없으므로 계층 구조가 편평한다. 동등한 중요성을 지닌 세 가지 주요 구성 요소로 구성된다.

- swarm: 주로정적파일용이더리움의분산된저장소
- whisper: dApps의위키토키, 신원기반메시지시스템
- evm: 샌드박스런타임환경에 있는고립된즉석의인간 - 기계코드변환기

서버 없이 앱을 어떻게 실행합니까? 웹 2.0 프레임워크의 서버가 클라이언트 장치를 밝게 유지하기 위

해 의도한 것 보다 훨씬 많은 작업을 수행한다는 것을 이해하면 이 사실을 알수 있다. 정적 웹페이지를 제공할뿐만 아니라 개인정보를 저장하고 사용자 인증을 관리하며 모든 복잡한 분석을 계산한다. 모든 클라이언트측은 사용자에게 메시지를 로드 하여 표시한다. 웹 3.0의 서버 리스아키텍처는 다른 컴퓨팅 장치와 다른 프로토콜이 특정 작업을 처리하는 훨씬 더 모듈화된 접근 방식을 허용한다. 일부는 클라이언트측에서 사용하고 일부는 peer - to - peer 네트워크에 배포된 특수 노드에서 수행한다. 따라서 저장되는 내용, 저장 대상 및 충돌 해결에 대한 로그를 포함하는 모든 데이터 논리가 블록체인의 현명한 계약에 의해 처리된다. 정적 파일은 swarm을 통해 서비스 되며 **그림** 2.7에서와 같이 whisper으로 실시간 통신을 처리한다. 클라이언트 장치는 사용자 인증을 유지하고 응용프로그램 인터 페이스측 mist 지갑과 브라우저를 실행한다.

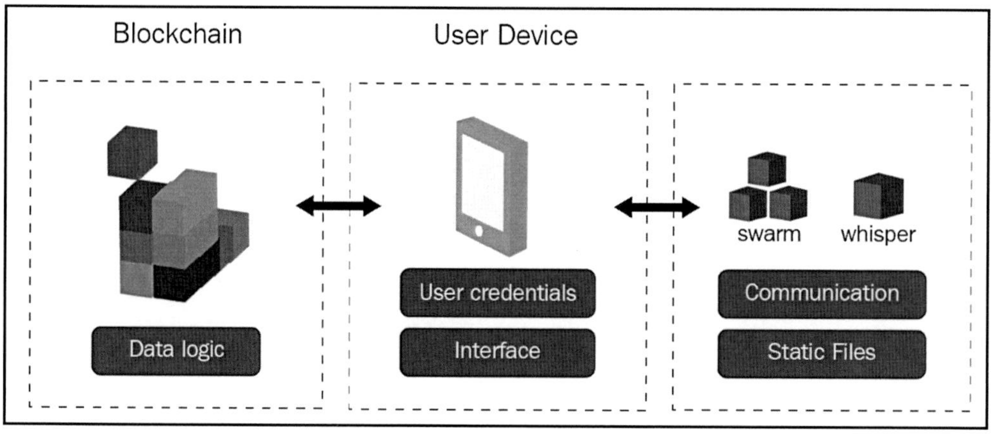

그림 2.7: 서버부족 아키텍처, 출처: blog. 이더리움.org

그림 2.8은 이러한 모듈이 dApp와 서버가 없는 아키텍처의 기본 블록체인과 함께 어떻게 작동하는지 보여 준다. 이러한 설정은 또한 혁신을 장려한다. 인터페이스가 데이터에서 분리되면 누구나 동일한 애플리케이션을 위한 새로운 인터페이스를 개발할 수 있으므로 보다 생생하고 경쟁력 있는 생태계를 만들 수 있다.

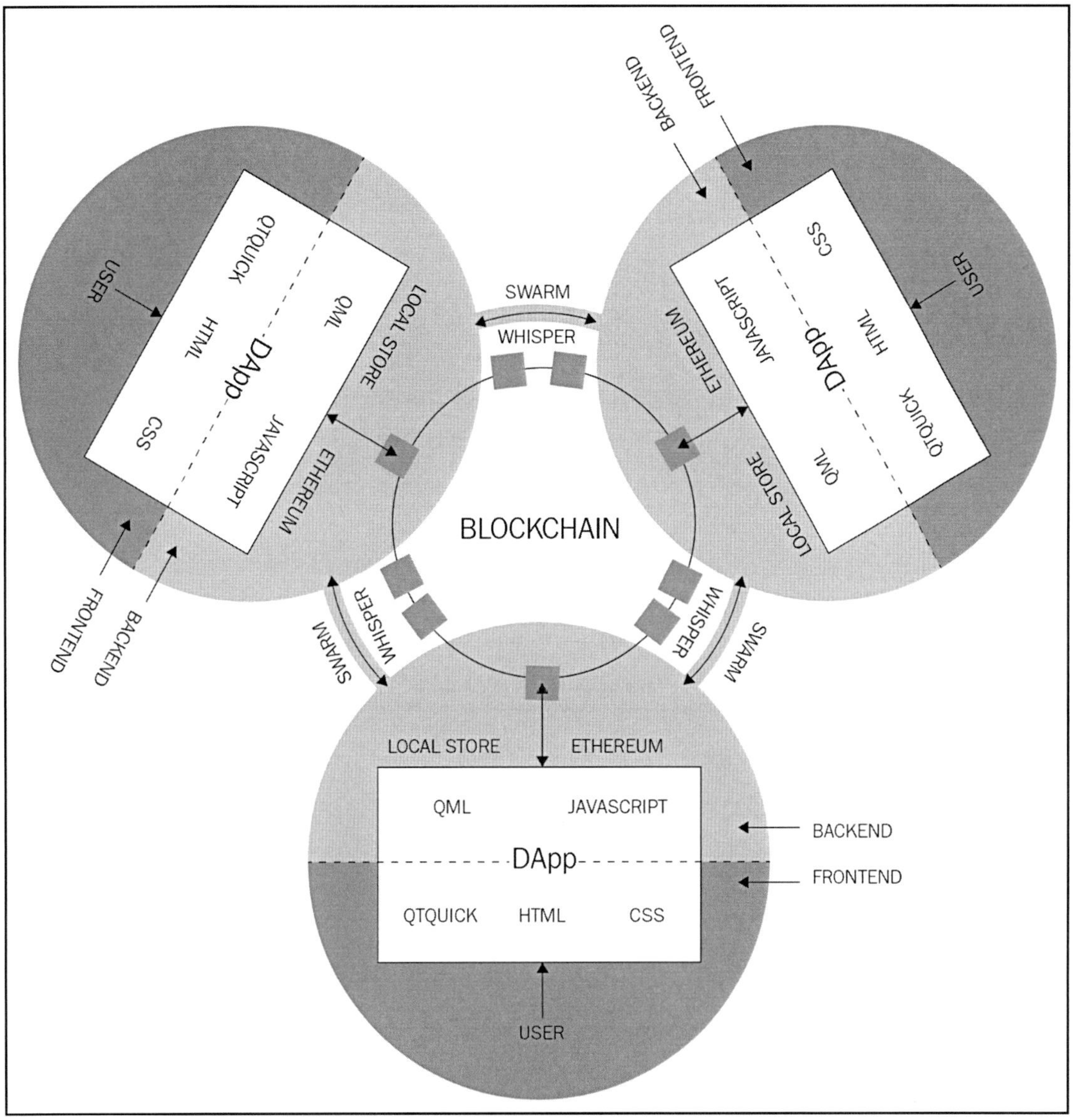

그림 2.8: 분산 아키텍처, 출처: 이더리움 스택 교환

Swarm

지금까지우리는 swarm, whisper 및 evm 모듈을 블랙박스로 취급했다. 블랙박스는 모듈 내부에서 실제로 발생하는 것 보다는 모듈 이상 호작용하는 방식에만 관심이 있다. 그러나 3장, 이더리움 스마트 계약의 hello world에서 정의 하고 채택할 스마트 계약개발을 위한 확고한 기반을 확보 하려면 이 모듈의 최소한의 내부 작업을 알아야 한다. 이더리움 블록체인에서 실행되는 동안 스마트 계약코드를 조정하여 성능을 향상시키는데 도움이 된다.

그러면, 우리는 우리의 코드의 성능을 어떻게 측정할까요? 안타깝게도 대답은 간단하지 않지만, 몇 개의 축을 따라 놓여 있다. 성능은 자원 소비를 따라 측정되고, 코드는 다양한 자원을 소비한다. 특정한 시점 이후에, 다양한 자원들 사이의 절충이 필요하다. 우리는 실제 세상에서 코드를 정말로 성능 있게 만들기 위해 더 많은 리소스와 더 적은 리소스를 사용한다.

이제 코드의 성능을 측정하는 세 가지 중요한 리소스를 살펴보겠다. 그것들은시간, 공간및네트워크이다. 시간 자원은 출력을 생성하기 위해 주어진 입력에 대한 연산 집합을 완전히 처리하기 위해 코드를 실행해야 하는기간이다.

이 값은 초 또는 분 단위로 측정되는 것이 아니라 Big O 표기 O()라고도 하는 입력 수의 관점에서 측정된다. 예를 들어, 코드가 1 입력에 대해 1초, 2 입력에 대해 2초 및 100 입력에 대해 100초 실행되는 경우 코드는 시간 측면에서 선형적으로 효력을 발휘한다고 말한다. 즉 O(n)의 시간 복잡도이다. **스토리지**라고도 하는 공간 리소스는 실행중에 코드가 차지하는 메모리 또는 디스크 공간의 양이다. 즉, 코드가 계산을 수행하는데 필요한 추가공간. **대역폭**이라고도 하는 네트워크 리소스는 코드가 실행되는 동안 네트워크를 통해 전송되는 데이터의 양이다.

이때의 주요 목적은 dApps가 최종 사용자들에게 필요한 서비스를 제공하기 위해 데이터의 저장 및 대역 폭 자원을 효율적으로 공유하도록 하는 것이다. 이는 다음과 같은 세 가지 중요한 아이디어를 통해 이루어진다.

- chunks: 최대 크기 4kb의 군대에서 저장 및 검색의 기본 단위이다.
- **해시**: 고유 한 식별 자와주소가 있는 데이터 청크의 암호화 해시이다.
- manifest: 해시의 내용 검색을 위한 경로 지정자이다.

콘텐츠로 불리는 데이터의 덩어리가 떼지어 업로드되면 덩어리라는 데이터 조각으로 쪼개진다. 단방향 swarm 해시는 접근을 위한 식별 자와 주소를 가진 각 **청크**에 대해 생성된다. 이러한 해시 주소는 사실상 불변이다. 간단히 말해 콘텐츠를 수정하면 각 청크의 해시 주소가 변경된다. 이러한 덩어리의 해시 자체는 다른 덩어리로 번들로 묶여지며 차례로 자체 해시가 생성된다. 이 방법으로 콘텐츠는 기본적으로 머클 트리인 청크 트리에 매핑된다. 스트리밍 비디오와 같은 대용량 콘텐츠 파일의 경우에도 계층적 웜 해시는 데이터 무결성손실을 방지하고 보호된 임의 액세스를 허용한다.

그 무리의 내용물에 접근하기 위해서는, 우리는 매니 페스트가 필요하다. 이 파일에서는 문서 수집에 대해 설명한다. 문서는 파일 시스템 디렉터리, 가상 서버 또는 데이터베이스 인덱스일 수 있다. 이 목록은 어떤 내용을 어디서 찾을 것인지에 대한 요점을 제공하며 책의 목차와 같다. 이 메타 데이터는 경로 및 해당 컨텐츠 해시를 지정하여 **균일한 리소스 로케이터**(url)기반 콘텐츠 검색을 지원한다.

스웜 노드 주소는 데이터와 동일한 주소 공간에 위치를 정의한다. 네트워크에 참여하는 스웜 노드는 bzzkey라는 기본 주소를 가지고 있다. 이 bzzkey는 기본적으로 이더리움 주소의 해시 (노드의소위스웜 베이스계정)에서파생된다. 떼에서 삭제 또는 제거하는 개념은 없다. 콘텐츠가 업로드 되고 나면 떼지어 취소할 수 있는 방법이 없다. 떼가 풀리기 전에 이더리움은 **행성 간 파일시스템**(ipfs)을 사용했다

Whisper

현대 해킹 및 감시기술은 해커 가보 안 채널을 통해 이동하는 동안 실제 메시지를 가로채지 않아도 될 정도로 확장되었다. 그들은 단지 그 그림자를 연구함으로써 메시지가 전달하는 정보를 추측할 수 있다. 메시지의 그림자는 채널을 통해 이동하는 동안 메시지가 남긴 메타데이터 로그 및 감사추적을 의미한다.

그러한 공격을 더 잘 이해하기 위해, 여러분이 집세가 매우 비싼 대도시에 살고 있다고 상상해 보아라. 그래서 당신은 시내에서 당신의 예산 내에서 당신에게 방 하나를 임대해 줄 수 있는 한 늙은 부동산 소유주를 빌견하게 된다. 유일한 문제는 철로가 당신의 벽에 너무 기끼이 붙어 있다는 것이다. 매일 밤, 당신은 기차가 지나갈 때마다 삐걱거리는 침대에서 꼬르륵 소리를 느낄 수 있다. 만약 여러분이 예리한 관찰자이고 해커처럼 생각한다면, 여러분이 여러분의 짜증 나는 침대에서 특정한 열차를 통과하는 데 걸리는 시간을 알기 때문에 매일 밤 여러분을 지나치는 각각의 기차에 익숙해질 것이다. 침대에 누워 떨고 있는 시간대는 특정 열차의 특징이 된다. 당신은 단지 이 특성을 관찰함으로써, 특정한 정확도로, 특정한 시간에 통과한 열차가 어젯밤을 통과한 열차와 같은지 아니면 다른 열차인지를 예측할 수 있다. 철도회사가 이것을 깨닫고 철로 주변을 두꺼운 콘크리트 터널로 막아 열차에 의한 충격과 진동을 흡수하면 어떻게 될까? 그럼 서명까지 확인해 주실 수 있겠습니까? 그것에 대해 생각해 보세요, 왜냐하면 어둠이 아닌 반면, 빛은 막힐 때 그림자를 드러내기 때문이죠.

개빈 우드 (gavin wood)가 github (https://goo.gl/br5fbz)의 백서에서 peer - to - peer 통신 프로토콜로 whisper을 규정했을 때 그는 암호 분야에서 가장 흥미로운 기술 중 하나를 고안했다. 대역폭과 대기시간이 상당히 오래 걸리므로 whisper는 100% 어두운 작동을 제공할 수 있다. 완전히 어둡게 처리하면 peer - to - peer 통신 중에 메타 데이터가 누출되지 않다.

기술적 인 정의에 따르면, whisper는이더리움 블록체인에 대한 보조 프로토콜 역할을 하는 라우팅 개인정보 보호와 함께 다중 **분산 해시 테이블**(dot)을 사용하는 메시지 시스템이다. 모든 정상적인 통신 프로토콜은 대역폭을 최대화하고 대기 시간을 최소화하기 위한 근본적인 목표를 가지고 있다. 그러나 통신 프로토콜로서의 whisper는 메타 데이터 누출을 무효화하고 두 명의 동료가 통신하는 동안 제3자가 도

청할 수 없는 진정한 어둠을 달성하는 것을 목표로 한다. 이를 위해 whisper은 대역폭과 대기 시간 제약 조건 모두를 기꺼이 포기한다. Whisper는 궁극적으로 사용자 활동을 추적하는 분산된 응용 프로그램 내용과 관련하여 통신 노드가 누설하고자 하는 정보의 양과 관련하여 사용자가 구성할 수 있는 방식으로 작동한다.

Whisper는 메시지와 봉투라는 두 가지 핵심 개념을 기반으로 한다. Whisper는 데이터 그램 메시징 서비스로 간주되는 경우 봉투는 노드에서 이해할 수 있는 암호화되지 않은 데이터 형식을 나타내며 암호화된 메시지 데이터 그램을 내부에 포함한다. 엔벌 로프는 원래의 title(time to live, 초 단위), 만료까지의 절대 시간 (Unix 시스템 시간), 실제 페이로드 인 암호화된 메시지 데이터 필드, 토픽 (암호로 안전한 메시지의 확률적인 부분 분류) nonce, 임의의 값. 이 nonce는 pow가 피어의 노력을 판단하는 데 사용된다. 메시지에는 서명 된 바이너리 플래그가 고정 페이로드와 함께 있다.

그림 2.9는 더 명확하게 하기 위해 이 두 가지 개념을 보여 준다.

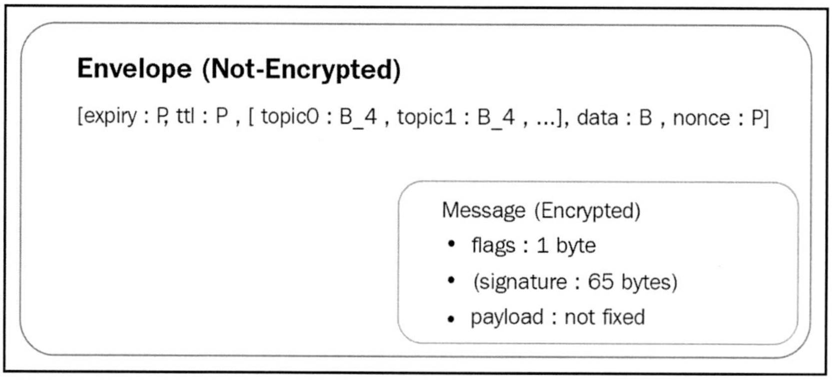

그림 2.9: 봉투안의 whisper 메시지

Evm

Evm은 스택 기반 인터프리터이며 메모리 바이트 배열과 키 - 값 저장소가 있다. 스택을 시각화하려면 브런치 뷔페 유추로 돌아가서 깨끗한 판이 어떻게 유지되는지 생각해 보십시오.

그림 2.10은 팝과 푸시 같은 중요한 작업이 있는 lifo(last-in-first-out) 프로세스와 같은 스택을 보여 준다.

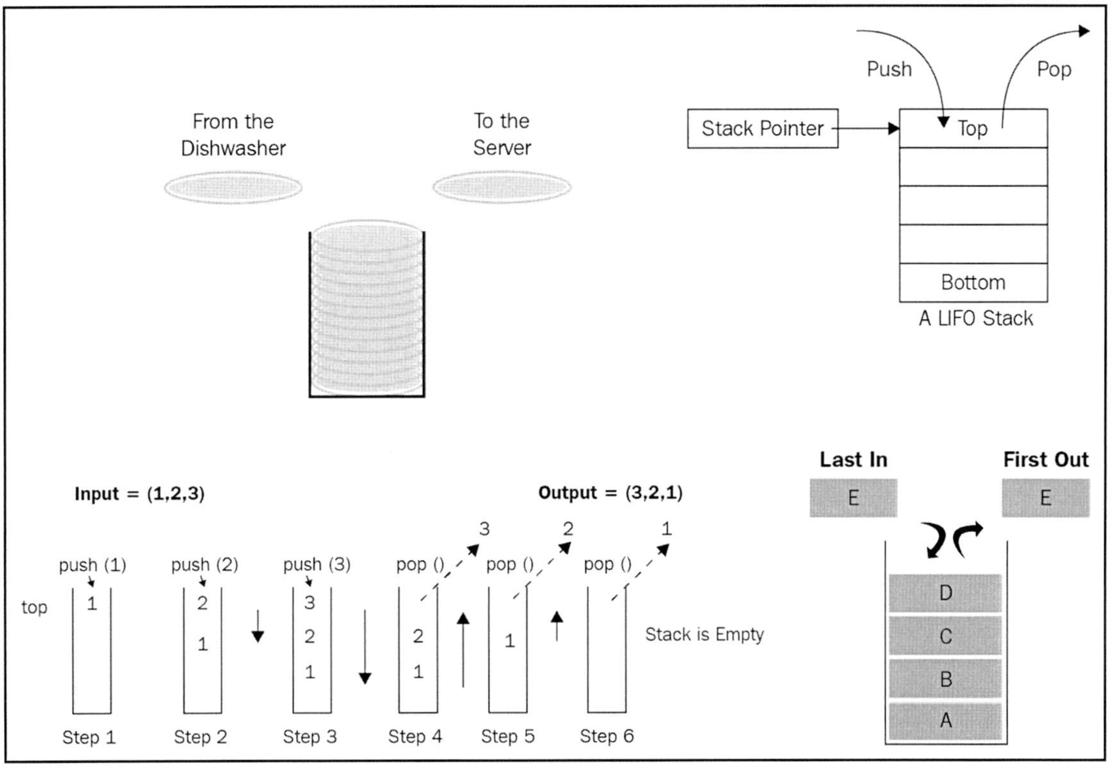

그림 2.10: 간단히 스택 작업

Evm 스택의 요소는 32바이트 길이이고 모든 키 - 값 저장소는 32바이트이다. 고급 언어로 코딩 된 스마트 계약은 런타임 중에 기계 수준의 운영 코드 (opcode)를 생성하는 evm을 통해 블록체인에서 실행된다. 이 opcode는 데이터를 저장하는 세 가지 유형의 공간에 대한 액세스 권한을 갖다.

- 스택, 값을푸시할수 있는 lifo 컨테이너.
- 무한확장가능한바이트배열인메모리.
- 계약의장기저장은핵심가치저장소이다. 계산이끝난후재설정되는스택및메모리와달리스토리지는장기간동안지속된다.

이 코드는 블록 헤더 데이터뿐만 아니라 들어오는 메시지의 값, 보낸 사람 및 데이터에 액세스할 수 있으며 코드는 출력으로 바이트 배열의 데이터를 반환할 수도 있다. 약 100개의 opcode가 있으며, 16의 배수, 배수로 분류된다. Opcode의 일반적인 형식은 다음과 같다.

```
#schema: [opcode, ins, outs, gas]
E.g. #crypto 0x20: ['sha3', 2, 1, 30]
```

앞의 형식은 얼마나 많은 양의 가스가 소비되는지에 대한 카운터뿐만 아니라 각 opcode가 스택에서 얼마나 많은 매개 변수를 팝 아웃하고 스택으로 다시 푸시 하는지를 알려 준다. 우리는 가스와 튜링 완전성의 의미를 다룰 예정이다.

그림 2.11은 opcode가기능에따라 9 개의 다른 그룹으로 어떻게 분리되어 있는지 보여 준다.

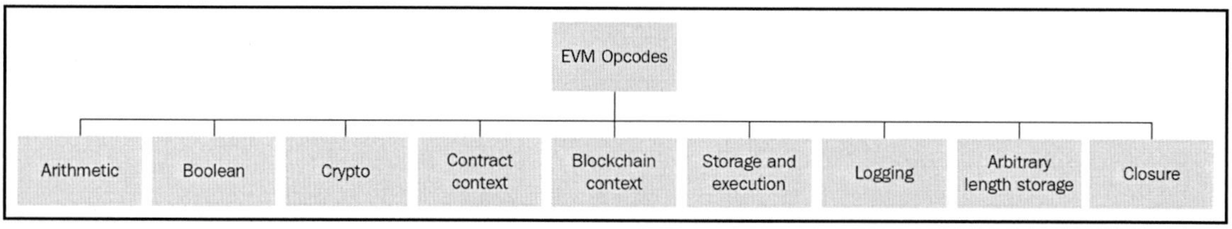

그림 2.11: python 기반 이더리움 클라이언트의 evm opcode 분류

Evm은 신뢰할 수 없는 코드가 글로벌 공용 블록체인 기반 운영 체제에서 실행될 수 있도록 설계되었다. 이를 수행하기 위해 다음과 같은 보안 제한이 부과된다.

- 프로그램에서 모든 계산 상태가 실행되면 서비스 거부 공격이 방지된다.
- 코드는 단일 임의 길이의 바이트 배열을 전송하여 서로 상호작용한다.
- 프로그램은 서로의 실행상태에 액세스할 수 없다. 프로그램 실행이 격리된다.
- 가상 컴퓨터프로그램은 자체 내부 상태에만 액세스하고 수정할 수 있으며 evm에서 다른 프로그램의 실행을 트리거 할 수 있다.
- 코드 실행은 본질적으로 완전히 결정론적이며 동일한 상태에서 시작된 일치하는 구현에 대해 동일한 상태전 이를 생성한다.

Evm 코드의 공식 실행모델은 놀라울 정도로 간단한다. Evm이 실행 중일 때 전체 계산 상태는 큐플(block_state, message, code, 메모리, 트랜잭션, 스택, 가스 및 pc)로 정의할 수 있다. 여기서 block_state는 잔액 및 저장이 있는 모든 계정을 포함하는 전역 상태이다.

모든 실행 라운드가 시작될 때 현재 명령어는 **프로그램 카운터**(pc) 코드 바이트를 페치하여 찾으며 각 명령어에는 튜 프리에 미치는 영향에 대한 자체 정의가 있다.

예를 들어, add 연산은 스택 맨 위에서 두 항목을 팝하고 합계를 누르고 가스를 1 줄이고 pc를 1씩 증가시킵니다. Store는 스택에서 상위 2 개항 목을 팝하고 첫 번째 항목의 지정된 색인에 있는 두 번째 항목을 계약의 저장소에 삽입한다. Just-in-time 컴파일을 통해 evm 실행을 최적화할 수 있는 방법은 많이 있지만, 이더리움 기본 구현은 몇백 줄의 코드에서 수행할 수 있다.

하드웨어 클라이언트 및 인터넷

우리는 혼잡 속에서 우리의 비밀리에 진행되는 세션을 끝냈기 때문에, 우리는 하드웨어 클라이언트와 인터넷인 이더리움기술 스택의 나머지 요소들로 이동할 것이다. 하드웨어 클라이언트는 이더리움광산 섹션에서 더욱 자세히 다룰 예정이다. 현재로서는 cpu나 Gpu와 같은 일반적인 범용 하드웨어가 이더리움에 대한 하드웨어 클라이언트로 사용된다는 것을 알고 있는 것으로 충분한다.

기본적으로 이더리움 블록체인 기술 스택의 인터넷 계층을 살펴보겠다. 1장, 블록체인 기본에서 이더리움의 블록체인 구조에 대해 이미 논의했으므로 여기에서는 표면 웹에 대한 이더리움 블록체인의 논리적 위치만 설명한다.

이 장의 뒷부분에서 이더리움 블록 아키텍처에 대해 논의할 때 블록체인 구조를 다시 살펴보겠다.

우리가 알고 있는 인터넷은 주로 표면 웹이다. 깊은 웹과 다크웹도 있다. 나중에 다룹니다. 표면 웹은 지리적으로나 물리적으로 분리된 지점 A에서 지점 B까지 도달하기 위해 메시지 또는 데이터가 통과해야 하는 여러 논리 계층으로 구성된다. 각 논리 계층에는 전송중인 메시지가 따라야 하는 표준 프로토콜이 있거나 그렇지 않은 경우 웹에서 이동하지 못하게 된다. 이 프로토콜은 개인이 한 국가에서 다른 국가로 여행하려고 할 때 여권과 비자 규칙과 유사한다. **인터넷 엔지니어링 태스크포스**(internet engineering task force, ietf)는 전송 제어 프로토콜/인터넷 프로토콜 슈트를 제안함으로써 순전히 자발적으로 표면 웹에서 공통된 의사 소통의 근거를 제시하는 공개커뮤니티이다.

그림 2.12는 tcp/ip와이 기술에 대한 블록체인의 위치를 나타낸다. 지시선 은 메시지가 지점 A에서 B로 이동하는 방법을 나타낸다.

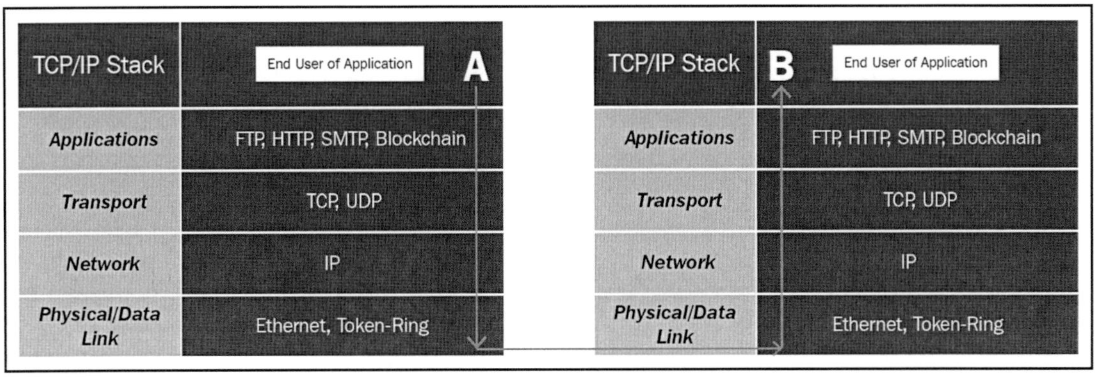

그림 2.12: 표면 웹 상의블록체인 위치

블록체인은 tcp/ip 스택의 응용 프로그램 계층 기술이며 값의 전송 프로토콜을 제공한다. Ftp는 파일 전송, http는 하이퍼 링크 텍스트 전송, smtp는 메일전송, 블록체인은 기본적으로 값 및 실행 상태의 디지털 전송에 사용된다.

이것들은 이더리움 web 3.0 기술 스택의 주요 모듈이 었지만, 이 모듈을 작동시키는 이유는 무엇입니까? 이더리움 안에 마법 소스가 있습니까? 튜링 완전성이란 무엇입니까? 다음 섹션에서 살펴보도록 하겠다.

튜링의 완성도와 마술 소스

이전 섹션에서 설명한 것처럼 이더리움은 분산된 응용 프로그램을위한 플랫폼이다. 즉, 우리는 분산된 방식으로 실행할 수 있는 프로그램을 작성할 수 있다는 것을 의미한다. 여기에는 프로그램을 실행할 중앙 서버 나 중앙 엔터티가 없다. 프로그램은 많은 다른 컴퓨터에서 실행될 것이며, 이는 분산된 응용 프로그램을 중단할 방법이 없다는 것을 의미한다. 이러 한 응용 프로그램을 작성하려면 스마트 계약을 개발해야 하며 스마트 계약은 솔리디티라는 프로그래밍 언어로 작성된다. 따라서이더리움 블록체인에서 똑똑한 계약서를 작성하려면 견고성을 배워야 한다. 솔리디티가 완료 튜링된다. 그럼, 그게 무슨 뜻이죠? 이것을 이해하려면 60년 또는 70년 전에 되돌아가야 한다.

그때 사람들은 다른 계산기계를 사용했다. 문제는 하나의 기계가 기계를 계산할 때 기계를 사용하지 않는다는 것을 의미한다. 다른 기계의 경우는 다른 기계를 분해해야 한다.

그 시간 동안 사람들은 다른 계산 기계를 가지고 있었다. 문제는 하나의 알고리즘을 사용하여 무언가를 계산할 수 있는 기계가 있다면 그 기계 만이 문제를 해결할 수 있고 약간 다른 알고리즘 구성의 다른 문제를 해결하려면 별도의 기계를 처음부터 만들어야 한다는 것이다.

그래서 20세기의 가장 위대한 수학자이자 컴퓨터 과학자 중 한 명인 Alan Turing은 이론적인 기계라는 기계의 논리적 설계를 개발했다. 그는 이 기계가 어떤 프로그램을 실행할 수 있도록 그러한 기계가 어떻게 만들어질 수 있는지 설명했다.

이 기계에 대한 그의 이론적 설명에서, 각각 0 또는 1을 저장하는 균일 한 셀과 데이터를 저장할 능력이 있는 테이프 셀을 읽음으로써 좌우로 회전할 수 있는 테이프 헤드로 구성된 간단한 테이프를 사용하여 이 기계를 만들 수 있다. 기본적으로 그는 어떤 프로그램을 실행하고 어떤 종류의 계산 문제도 해결할 수 있는 컴퓨터를 구축하는 방법을 설명했다. 즉, 이것이 얼마나 오래 걸릴지 보장할 수는 없다. 일부 프로그램은 1분 안에 실행될 수 있지만 일부 프로그램 (예: 소수에 기반한 문제에 대한 해결책 찾기)은 수천 또는 수천 년이 걸릴 수 있다. 그래서 조만간 문제가 해결될 것이라는 보장이 있었지만 이것이 얼마나 빠를 것인지 보장할 수는 없다. 따라서 이론 상으로는 이 튜링 기계의 계산상의 문제를 해결할 수 있다.

요즘 특정 프로그래밍 언어가 튜링 완료라고 말하면, 그 언어를 사용하여 어떤 종류의 계산 문제를 해결하는 알고리즘을 구현할 수 있다는 것을 의미한다. 프로그래밍 언어가 튜링이 완료되지 않은 경우, 특정 종류의 계산 문제를 해결하기 위해 알고리즘을 공식화하지 못하게 하는 많은 논리적 또는 구문 적 제약이 있다.

예를 들어 비트코인에 사용된 스크립팅 언어는 튜링 완료가 아니다. SQL92 표준의 SQL은 튜링이 완료되지 않은 반면 SQL99 표준부터는 완전한 튜링이 되었다. HiveQL 및 Pig Latin과 같은 큰 데이터 도구조차도 Turing이 완성되지 않았다. Java로 작성된 **사용자 정의 함수**(UDF)로 보충된 경우에만 Turing이 완료된다. 반면 PL/SQL, Java, JavaScript, Python, R, C 및 C ++은 모두 Turing 완전한 프로그래밍 언어의 예이다.

소프트웨어 개발자의 관점에서, 프로그래밍 언어의 중요한 특징 중 하나는 언어가 튜링의 완성 여부에 관계없이 충분한 정확도로 신속하게 식별할 수 있다는 점이다. 이 기능은 프로그래밍 루프를 구성할 수 있는 능력이다. 즉, 프로그래밍 언어로 루프를 만들면 반복적으로 일련의 명령을 수행하도록 프로그램에 지시할 수 있다. 이것은 솔리디티에서 우리가 가진 것이다. 솔리디티에는 루프가 있다.

Vitalik buterin은 일반적으로 루프를 구성할수 있는 프로그래밍 언어로 turing 전체 언어를 설명 하지만 비트코인의 스크립팅 언어는 단순한 트랜잭션 논리만 만들수 있고 루프를 구성할 수는 없다. 따라서 비트코인 스크립팅 언어로 백번을 하고싶다면 코드를 100 번 복사하여 붙여넣어야 하지만 이더리움에서는 한번 쓰고 컴퓨터에 백번 실행하도록 지시할수 있다.

예를 들어 루프가 있고 추가 연산이 있는 간단한 컴퓨팅 장치를 수정하여 특정 추가 연산을 루핑하여 곱셈을 수행할 수도 있다. 즉, 5 x 3은 5 + 5 + 5와 동일한다. 이는 3 루프에서 5를 더하는 것과 같다. 그러나 루프 내에서 루프가 코드의 시간 복잡성을 기하 급수적으로 늘릴 수 있으므로 루프가 코드 성능에 항상 좋은 것은 아니라는 점에 유의해야 한다. 따라서 루프는 turing의 완전성을 확인하는 데 유용하지만 코드 성능을 저하시키므로 완전히 필요하지 않으면 피할 필요가 있다.

또한 확장성에 대한 또 다른 문제점이 있다. 이 문제는 샤딩의 개념을 논의하는 이후 장에서 다루게 될 것이다.

이것이 비트코인이 튜링 (turing) 완전한 언어를 피한 주된 이유중 하나이다. 실수로가 아니라 선택에 의한 결정이 었다. 블록체인에서 루프를 실행하는 튜링 (turing) 언어의 전체 아이디어는 위험할수 있다. 몇 가지 코드를 수백 번이나 수백만번 실행하는 루프가 있고 이 코드를 블록체인에서 실행해야 하는 경우 실제로 네트워크에 과부하가 걸리기 때문이다. 이것이 비트코인 개발자가 튜링언어를 사용 하지 않기로 결정한 이유이다. 그들은 단지 기본작업을 수행하는, 즉 동료간에 값을 전송하는 간단한 메커니즘을 원했다. 이더리움에서, 디자인이 데올로기는 이더리움 블록체인에서 스마트 계약을 사용하여 실행해야 하는 복잡한 dApp의 도입과 완전히 다르다. 여기서 루핑 구조를 가져야 하는 turing 완전한 언어가 절대적으로 필요한다. 다시 말하지만, 백만개의 루프를 실행하여 이더리움 블록체인에 과부하를 걸수 없다. 따라서 우리는 고리가 필요한 악이며, 사악한 블록체인으로 인해 다른 사용자가 스팸을 보내는 catch-22 상황에 처해 있는 것같다.

이것은 우리가 마술 소스를 필요로 할 때의 정확한 상황이다. 우리는 이더리움 blockchain에서 그것을 gas라고 부른다. 이더리움 블록체인에 대한 솔리디티의 각 작업에는 고정된 가스 요금이 있다. 우리가 개발자/potluck 요리사가 DApps/recipes를 따뜻하고 맛 있게 유지하는 데 약간의 비용을 지불해야 하는 가스 버너에 관해 이야기했던 브런치 뷔페 유추로 돌아가 보겠다. 가스 버너 연료를 지불해야 한다면 많은 불꽃과 일정한 높은 가스 사용량이 필요한 조리법보다는 가스 사용량이 적을 때조차도 자동으로 조리법을 요리할 것이다. 그래서 불길이 끊이지 않는 뜨거운 케밥을 가져오는 것보다, 가벼운 가스 버너 사용을 필요로하는 빵이나 제과점과 같은 물건을 가져와 누군가가 오기를 기다리는 동안 돈을 잃지 않도록 보장한다. 나는 요리를했다.

따라서 이더리움 블록체인으로 돌아와서 신생 개발자 중 일부가 스팸 및 네트워크 과부하가 발생할 수 있는 수백만 개의 루프가 있는 매우 미친 프로그램이 생기면 이 프로그래머가 가스 비용을 크게 증가시켜 전체 코드가 결국 한번 실행을 중지하게 된다 개발자가 구매한 가스가 고갈된다.

예를 들어 5 회의 조작이 100 회 루핑 된 코드를 실행하면 500 회 각 루프에 대해 가스 요금이 소비된다. 따라서 가스가 필요 마법의 소스는, 에테 리움의 blockchain에 솔리디티 스마트 계약을 실행하기 위해 ether(ETH) 토큰을 에테르를 사용하여 구입할 수 있다는 것이다. 그리고 네, 선불 모델이다. 당신은 먼저 화환 돈을 사용하여 일부 에테르 토큰을 구입하고, 이 에테르 토큰을 사용하여 가스 한도를 충전한다. 그런 다음 스마트 계약 프로그램을 실행하면 계정에서 가스가 계속해서 섭취된다. 코드가 효율적 일수록 코드에 의해 소비되는 가스가 적을수록 블록체인에서 실행되는 시간이 길어지고 DApps가 고객에게 더 잘 전달된다.

이더리움 블록체인에서 가스와 ethers를 구별하는 것이 중요한다. 이전에 논의한 것처럼, 가스는 이더리움 block chain에서 스마트 계약 작업을 실행하는데 일종의 수수료이며, ether는 이더리움 block chain의 암호화 토큰이다. 좋은 실제 생활 유추는 자동차 운전을 위한 가솔린 또는 디젤이다. 고속도로에서 차를 운전하려면 가솔린이나 디젤로 채워야 한다. 가솔린이나 디젤을 구입하려면 일반 현금, 신용/직불카드 또는 e- 지갑 돈이 필요한다 이제는 자동차의 내부 역학, 기상조건, 도로 및 교통상황, 주행 방식 및 여행한 마일 땅 연료 소비에 영향을 미치는 많은 매개변수에 따라 달라진다. 우리는 이것을 주행거리라고 부르며 이 매개변수는 자동차의 성능을 결정한다. 다시, 연료 가격은 국제 시장 상황의 변화와

화폐 가치의 영향에 따라 변동될 수 있다. 같은 라인에서 자동차가 솔리디티 스마트 계약 코드 인 경우 가스는 차를 채워 블록체인 고속도로에서 주행하는 데 사용되는 연료이다. 우리는 ether를 사용하여이 가스를 구입한다. 여기서 ether는 우리의 실제 화폐 통화와 같다.

그림 2.13은 이더리움 블록체인의 단위의 규모와 현 금의 핀트 화폐의 eth 상당 값을 보여 준다.

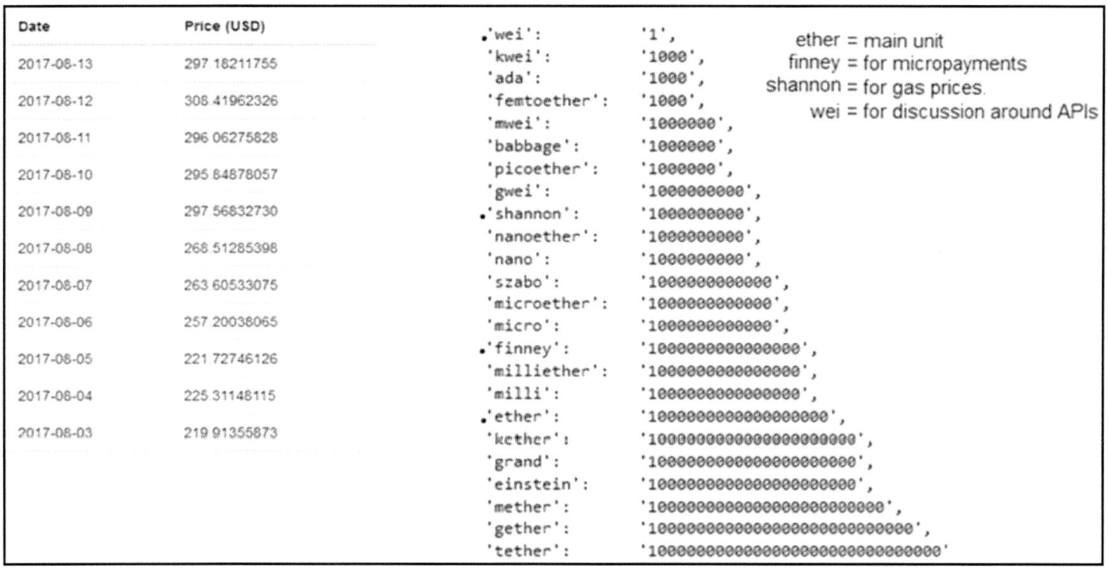

그림 2.13: Ether on money market along with units in an Ethereum blockchain

진정한 관심사는 지금 우리가 실행하지 않는 한 내 스마트 계약 코드가 블록체인에서 어떻게 수행되는지 결코 알 수 없다는 것이다. 이러한 이유로 이더리움 플랫폼은 testnet 및 mainnet의 개념을 도입했다. 우리는 우리의 s솔리디티 스마트 계약을 코딩하면, 우리는 testnet에 그들을 실행하고 많은 작업이 가스 요금의 측면에서 비용이되는 방법을 확인되지만, 가상 환경에서, 우리의 코드를 실행할 수 있다 가스 요금 amount. Once을 시뮬레이션 무료 우리는 스마트 계약 코드의 가스 소비율과 효율성에 만족하며, 코드를 이더리움 블록체인에 영구적으로 새겨진 메인 넷에 최종 코드로 배포한다. 이전 testnet은 morden이라고 불리 웠고 보안 문제로 인해 폐기되었다. 현재 testnet은 Ropsten이라고한다. 따라서 현명한 계약은 가치 이전을 나타내는 단순한 거래 이상의 의미를 지닙니다. 비트코인의 블록 아키텍처 가이드 리움에 충분한지 아닌지에 대한 자연스러운 질문이 생깁니까? 또한, 우리는 어떻게 이더리움 블록체인에서 마이닝 합니까? 그리고 왜 우리는 eth와 etc 두 개의 분리된 암호해독 토큰을 가지고 있습니까? 다음 섹션에서 알아보겠다.

이더리움 block, 채굴 그리고 분기

이더리움 블록 아키텍처의 세부 사항을 살펴보기 전에 이더리움의 블록체인 구조를 다시 방문해야 한다.1장, 블록체인 기본에서 이더리움 블록체인은 잎이 코드의 실행 상태를 나타내는 머클 트리라는 것을 알게 되었다단순화를 위해 더 세밀한 세부 묘사가 생략되었다. 이더리움의 머클트리는 우리가 bitcoin blockchain을 보았을 때 머클트리가 아니다. 보시다시피, 바이너리 머클 나무는 목록 형식의 정보를 인증할 때 훌륭한 데이터 구조이다. 즉 일련의 데이터 청크가 차례로 배치된다. 이러한 트랜잭션 트리의 경우 트리가 생성된 후 트리를 편집하는 데 걸리는 시간은 중요하지 않다. 이는 트랜잭션이 계속 성장할 수 있는 하나의 고정 트리 형식으로 유지되기 때문이다.

이더리움은 다른 한편으로는 상태 트리이다. 여기서상황은 더욱 복잡한다. 이더리움의 상태는 키가 주소를 나타내고 값이 선언 된 금액, 잔액 목록, 1 단계 코드 및 계정 저장소를 나타내는 키 - 값 맵으로 표시된다. 저장조차 그 자체가 나무이다.

여기서 거래 내역과 달리 상태는 자주 업데이트된다. 이는 계정의 균형 및 일일 변경, 빈번하게 생성된 새 계정의 삽입 및 저장소의 키 삽입 및 삭제 빈도로 인해 발생한다.

이러한 경우 바람직한 데이터 구조는 전체 트리를 다시 계산하지 않고 삽입, 업데이트, 편집 또는 삭제 작업 후 새 트리 루트를 신속하게 계산할 수 있어야 한다. 또 한, 그러한 트리의 깊이는 제한되어야 한다. 이렇게 하면 해커가 무한히 나무를 심어 정당한 사용자에게 DoS 공격을 가하는 것을 방지할 수 있다. 또 한, 다른 순서로 업데이트를하거나 심지어 처음부터 다시 트리를 계산하면 루트를 변경해서는 안 된다. 즉, 루트는 데이터에만 의존해야 한다.

도널드 알 모리슨 (Donald R. Morrison)은 1968년경에 이와 같은 나무 자료 구조를 설명했다.

이것은 영숫자 PATRICIA(Practical Algorithm to Retrieve Information Coded in Alphanumeric) 트리로 코딩 된 정보를 검색하기 위한 실용적인 알고리즘이라고 불렸다. 기본적으로 Radix가 2 인 기수 트리이다. 즉 키의 각 비트는 개별적으로 비교되고 각 노드는 양방향 분기이다. 이러한 트리에서는 검색, 삽입 및 삭제가 최악의 경우에도 선형 시간 복잡성으로 발생한다.

그림 2.14는 Patricia 트리에서 일반적인 삽입이 발생하는 방법을 보여 준다.

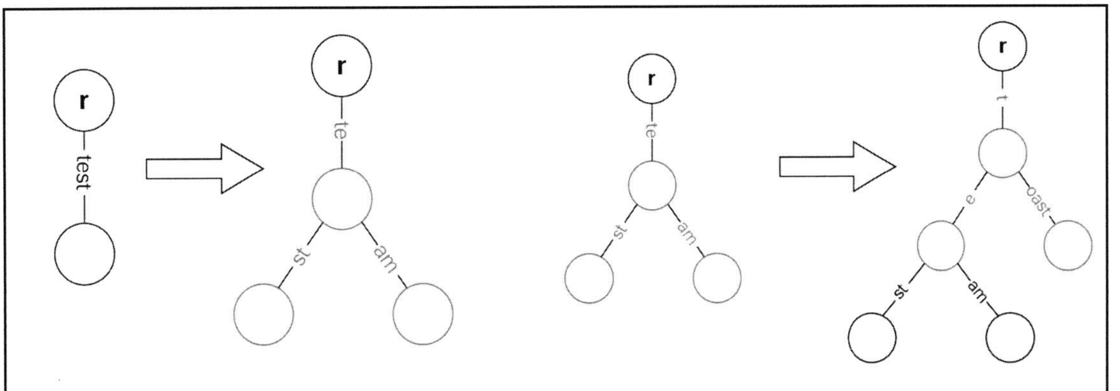

그림 2.14: patricia 트리삽입데모, 출처: Wikipedia

따라서 이더리움 블록체인은 기술적으로 머클-patricia 트리이다. 여기에서 이더리움 블록체인의 각 블록헤더에는 세 가지 종류의 오브젝트를 나타내는 세개의 트리가 있다.

- 거래 (가지 이선을 나타냄)
- 수령 (각 거래의 효과를 보여 주는 데이터청크)
- 상태 (계정의 모든 정보를 나타냄)

이 세종류의 개체는 채굴자가 다음 다섯 가지 쿼리에 응답하는데 사용되며, 기본적으로 이더리움 블록체인의 마이닝작업이다.

1. 트랜잭션이 특정 블록에 포함되었습니까?
2. 지난 30일 동안 이 주소로 발송된 일정의 모든 사례는 무엇입니까?
3. 내 계정의 현재 잔액이 무엇입니까?
4. 이 계좌가 존재합니까?
5. 이 계약에서 이 트랜잭션의 실행을 시뮬레이션하면 출력은어떻게 됩니까?

첫 번째 쿼리는 트랜잭션 트리에서 처리하고, 두 번째 쿼리는 영수증 트리에서 처리하고 세 번째 및 네 번째 쿼리는 상태 트리에서 처리한다. 처음 네 개는 계산하기가 매우 쉽다. 광부는 단순히 객체를 찾고 머클 브랜치를 가져오며, 여기서 해시 목록은 객체에서 트리 루트까지 올라가고 브랜치가 있는 라이트 클라이언트에 다시 응답한다. 다섯 번째 쿼리는 상태 트리에서도 처리되지만 계산 방법은 더 복잡한다. 머클 state transition proof를 만들 필요가 있다. 기본적으로, 이 증명은 다음과 같은 주장을 한다: 루트 **R**을 가진 상태에서 트랜잭션 **T**를 실행하면 결과는 로그 **L**과 출력 **O**를 갖는 루트 **R'**을 가진 상태가 된다. 이론적으로는 필요하지 않지만 출력의 개념은 존재한다. 이더리움에서는 모든 트랜잭션이 함수 호출이기 때문에. 증명을 계산하기 위해 광부는 가짜 블록을 로컬로 생성하고 상태를 S로 설정하며 트랜잭션을 적용하는 동안 간단한 클라이언트로 위장한다. 즉, 트랜잭션을 적용하는 프로세스에서 클라이언트가 계정의 잔액을 판별해야 하는 경우, 라이트 클라이언트는 균형 조회를 작성한다. 라이트 클라이언트가 특정 계약의 스토리지 에 있는 특정 항목을 점검해야 할 경우, 라이트 클라이언트는 이를 조회한다. 광부는 자신의 모든 쿼리에 정확하게 응답하지만 그것이 보낸 모든 데이터를 추적한다. 광부는 클라이언트에게 이 모든 요청의 결합된 데이터를 증거로 보낸다. 그런 다음 클라이언트는 똑같은 절차를 수행하지만 제공된 증명 자료를 데이터베이스로 사용한다. 결과가 광부가 주장하는 것과 같을 경우 고객은 증거를 수락한다.

그렇다면 증거는 어떻게 받아 들여 집니까? 이것은 다른 광부의 PoW를 비교하는 합의 알고리즘을 사용하여 수행된다. 이 알고리즘을 ETH 해시라고 한다. 이더리움 프레임워크의 향후 버전이 PoS로 전환될 수 있지만 PoW는 현재 사용 중이다. 이 알고리즘은 이후 장에서 자세히 다룰 것이다. 지금까지 이 알고리즘이 nonce와 DAG를 결합하여 새로운 해시를 생성하고 목표 임계 값보다 작은 지 여부를 확인하여 1장의 블록체인 Basics에서 설명한대로 광업의 멍청한 퍼즐을 해결할 수 있다는 사실을 기억하십시오. 문제는 본질적으로 거대한 데이터 집합 (2GB 이상)의 직접 비순환 그래프 인 DAG가 많은 RAM (Random Access Memory)을 처리해야 한다는 것이다. 이 메모리 경도는 ASIC 마이너를 사용하여 이더디움 블록을 채굴할 수없는 주된 이유이다. ASIC의 메모리 캐시가 매우 낮기 때문이다. 이더리움을 채굴하는 데 가장 적합한 하드웨어 클라이언트는 GPU 광부이다.

다음은 GPU 장치를 사용하여 이더리움마이닝를 구성하기 위해 표시된 나열된 사양이다.

예: RX 470 사양

- **비용**: ~ 175 달러 (2017년 3월)
- **메모리**: 8 기가 바이트
- **메모리 대역폭**: 211 기가 바이트/초

이 세 가지 트리 객체 외에도 블록 아키텍처에는 그림 2.15에 나와 있으며 gavin wood의 노란 종이에 정의된 몇 가지 다른 모듈이 있다.

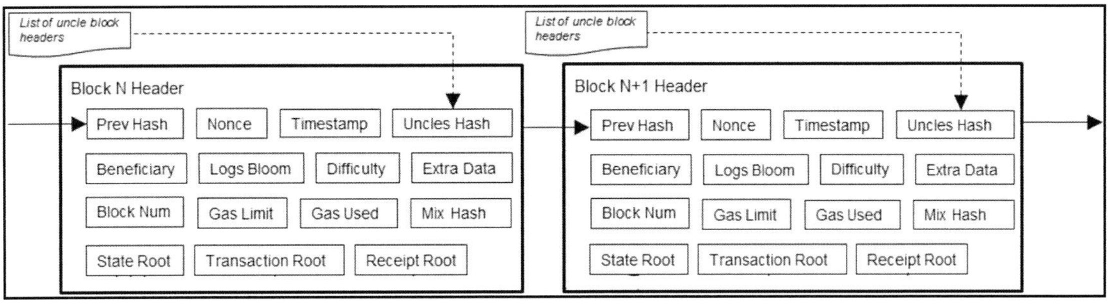

그림 2.15: 이더리움블록내부의모듈

이 표현을 면밀히 연구하면 **부모 해시(이전해시)**를 제외하고 삼촌 해시 또는 오메가 해 시가 있음을 알 수 있다. 그럼, 이더리움 블록체인에서 삼촌은 무엇을 하고 있습니까? 내가 블록이고 블록체인이 가계도라면 삼촌이 우리 아빠와 아주 가까울 것이다. 그러나 내가 삼촌의 유전자에서 태어났다면 그것은 꽤 다를 것이다. 그럴 때, 우리 아빠는 내 삼촌이었을 거야. 그래서 부모 해시는 우리 아빠이고 제가 올 올바른 해시이다. 삼촌의 해시는 나의 이전 블록과 아주 가까운 블록을 나타내지만, 아빠로부터 타격을 입어서 만들 수 없다. 타격으로, 나는 나의 아빠가 나의 삼촌보다는 pow를 더 많이 했다는 것을 의미한다; 그러므로 광업 일치는 그를 선택하고 내 삼촌은 선택하지 않았다. 이제 삼촌은 어떻게 될까요? 그는 지금 내 블록체인과 관련하여 **광부 활성화 하드 포크**(mahf)가 되었으므로, 아빠 직후에 부모 블록체인에 거짓말을 하면 나에게 접근할 수 없다. 즉, 이 전해시이다.

다소 유사한 선상에서 이더리움과 이더리움 classic의 차이점을 논의할 수 있다. 암호화폐에 익숙하지 않고 이더리움에 처음이라면 이더리움을 두 가지 유형으로 구입할 수 있다. 그래서 당신은 eth 인이 더리움을 살 수 있다. 그러나 이 더러움 classic을 구입할 수 있다. 그럼, 이 두 기술과 이데올로기의 차이점은 무엇입니까? 블록체인 의의 더리움 기원 블록의 시작 부분에는 eth만 있었고 이더리움 고전은 없었다. 그렇다면 etc는 어떻게 만들어졌습니까? 모든 것은 이더리움에서 DAO 프로젝트로 시작되었다. **분산형 자율조직**(DAO)은 이더리움 위에 구축된 프로젝트였다. 이 프로젝트는 기본적으로 자체 조정 조직으로 작동할 수 있는 응용프로그램이었으며 암호화폐의 역사에서 가장 많은 군중을 판매했다. 사람들은 자신의 돈을 이 프로젝트에 투자했으며 투자를 위해 eth 토큰을 받았다.

그러나 이 분권화된 조직이고 성한 현명한 계약에는 결함이 있었다. 이 결함이나 악용으로 인해 해커그룹은 군중 판매에서 5천만 개의 가치가 있는 ethers를 섭취할 수 있었다. 이 해커는 기술적으로 착취자였는데, 이는 버그로 인한 해킹이 아니고 DAO의 현명한 계약 설계 논리의 결함을 이용했기 때문이다. 그래서 이 결함을 이용함으로써 착취자들은 5천만 달러 상당의 ethers를 훔칠 수 있었다. 이로 인해 많은 논의가 있었고 이더리움 커뮤니티의 대다수는 투자자가 돈을 돌려받을 수 있고 해커가 돈을 잃을 수 있도록 하드 포크를 하고 이 도난을 역전하려고 했다. 그러나 이를 위해서는 블록체인을 변경해야 했으며, 이곳에서 이데올로기 공동체 내에서 모든 이데올로기적 논쟁이 시작되었다. 커뮤니티의 대다수가 변경과 하드 포크에 동의하는 동안 블록체인에 대한 전체적인 생각은 불변이어야 한다는 점에서 블록체인을 돌연변이 시키는 이 개념에 반대하는 작지만 성대하지 않은 소수파가 반대했다. 블록체인에 새겨진 코드는 법률로 취급해야 한다. 따라서 악용 사례가 발생하면 이를 다시 고칠 수는 있지만 우연히 되돌아가서 역전시킬 수는 없다. 그

자, eth 나 etc 등을 구입했다면 어디에서 보관합니까? 평소 돈을 위해, 우리는 일반적으로 은행 계좌나 지갑에 보관한다. 자, 분산된 환경에서 우리는 은행이 없다. 그러나 우리에게는 다음 절에서 설명할 지갑과 클라이언트가 있다.

이더리움지갑 및 클라이언트인터페이스

이더리움 클라이언트는 이더리움 블록체인을 구문 분석하고 확인할 수 있는노드를의미하며그위에스마트 계약을 실행한다. 이 장의 초기 전에서 보았듯이 사용자가 직면한 클라이언트의 주요 목적은 사용자 자격 증명을 인증하고 다양한 작업을 수행할 수 있는 인터페이스를 제공하는 것이다. 또한 블록체인 상호작용에 중요한 거래 및 광산 블록을 만드는 인터페이스를 제공한다. 그림 2.16은 이더리움 클라이언트 인터페이스의 분류를 나타낸 것이다.

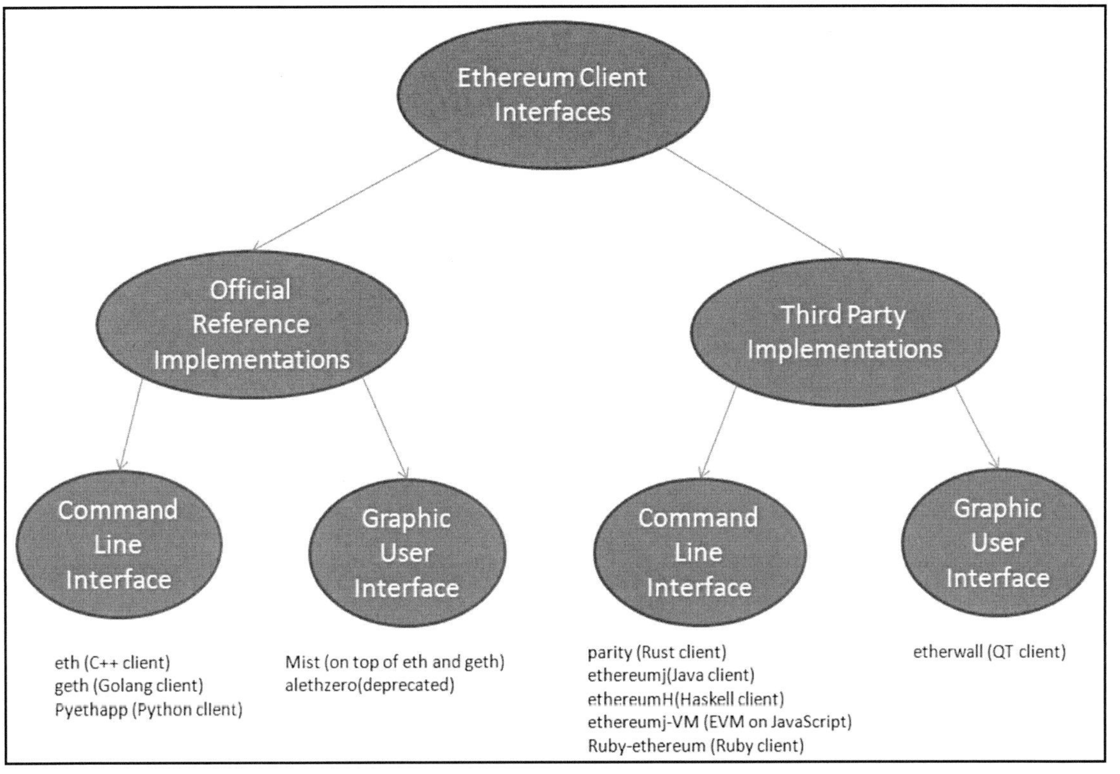

그림 2.16: 이더리움클라이언트공용영역분류

지갑은 자금을 송금, 보관 및 수령하는 서비스를 제공한다. 좋은 지갑 서비스의 주요 매개 변수는 보안 및 신뢰이다. 사용자는 자신의 자금이 안전하고 지갑 관리자가 자금을 훔치지 않을 것이라고 생각해야 한다. 이러한 지갑은 항상 네트워크에 연결되어 있고 종종 해킹과 악용에 취약하기 때문에 핫 지갑이라고 한다. 더 안전한 지갑에는 일반적으로 콜드 지갑이라고 하는 종이 지갑 및 하드웨어 지갑이 포함된다. 이것들은 기본적으로 토큰을 오프라인 모드로 저장한다. 종이 지갑은 수신 주소를 나타내는 스캔 QR코드와 함께 기억해야 하는 암호로 저장된다. 간단히 말하자면, 해킹 당하지 않도록 키를 종이에 인쇄하십시오. 하드웨어 지갑은 패스 코드로만 열리는 sub 지원 장치를 통한 하드 와이어 된 암호화 기능을 갖추고 있다. 그림 2.17은명확성을위해지갑분류를나타낸다.

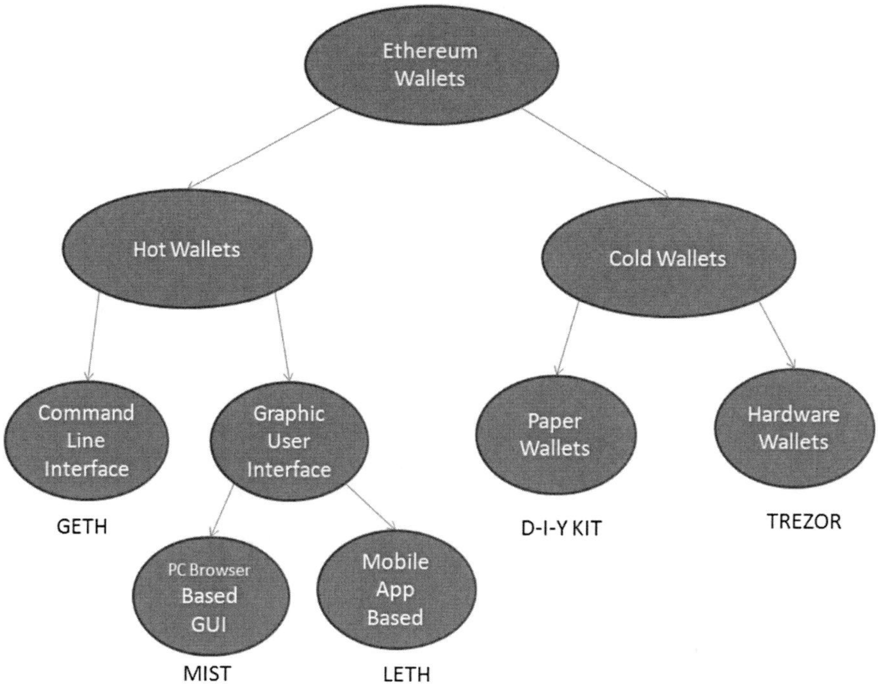

그림 2.17: 이더리움지갑분류

이 모든 이더리움 고객 중에서 Inzhoop의 **LETH**(Light 이더리움 mobile wallet)에는 지갑 서비스뿐 아니라 작동중인 DApps를 호스팅하는 DApps 브라우저 저장소가 있기 때문에 특별한 언급이 필요한다. Android 기반 알파 버전에는 그룹 채팅뿐만 아니라 속삭임에 기반한 개인 채팅 탭이 있다. 채팅 내역은 24시간 동안 지속된다. 현재, 생성된 bzzkey를 사용하여 그림 파일을 보낼 수 있다. 현재 mainnet에 지갑이 있는 testnet Ropsten에서 호스팅된다. 따라서 채팅 후 게임을하거나 심지어 설치 후 계정을 열어도 귀중한 에테르를 낭비할 필요가 없다. 이 앱을 사용하려면 프로그래밍 지식이 필요하지 않으며 Google Play 스토어에서 사용할 수 있다. 초보자는 이 모바일 기반 응용 프로그램을 사용하여 DApps, 속삭임 및 떼가 함께 작동하여 좋은 브라우저 플러스 지갑 플랫폼을 만드는 방법을 느껴보십시오. 그들은 또한 데스크톱을위한 완벽한 작업 응용 프로그램을 가지고 있다.

그림 2.18은 LETH (알파 릴리스)에 대한 몇 가지 스냅 샷을 보여 준다.

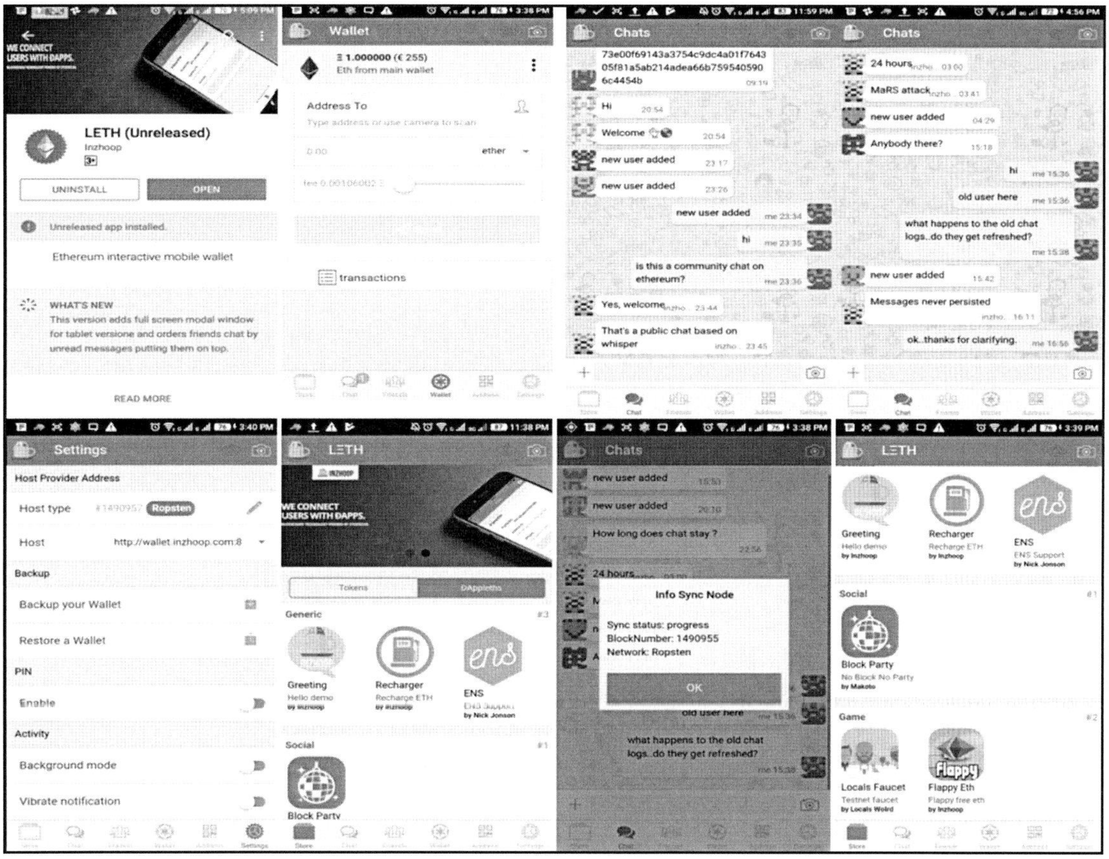

그림 2.18: 라이트 ethers 모바일 지갑 (안드로이드 릴리스)

이것은 우리를 우리자의 끝으로 인도한다. 이 장에서 이더리움 블록체인의 여정을 시작하기 위한 필요한 이론적 기반과 이후 섹션의 스마트 계약 개발에 도움이 되기를 바랍니다.

소매를 감고 뜨거운 커피를 마시고 장치를 충전하십시오. 솔리 디트 스마트 계약을 통해 손을 더럽힐 것이다. 3장, 이더리움 스마트 계약의 hello world에서 보자.

개요

우리는 분산된 경제를 이룰 수 있는 방법으로 이더리움 플랫폼을 이해하면서 이 장을 시작했다. 우리는 정치적, 논리적 및 건축 축을 중심으로 분권화의 의미를 탐구했다. 이더리움은 논리적 축을 중심으로 중앙 집중화된 것으로 밝혀졌다. 우리는 이더리움의 웹 3.0 기술 스택을 깊이 들여다보았고 떼가 데이터를 저장하고, 귓속말이 통신하며, evm 이 스마트 계약과 스택 기반 시스템 코드를 사용하여 블록체인과 상호작용하는 방법을 확인했다. 우리는 루프가 튜링이 완료되는 데 있어 좋은 규칙임을 확인했다. 우리는 이더리움의 성능 관련 문제를 억제하기 위해 가스가 마술 소스인 방법을 보았으며 블록체인에서 스마트 계약 코드를 실행하기 위해 가스 한계를 극대화하기 위해 ether가 필요한 방법을 보았다. 우리는 이더리움 블록체인에 삼촌 해시의 개념을 도입했다. 또한 eth와 etc는 커뮤니티에서 활성화된 하드 포크로 구분된다. 광업은 거대한 메모리 액세스가 필요하므로 asic 광부를 방지하지만 gpu 광부를 장려한다. 마지막으로 우리는 이더리움을 위한 다양한 지갑과 클라이언트 인터페이스를 분류하여 결론을 맺었으며 우리는 안드로이드 기반의 leth에 대해 간략히 살펴보았다.

3장, 이더리움 Smart Contract의 Hello World에서 개발자 모자를 착용하십시오. 그것은 당신의 첫 번째 스마트 계약을 코딩의 몇 가지 재미 있는 방법을위한 시간이다.

제 03 장

Hello world of 스마트 계약

이 장은 첫 번째 스마트 계약을 개발하기 위한 실용적인 안내서이다. C 언어를 만든 데니스 리치 (dennis ritchie) 시대부터 소프트웨어 개발자들의 무의미한 전통으로서 hello world 프로그램을 시작할 것이다. 그런 다음 현명한 계약을 사용하여 기본적인 증분, 감소 및 루프 작업을 소개한다. 우리는 창세기 블록에서 우리 자신의 개인 블록체인을 만들고, 우리 자신의 ethers를 채굴하는 과정을 거칩니다. 이 장을 공부하면 다음을 할 수 있다.

- 첫 번째 hello world 스마트 계약서작성
- 기본적인증분및감소작업으로계약코드화
- 루프코딩
- github에서문제제기

스마트 계약의 7줄의 코드

이 섹션에서는 숨겨진 이용약관이 아닌 단 7 줄의 코드 (loc)로 첫 번째 스마트 계약을 코딩하는 방법을 배우게 된다. 그리고 나는 당신이 당신의 웹브라우저와 별도로 특별한 소프트웨어를 필요로 하지 않거나 주머니에서 실제 ethers를 소비하지 않는다고 말했습니까? 어디 보자. Windows 7 (64 비트 os)과 chrome 브라우저를 사용하고 있다.

1. google 크롬 브라우저를 열고 그림 3.1과 같이 Google에 remix solidity를 입력한다.

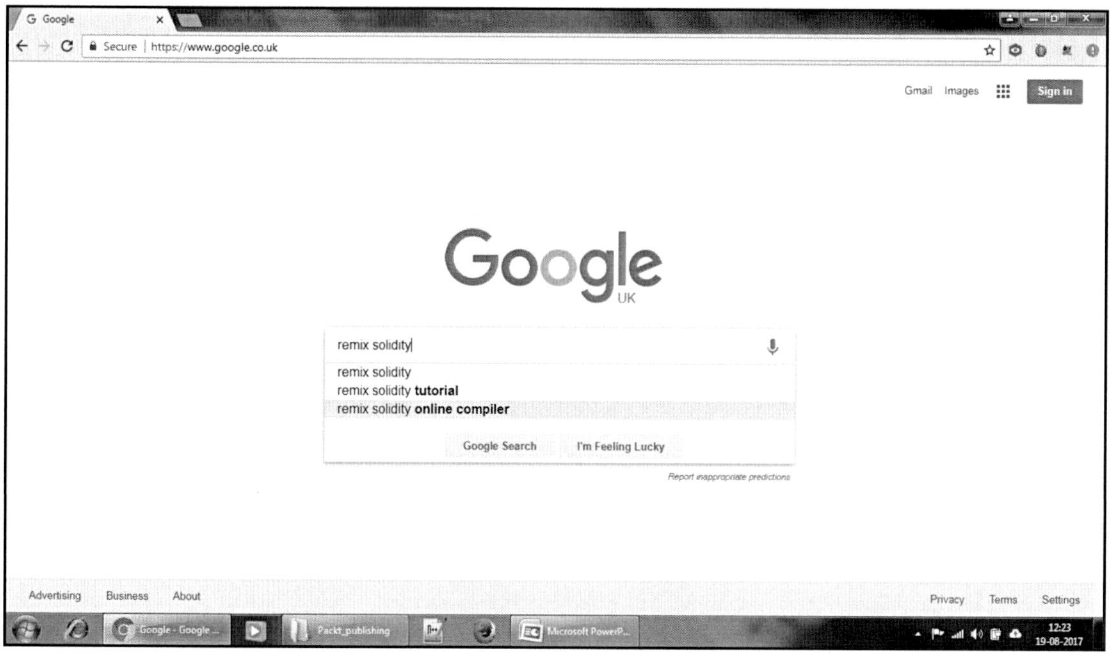

그림 3.1: remix s솔리디티 온라인 컴파일러에 대한 Google 검색

2. 그림 3.2에서 강조 표시된 링크를 클릭하십시오. 브라우저 url 상자에 https:/yann300.github.io/remix04/를 입력하여 웹사이트에 직접 접속할 수도 있다.

> **TIP**
>
> 현재의 리믹스 웹페이지는 급격한 변화와 버전 증가를 거치고 있다. 한편, 다음 링크에서 실전을 위해 고령이지만 안정적인 버전이 솔리디티 사용자에게 제공된다.
>
> Link: https:/yann300.github.io/remix04/

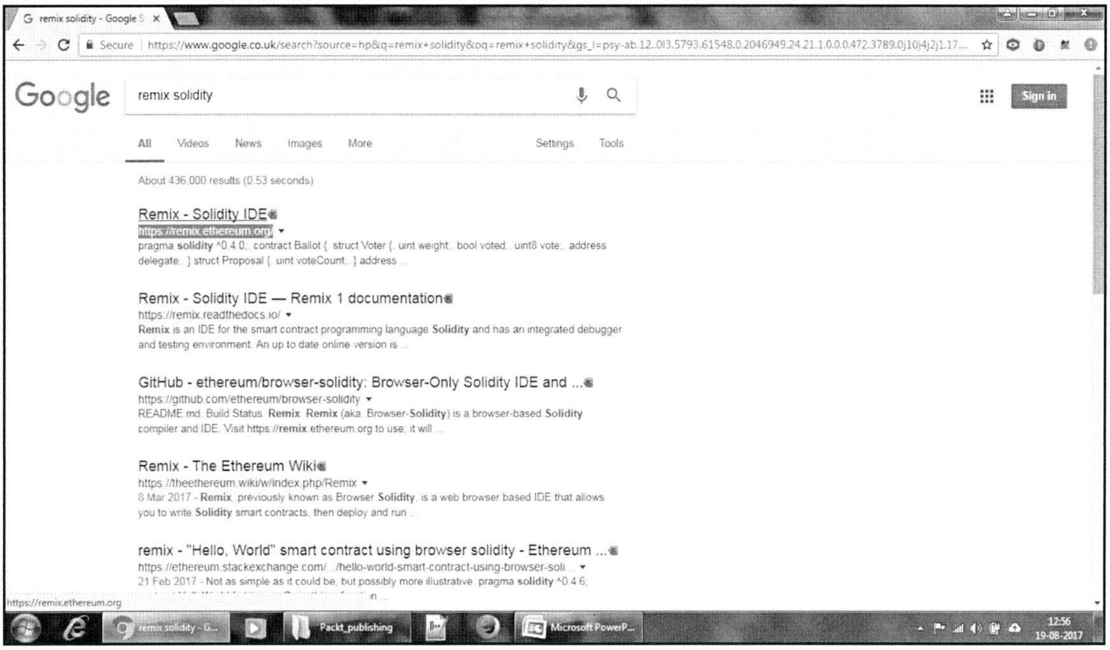

그림 3.2: remix–솔리디티 ide

3. 그림 3.3에서 표시된 것 처럼 더하기 기호를 클릭하여 새로운 untitled 솔리디티 (.sol) 파일을만 듭니다.

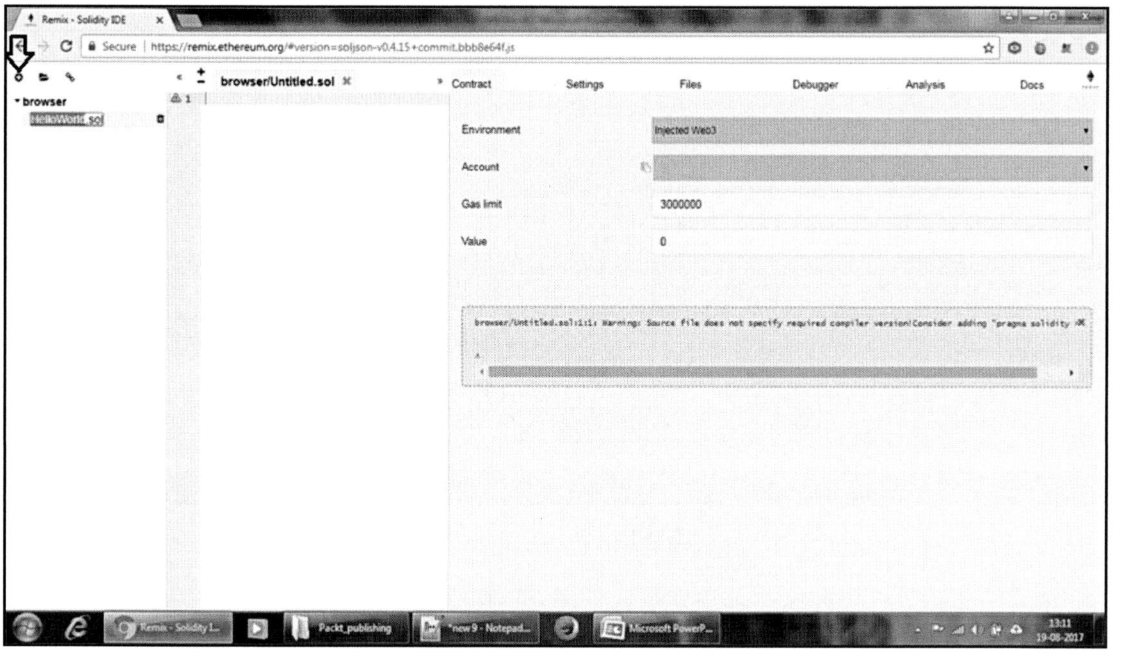

그림 3.3: 리믹스 ide의 무제 타이틀

Helloworld.sol로 이름을 변경하고 그림 3.4와 같이 이름 바꾸기를 확인한다.

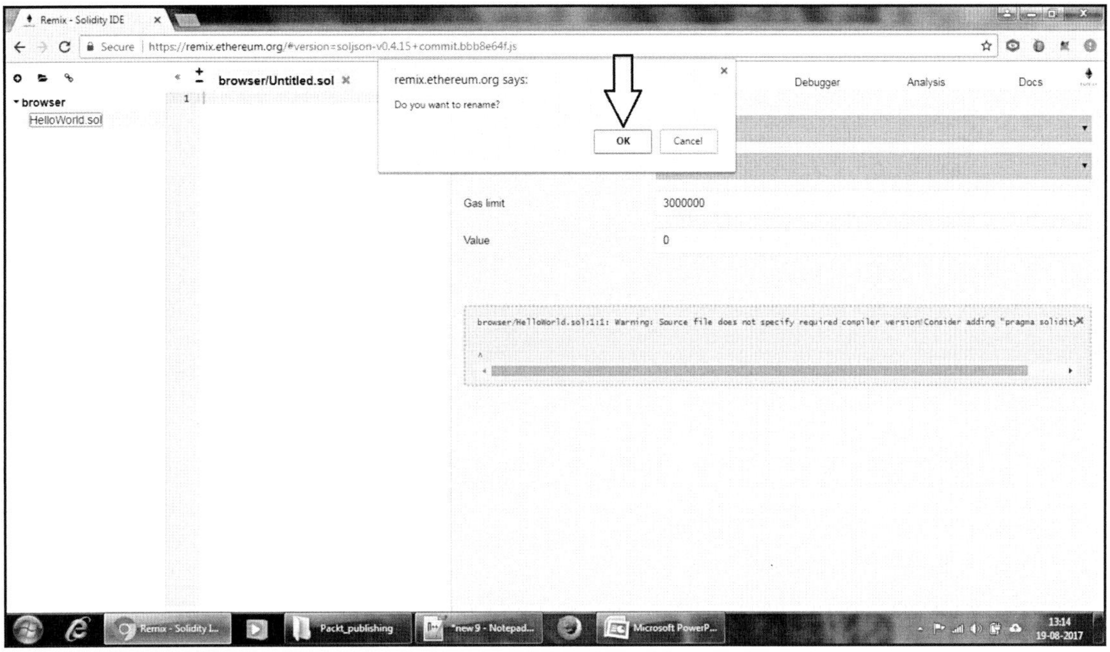

그림 3.4: untitled.sol의이름이 helloworld.sol으로변경되었다.

4. 그림 3.5와 같이 helloworld.sol 파일에 다음 7 줄의 코드를 작성한다.

```
ContractDefinition HelloWorld
pragma solidity ^0.4.11;

contract HelloWorld{
    function myFirstHelloWorld() public pure returns (string){
        return  'Hello World !';
    }
}
```

그림 3.5: helloworld.sol

그림 3.6과 같이 javascript vm 환경 옵션을 선택하십시오.

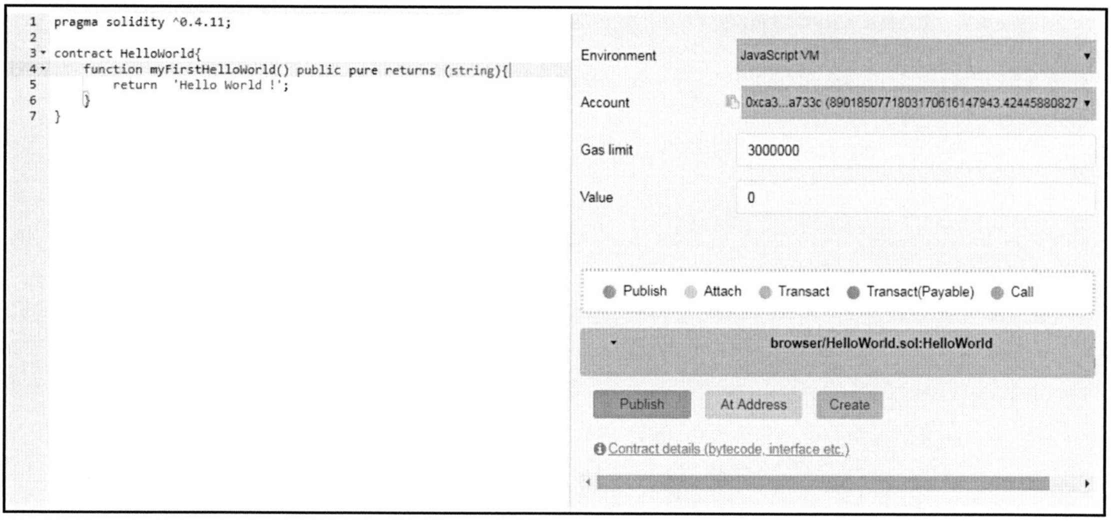

그림 3.6: 블록체인 시뮬레이터 역할을 하는 javascript vm

5. 그림 3.7에 강조 표시된 대로 **만들기** 버튼을 클릭하십시오. 빌라! 당신은 당신의 스마트 계약을 만들었다. 단 주의해야 할 점은 우리가 에테 리움의 blockchain을 모방, 메모리에 사용하여 우리의 로컬 컴퓨터에 시뮬레이션 할것이다:

그림 3.7: 368바이트의우리의우리의첫 번째스마트 계약

6. 이 계약을 실행하기 위해 그림 3.8과 같이 **myfirsthelloworld** 버튼을 누른다. 원하는 출력을 얻는다: **hello world!**

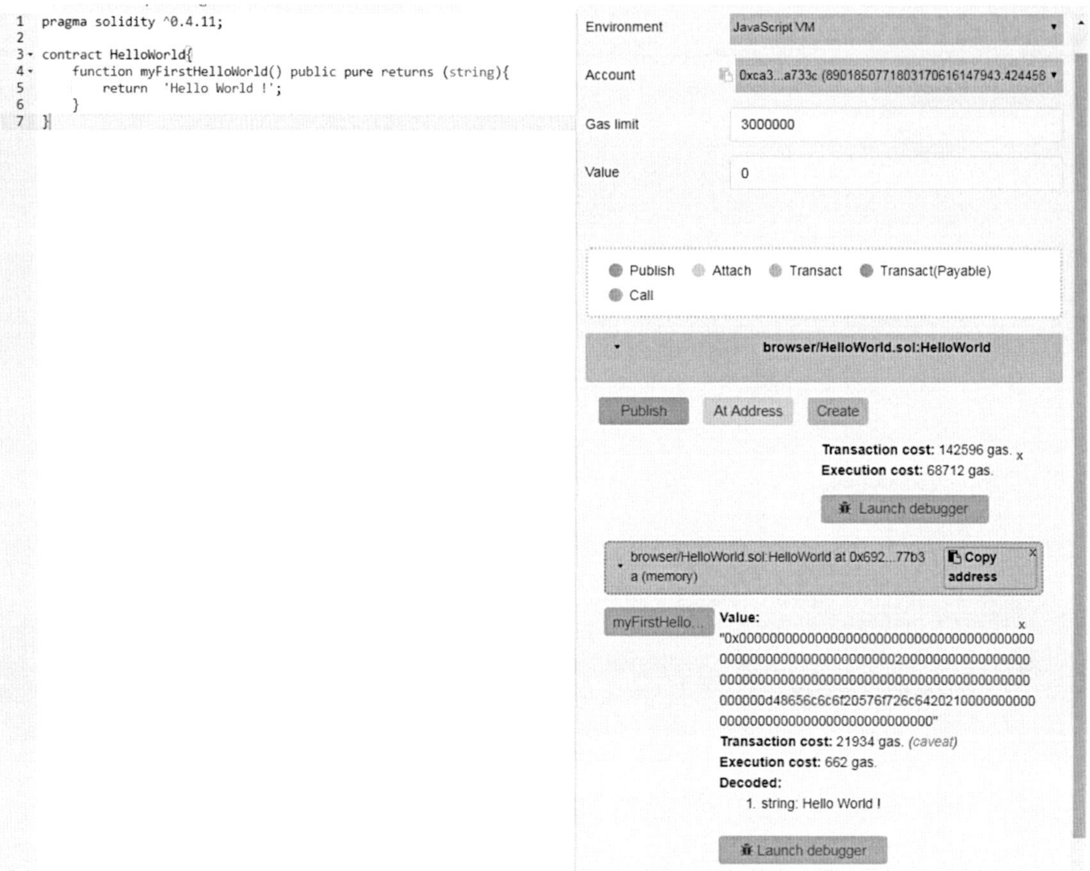

그림 3.8: 스마트 계약을사용하여 myfirsthelloworld 기능의실행

7. 우리는 또한 이 스마트 계약 실행의 결과로 생성된 바이트코드를 디버거 시작을 눌러 탐색할 수 있다. 지침 또는 **계약 세부정보**(바이트코드, 인터페이스 등) 링크를 클릭하면 된다. **그림 3.9**는 hello world 스마트 계약 실행에 의해 생성된 368바이트의 가상 시스템 코드를 나타낸다.

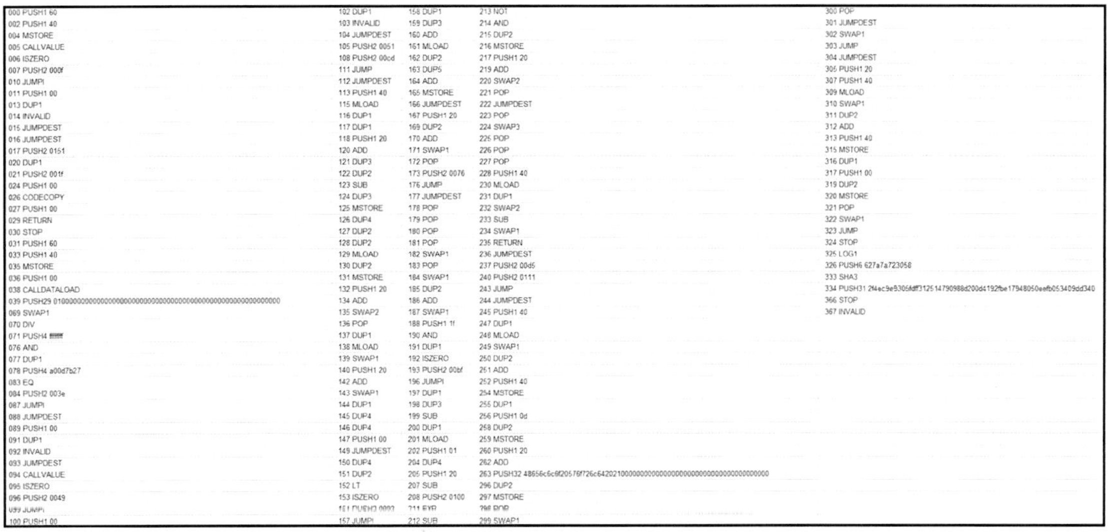

그림 3.9: hello world 스마트 계약의기계코드 368바이트 [000-367]

리믹스 요약

그래서 이 리믹스는 무엇입니까? 간단히 말해 솔리디티에서 스마트 계약서를 작성하기 위한 브라우저 기반의 **통합 개발 환경**(ide)이다. 이 제품에는 통합 컴파일러, 서버 측 구성 요소가 없는 런타임 가상 환경, 통합 디버거, 통합 테스트 환경 및 정적 코드 분석 도구가 있다. 이전에는 Browser-Solidity였다. 블록체인을 시뮬레이트 할 수 있을뿐 아니라 구문 및 오류를 강조 표시하고 여러 솔리디티 파일을 호스팅하며 계약서를 보이는 바이트 코드 및 **응용 프로그램 바이너리 인터페이스**(abi)와 함께 배포한다. 자세한 내용은 뒷부분에서 확인할 수 있다

그러나 나는 이 장에서 더 적은 이론과 실습을 약속했다. 이제 증분 및 감가상각 계약으로 넘어갑시다. Geth와 mist를 사용하여 계약을 전개하는 더 전문적인 방법이 있다는 것을 알아두십시오 (마지막 섹션에서 자세히 설명할 것이다). 지금 당장, 솔리디티를 리믹스 (remix)로 사용하여 빠르고 스마트한 기본 계약에 좀 더 집중할 것이다.

솔리디티를 사용하는 증분 및 감소작업

그림 3.10은 솔리디티에서 증가 및 감소 연산의 코드를 보여 준다. 또한 계약이 실행되면 이 번호를 가져오는 입력 및 함수를 사용하는 함수가 있다.

```
pragma solidity ^0.4.11;
// define new contract
contract ArithValue{
    uint number;
    function ArithValue() public {  //constructor function with default value
        number = 100;
    }
// constructor function to set new value
    function setNumber(uint theValue) public {
        number = theValue;
    }
// constructor function to fetch the new value
    function fetchNumber() public constant returns (uint) {
        return number;
    }
// constructor function to increment by one
    function incrementNumber() public {
        number=number + 1;
    }
// constructor function to decrement by one
    function decrementNumber() public {
        number=number - 1;
    }
}
```

그림 3.10: 솔리디티 (arithvalue.sol)를 사용한 증가 및 감소 연산

이 코드는 hello world 계약 보다 조금 복잡하지않습니까? 이 코드를 살펴보겠다. 첫 번째줄은 pragma로 시작한다. 이미 깨달았듯이, 우리는 어느 버전의 솔리디티를 사용할것인지 알려 준다. 여기서는 버전 0.4.11을 사용하고 있다. 필자가 입력할때, 리믹스 ide는 최대 0.4.16 버전을지 원한다.

Pragma를 이해하기 위해서는 2장 그레이킹 에더럼에서 발췌한 브런치 뷔페식 비유로 돌아가자. 뷔페 예약을 할 때 내가 엄격한 채식주의자라고 하면, 뷔페 식당 주인들에게 미리 고기, 생선, 가금류, 계란과 같은 비-채소 음식을 먹지 말라는 지시를 내리는 거야. 그래서 나는 브런치가 시작되면 채식 요리를 제공하는 카운터만 소개받는다. 가장 분명한 것은, 브로콜리 카레 대신에 부드러운 양 고기 케밥을 실수로 받는다면, 내가 그것을 준비하는 사람들에게 짜증이 날 건다는 것이다. 그러면, 저는 음식을 만지거나 먹기 전에 질문을 받지 않고 제 접시를 교체 받을 것이다.

유사한 방식으로, pragma는 입력을 처리하는 방법에 대해 컴파일러에 지시를 내리는 언어구조이다. 일

반적으로 전처리기는 이러한 언어구조를 처리하고 컴파일러 동작을 지정한다. 이 예문에서는 솔리디티 버전 0.4.11 이하에서 스마트 계약을 실행하는 것처럼 컴파일러를 동작시키는 지침을 사용한다.

이 줄을 쓰지 않으면 어떻게 될까요?음, 아무 일도 일어나지 않다. 그림 3.11과 같이 경고가 발생하고 코드가 올바르게 컴파일된다.그러나 이제는 우리의 경우 기본 솔리디티 버전 인 0.4.16을 사용한다.우리가 비건 채식인임을 잊어 버리면 양고기 케밥을 먹기 위해 뷔페 주최자에게 비유 할 수 없다.나는 어떻게 든 비 채식주의 자 이외의 부분을 피하면서 나에게 제공된 음식을 먹어서 더 당황스럽지 않게 관리한다.

그래서 여기서 내가 하려고 하는 점은 무엇입니까? 내가 하고자 하는 요점은 좋은 프로그래밍 습관을 고수하는 것이므로 먼 미래에 코드를 디버깅하거나 향상시킬 수 있는 다른 프로그래머에게 코드를 읽을 수 있도록 한다. 모든 소스코드는 오픈소스이며 github과 같은 플랫폼에서 호스팅 되며 개발자는 본질적으로 명시적인 문서작성을 싫어하므로 논리적인 라인 주석이 포함된 깨끗한 코드를 작성하는 것이 좋다.

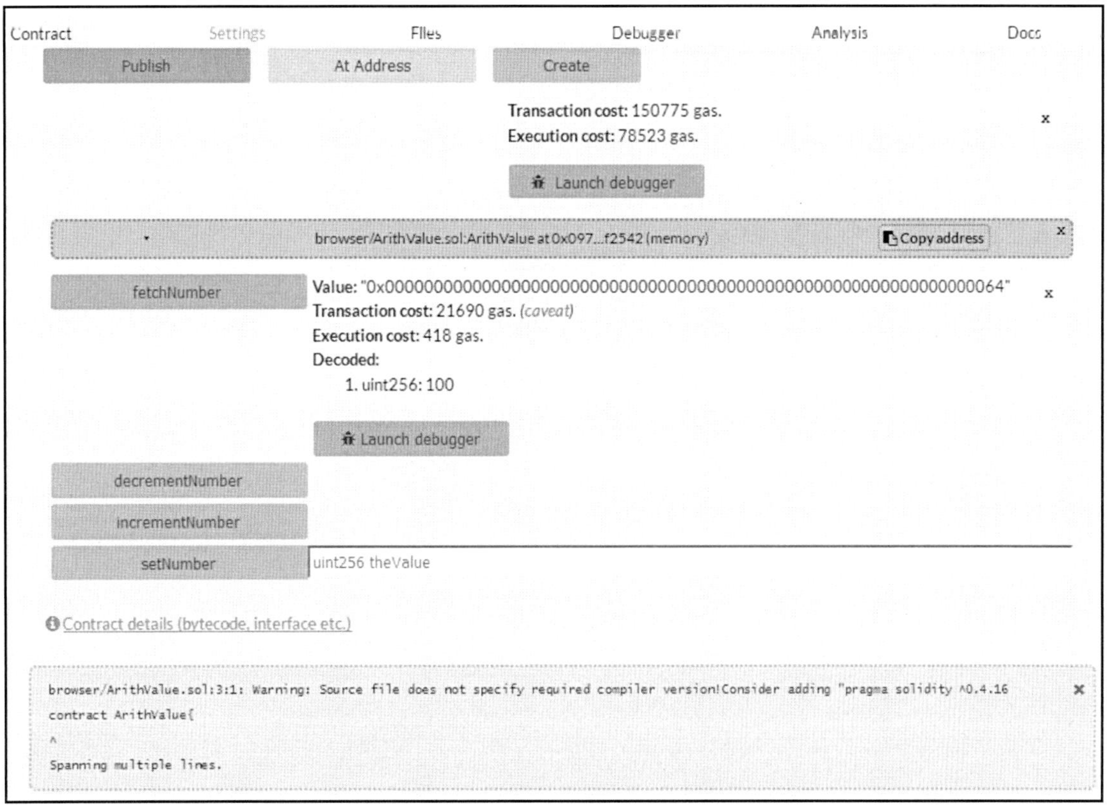

그림 3.11: arithvalue.sol은 pragma 지시어를 언급하지 않으므로 경고와 함께 컴파일 된다.

우리 코드로 돌아가보자.

1. 먼저, 계약을 정의하는 것으로 시작한다. 산술연산을 사용하여 값을 저장하고 조작하려고 하므로 arithvalue로 이름을 지정한다. 여기에는 아무리 빠른 이르지 정에 규칙도 없다. 일부 논리 이름을 고수하십시오.
2. 그런 다음 기본 숫자를 저장하는 부호 없는 정숫값을 선언한다. 이 값은 양의 정수여야 한다.
3. 이제 계약에 생성자 함수를 제공해야 한다. 그래서 생성자 함수는 무엇입니까? 기본적으로 이것은 계약이 전개되고 처음 시작할 때마다 호출되는 함수이다. 이 생성자 함수의 특별한 점은 계약의 이름과 동일한 이름, 즉 arithvalue를 가진다. **생성자** 함수 내에서 number 변수에 100을 대입한다. 이제 계약이 처음 시작될 때마다 기본값 100을 부호 없는 정수면 수 번 호로 설정한다.
4. 이제 우리는 변수 번호에 할당한 값을 기본적으로 설정, 가져오기, 증가 및 감소시키는 계약 내에서 4 개의 다른 함수를 만듭니다. 이러한 단계는 계약을 생성한 후에 **그림** 3.12, **그림** 3.13, **그림** 3.14 및 **그림** 3.15에 표시된다. 이상적으로, 우리는 먼저 계약을 발표한 다음 그것을 인스턴스화하여 블록체인에서 실제 ethers를 소비해야 하지만 이 시점에서 계시는 거의 의미가 없다. 시뮬레이션된 블록체인 환경에서 작업 중이므로 아무것도 게시하지 않을 것이다 영구히
5. **그림** 3.12에서 볼 수 있듯이 계약이 전개되고 인스턴스화되면 fetchnumber, decrementnumber, incrementnumber 및 setnumber의 네 가지 함수가 만들어진다. 생성자 함수로 인해 계약의 기본값은 100으로 설정된다.
6. **그림** 3.13에서와 같이 incrementnumber 버튼을 누르고 fetchnumber 버튼을 누르면 값은 101로 증가한다.
7. **그림** 3.14에서 우리는 임의의 양의 정수 143을 입력하고 setnumber를 누르다.
8. 다음 fetchnumber를 누르면 우리의 값이 143으로 변경되었다.
9. 그런 다음 **그림** 3.15와 같이 decrementnumber 버튼을 누르고 fetchnumber를 누르다. 값 143은 142로 감소된다.

랩탑에서 이 예를 시도할 때 **환경** 드롭 다운 탭 바로 아래에 있는 **계정** 드롭 다운 탭에서 감시를 유지하십시오. Ethers의 값이 감소한다는 것을 알았습니까? 그것을 확인하십시오:

그림 3.12: arithvalue 계약 전개 및 작성

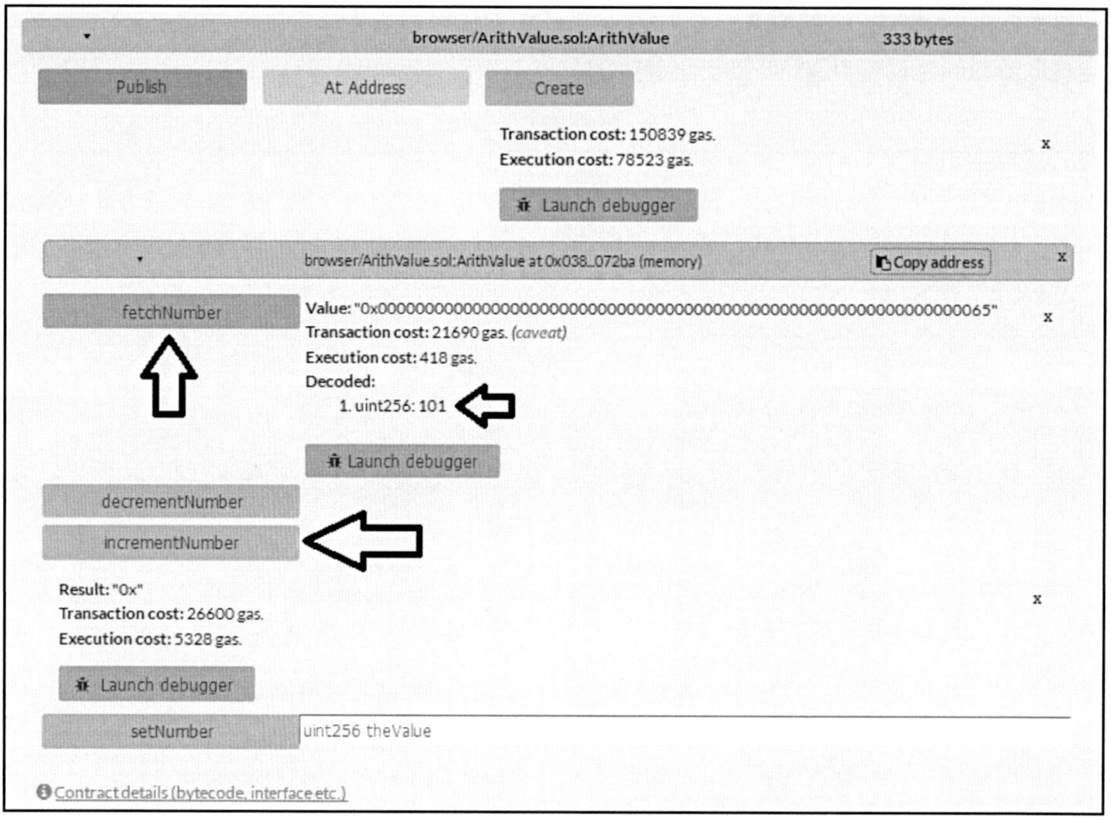

그림 3.13: incrementnumber 함수의 작업

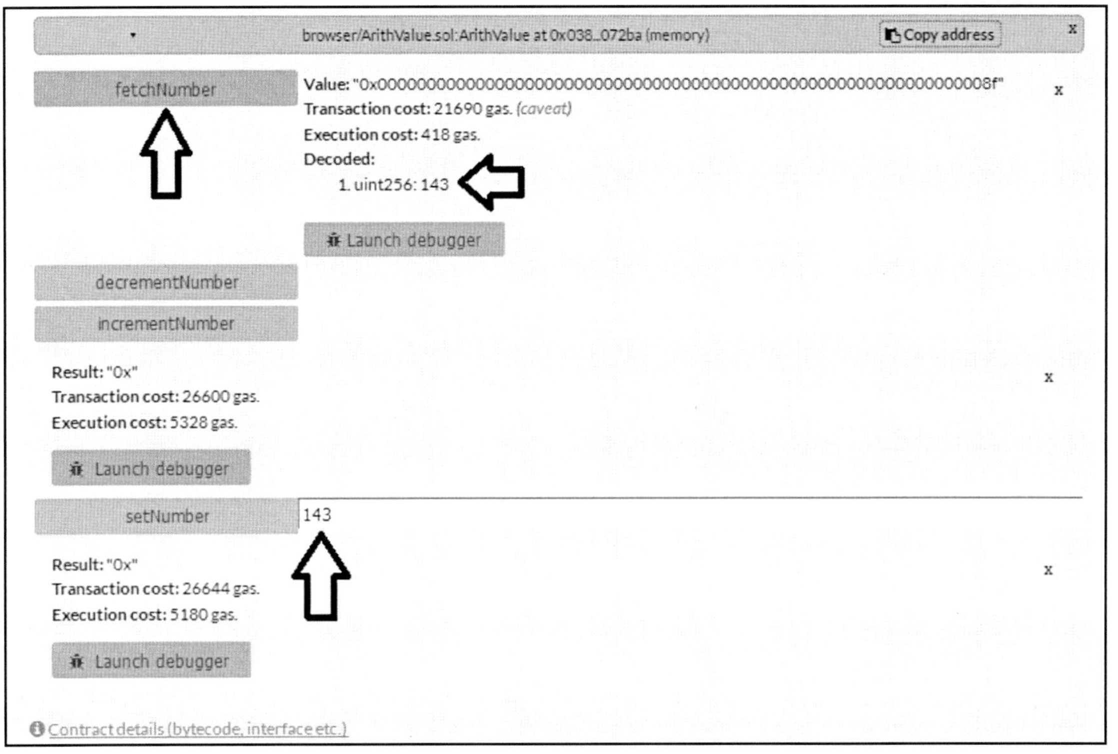

그림 3.14: setnumber 함수의 작업

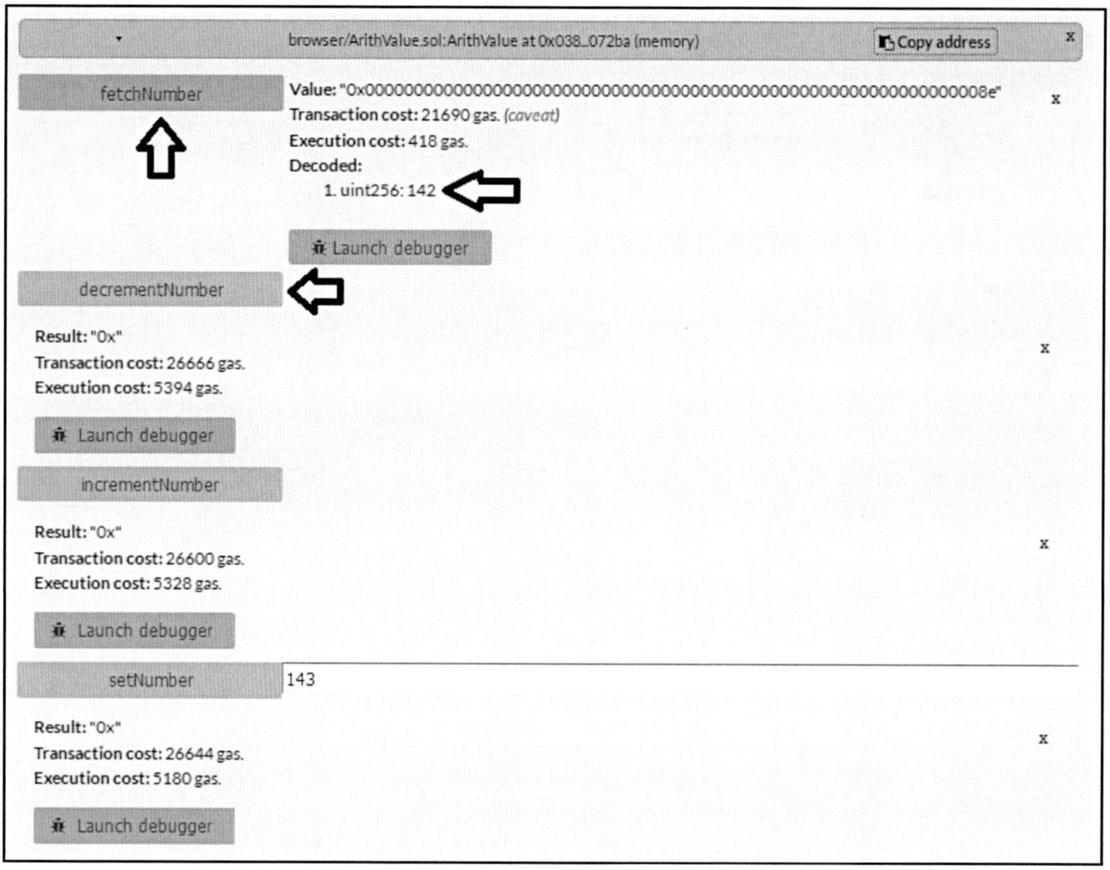

그림 3.15: decrementnumber 함수의 작동

루프코딩

루프는 특정 횟수의 코드 실행을 반복해야 할 때에 우유 용한다. 동일한 코드행을 복사하여 붙여넣기보다는 코드 블록을 길게 만드는 대신이 프로그래밍 구조를 사용하여 코드에 간결함을 추가한다. 루프는 본질적으로 유한하거나 무한할 수 있다. 무한 루프의 경우 일반적으로 break 문을 제공한다. 림 3.16의 스마트 계약은 유한 루프를 사용하여 유한 정수의 합계를 계산한다.

```
pragma solidity ^0.4.11;

contract numberLoop {
    uint number; // unsigned integer is positive integer
    //constructor function with default value
    function numberLoop() public {
        number = 100;
    }
    function myFirstLoop() public returns (uint) {
        for (uint i = 1; i < 10; i++) {
        number = number + i;
        }
    return number;
    }
}
```

그림 3.16: 솔리디티 스마트 계약 내부 루프

리믹스 ide의 출력은 그림 3.17과 같다. 앞에서 설명한 것처럼 myfirstloop 함수를 호출할 때마다 **계정** 탭에서 감소하는 ether의 양을 감시하십시오.

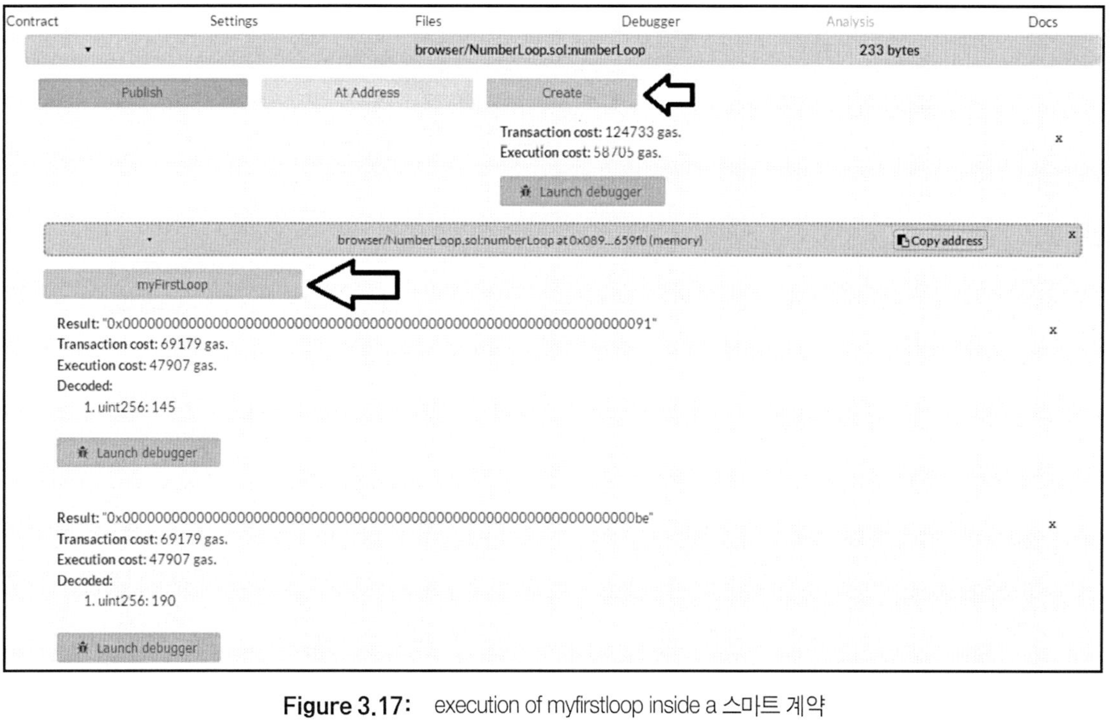

Figure 3.17: execution of myfirstloop inside a 스마트 계약

런 타임에 루프의 내부 작업을 검사하는 가장 좋은 방법은 **디버거 시작** 탭으로 가서 **그림** 3.18과 같이 수동으로 수평 스크롤 막대를 왼쪽에서 오른쪽으로 누르는 것이다. 시도해봐! 재미 있을 것:

그림 3.18: 실행 상태를 식별하는 디버깅모드

이 시점에서, 브라우저에서 리믹스 ide를 사용하여 현명한 계약을 하는 것이 매우 편한다. 그러나 내가 보여 준 것은 단지 행복한 - 경로 시나리오이다. 이더리움의 개발 커뮤니티는 매우 민첩하며 새로운 변경사항을 매우 신속하게 배포하고 있다. 이 책을 읽기 시작할 즈음에는 ide에 약간의 수정이 있을 수 있다. 일단 코딩을 시작하면 뉘앙스를 인식할 수 있을 뿐만 아니라 여러 가지 버그를 캡처할 수 있다. 다음 섹션은 문제나 코드 버그로 고생했을 때 할 수 있는 일에 관한 것이다.

Github에서 문제 제기

Github에서 문제를 제기하기 전에 코드 버그가 발생하면 검색 엔진을 통해 자유롭게 사용할 수 있는 이더리움 문서를 확인하십시오. 그런 다음, 이더리움 스택 교환기에 같은 질문을 하십시오. 대부분의 경우, 당신은 그 버그에 직면 한 고독한 사람이 아니다. 따라서 문제를 해결할 수 있는 방법이 이미 웹에 있을 수 있다. 최후의 수단은 github에서 문제를 제기하는 것이다. Github는 모든 사람이 자유롭게 사용할 수 있는 버전 관리 기능을 갖춘 코드 저장소이다. 블록체인 관련 소스 코드의 대부분은 github에서 사용할 수 있다. 2장, **이더리움의 총체적 이해**에서 논의된 안드로이드 용 leth 지갑 앱에 대한 문제를 제기 한 방법을 보여 드리겠다.

- **문제 식별**: whisper 통신프로토콜을 사용하는 채팅창에 그림 파일을 업로드하는 동안 whatsapp와 같은 채팅 서비스에서 할 수 있는 것처럼 메시지나 캡션을 제공할 수 있는 옵션이 없다.
- **로깅 문제**: 그림 3.19와 같이 무료 github 계정을생성하고 leth Github 저장소 페이지에 로그인 하십시오. 새 발행물 버튼을 클릭하여 문제에 로그인하십시오. 문제가 필요한 이미지와 설명으로 설명되면 **그림 3.20**과 같이 새 문제 제출 버튼을 클릭하여 새 문제를 생성하십시오. 문제 세부 정보는 https://github.Com/inzhoop-co/leth/issues/31:

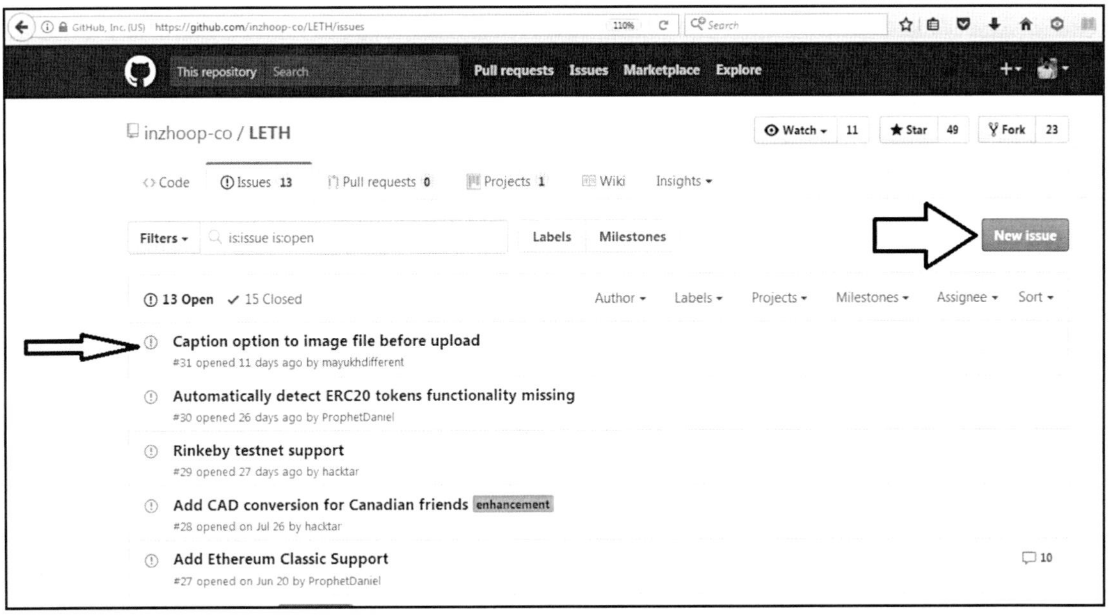

그림 3.19: github에서 새로운 이슈 생성하기

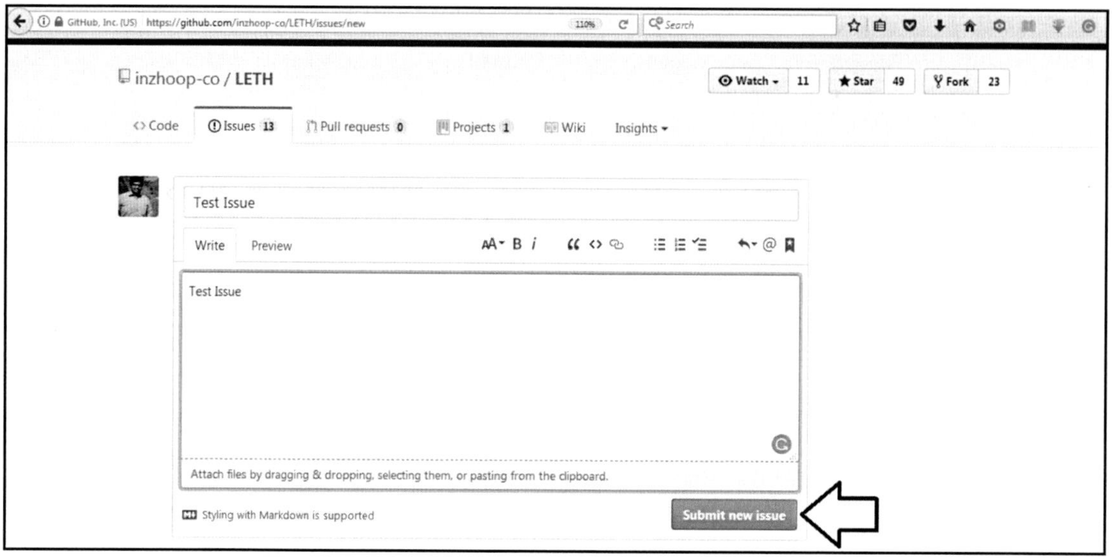

그림 3.20: github에 새로운 이슈를 기술하고 제출하기

개인 블록체인의 스마트 계약

지금 어른스러운 일을 해 보자. 예, 블록체인에서 코드 작성을위한 ethers를 사기 위해 돈을 쓰지는 않을 것이다. 오히려 우리는 다음을 수행할 것이다.

1. 개인 블록체인을위한 기원 블록 파일을 작성하십시오.
2. Geth 명령을 사용하여 개인 블록체인을 만듭니다.
3. 개인 블록체인을 mist 브라우저에 연결하십시오.
4. 보상으로 우리 자신의 ethers를 생성하는 사슬을 파 내라.
5. 이 ethers를 사용하여 우리 고유 블록체인에 스마트 계약을 전개하십시오

사전 설치도구는 다음과 같다.

- Windows 7 (64 비트) (지침은 windows 사용자 용, ubuntu / mac 용 부록 참조)
- Cygwin setup-x86_64 (windows 7의 bash-shell의 경우) (https://cygwin.com/install.html)
- eth-windows-amd64-1.6.7-ab5646c5 (https://geth.ethereum.org/downloads/)
- Mist-win64-0-9-0 (https://github.com/ethereum/mist/releases)
- Node.js (node-v6.11.2-x64) (https://nodejs.org/en/download/).
- .Net 프레임워크 4.5 (https://en-in/download/details.aspx?Id=30653)

설치에 대한 자세한 내용은 다루지 않을 것이다. 설치는 매우 간단한다. 이용약관 페이지 (읽지 않은 내용)와 **다음** 및 **동의** 버튼의 블라인드 서핑, 설치가 진행되는 동안 임의의 youtube 비디오 또는 스탠드업 코미디언을 보면서 우리 자신을 즐겁게 한다.

문제 해결을 위해 google과 스택 교환이 가장 친한 친구이다. 그림 3.21, 그림 3.22, 그림 3.23, 그림 3.24, 그림 3.25 및 그림 3.26은 참 조용으로, 특히 mist, geth, cygwin 및 node.js의 설치 중에 올바른 위치에 있는지 확인하기 위해 제공된다. 유일한 권장사항은 이러한 모든 설치를 별도의 드라이브에 있는 별도의 폴더에. net framework와 별도로 유지하여주프로그램 파일을 망칠 필요가 없도록 하는 것이다. 내 다운로드 및 설치가 내부에 있었다.

F:이더리움 환경경로:

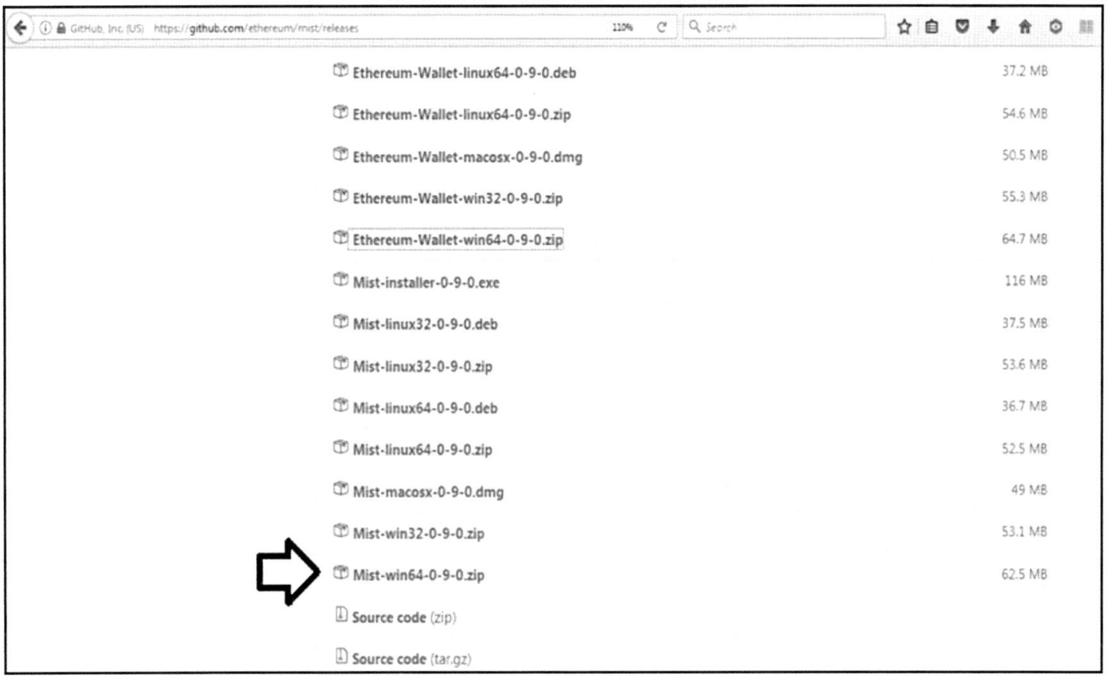

그림 3.21: mist 설치 프로그램 패키지

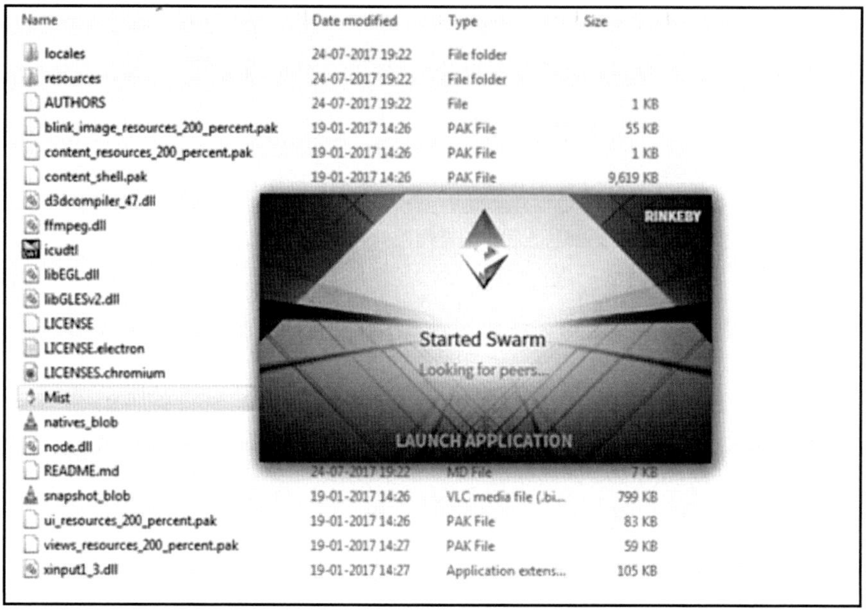

그림 3.22: rinkeby public 블록체인의 mist의 기본 시작 (이 단계는 피하십시오)

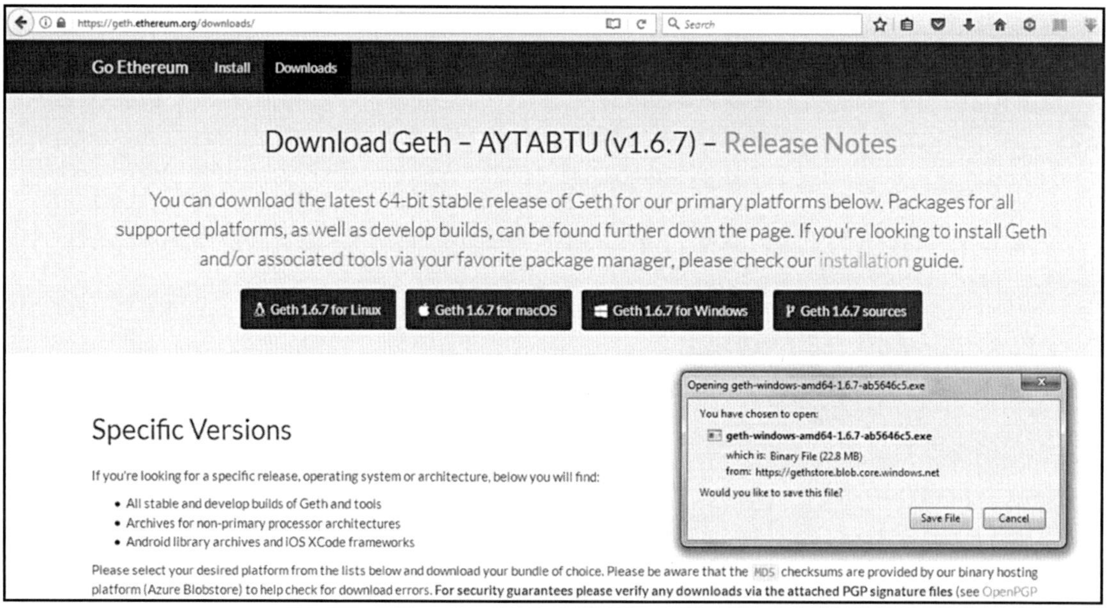

그림 3.23: 다운로드 페이지

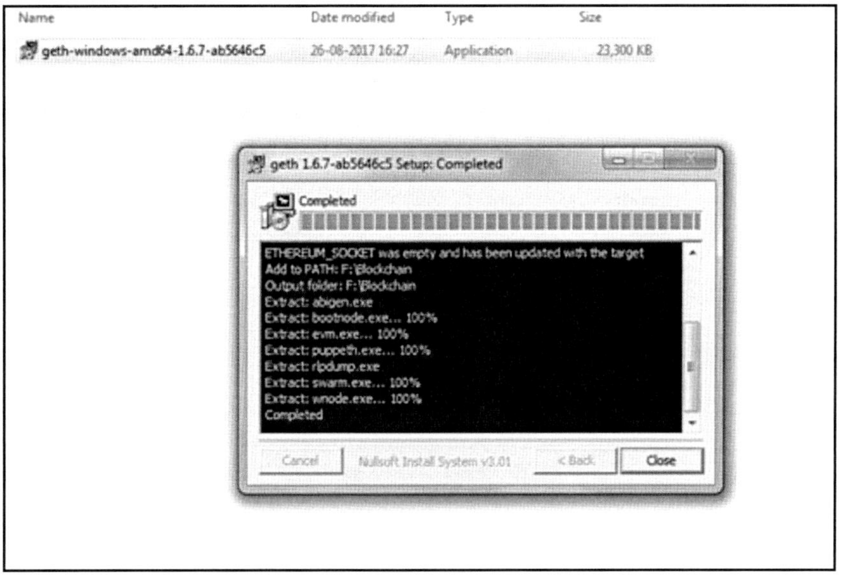

그림 3.24: geth의성공적인설치페이지

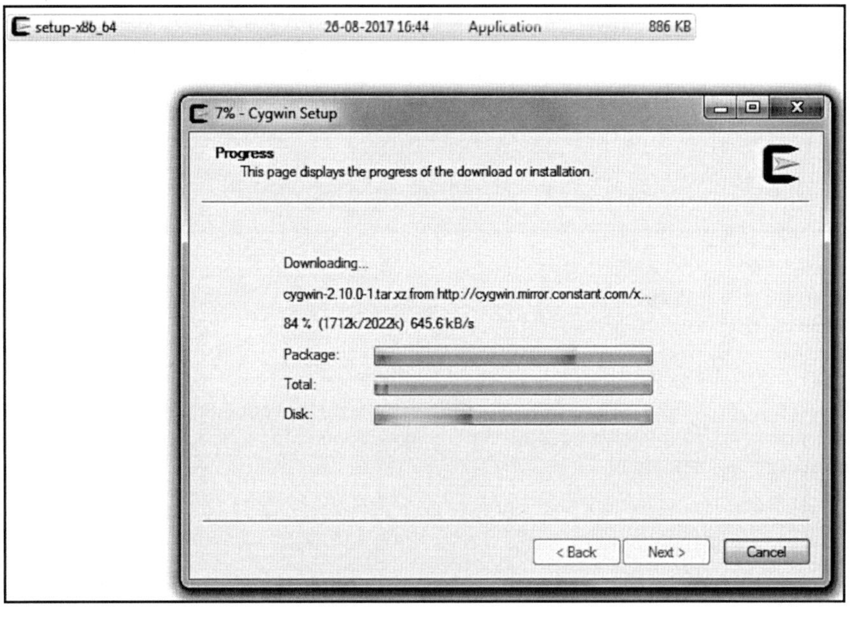

그림 3.25: cygwin 설정

그림 3.26: node.js 설정마법사

Genesis 블록 작성하기

개인 블록체인을 만드는 첫 번째 단계는 창세기 블록을 만드는 것이다. 기본적으로 다음과 같은 내용의 json(javascript object notation) 파일을 제출하고 있다. 이 장에서는 블록 내용의 의미를 깊이 파고드는 대신 구조를 설명한다. 한 가지 기억해야 할 점은 **그림 3.27**과 같이 chainid 매개변수에 1 이외의 임의의 정수를 사용하는 것이다.

```
{
  "coinbase"   : "0x0000000000000000000000000000000000000001",
  "difficulty" : "0x20000",
  "extraData"  : "",
  "gasLimit"   : "0x2fefd8",
  "nonce"      : "0x0000000000000042",
  "mixhash"    : "0x0000000000000000000000000000000000000000000000000000000000000000",
  "parentHash" : "0x0000000000000000000000000000000000000000000000000000000000000000",
  "timestamp"  : "0x00",
  "alloc": {},
  "config": {
        "chainId": 15,
        "homesteadBlock": 0,
        "eip155Block": 0,
        "eip158Block": 0
    }
}
```

그림 3.27: genesis.json

전용 블록체인 만들기

1. 사설 블록체인을 생성하기 위해 먼저 cygwin 명령 줄 1을 엽니다. 다음 명령을 사용하여 폴더와 파일을 만듭니다.

```
$ mkdir Ethereum
$ cd Ethereum
$ mkdir project
$ cd project
$ mkdir chaindata
$ vi genesis.json ## this line opens the vim editor where we paste the content of genesis file
        ## we save the file content using command [esc button press] wq
$ ls -lha ## this command list down the folder structure as shown in figure 3.28
```

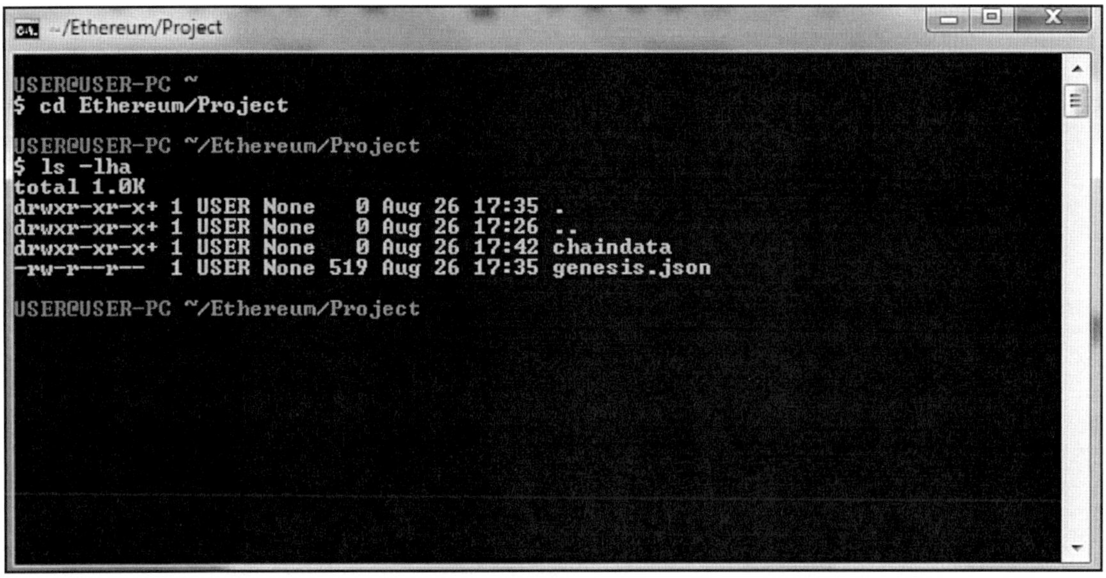

그림 3.28: genesis.json 파일은 항상 chaindata 폴더 밖에 있다

2. 이제 별도의 cygwin 명령창에서 $ geth 명령을사용하여 geth를시작한다. 그림 3.29와 같이 ipc 종단점이 열리면... Geth.ipc는 우리가 올바른 길을 가고 있음을 의미한다. 이 단계는 선택 사항이며 geth가 **프로세스 간 통신**(ipc)을 위해 포트 30303을 열 수 있는지 확인하기 위해 수행된다.

그림 3.29: 처음으로 geth 시작하기

3. 이제 이전의 cygwin 창에서 그림 3.30과 같이 다음 명령을 입력한다:

$ geth --datadir=./chaindata/ init genesis.json

4. 이렇게 하면 geth의데이터디렉토리가 chaindata 디렉토리에 의해 할당된다. 창세기를사용해서. 단순한 세계에서 커맨드라인에서 개인 블록체인을 시작했다:

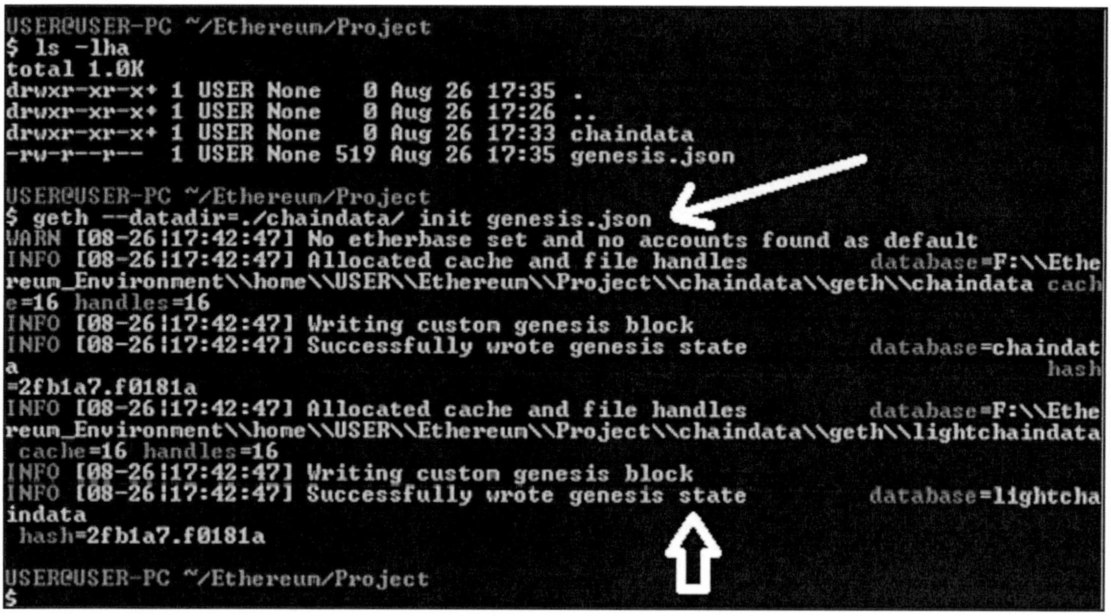

그림 3.30: 개인 블록체인으로 geth 시작하기

5. 그림 3.31과 같이 $ geth --datadir =. /chaindata/ 명령을 쓸 수 있다. 이것은 geth를 기원 국가에 대한 명시적인 개시없이 우리의 사적인 blockchain에 연결시킵니다:

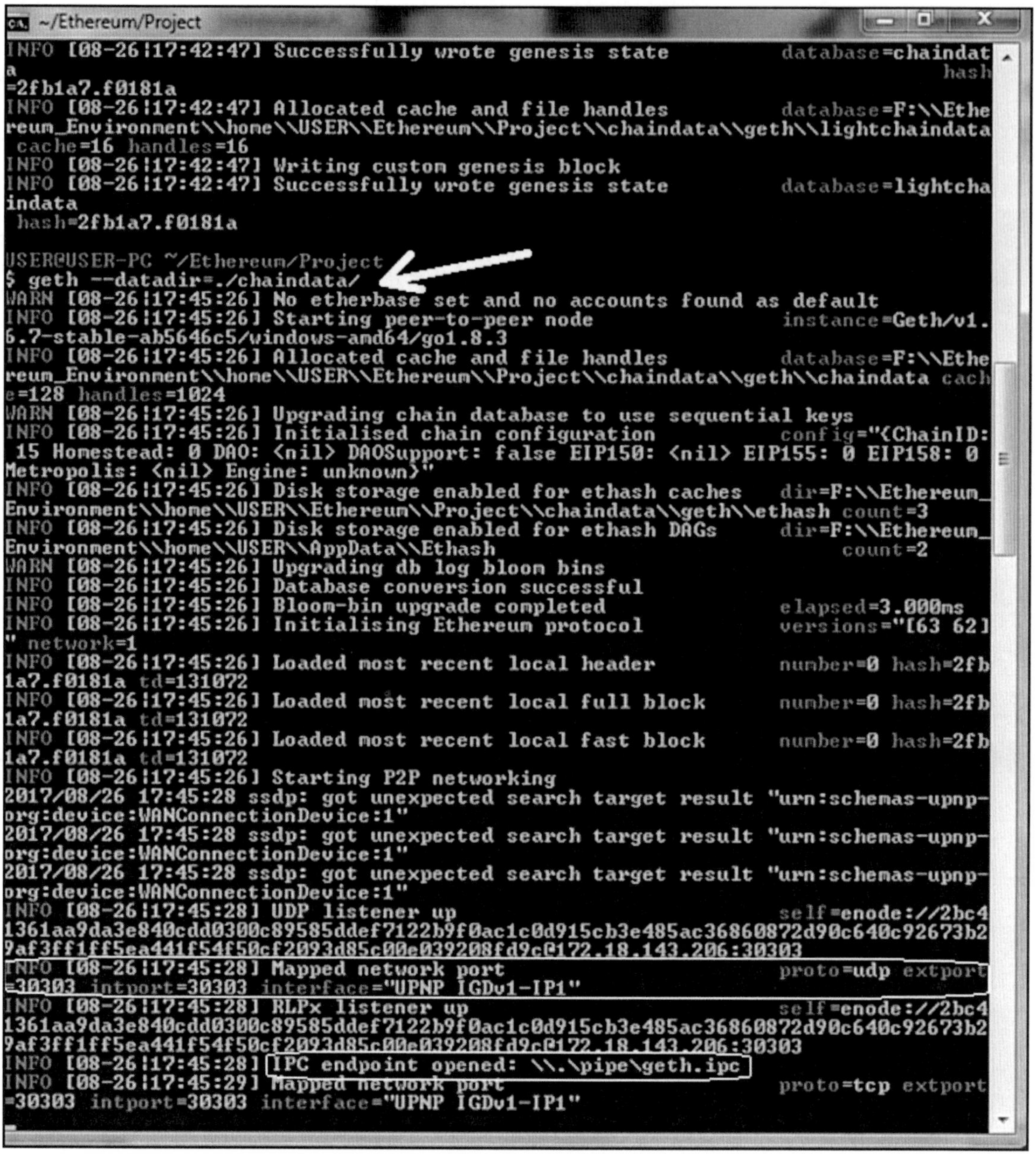

그림 3.31: geth를사용하여개인블록체인시작하기

Geth를 사용하여 mist 브라우저 연결하기

Chaindata 디렉토리를사용하여 geth를시작한후 mist 브라우저를열면공용블록체인 rinkeby 대신그림 3.33에 표시된 private-net에연결된다 (그림 3.22 참조).

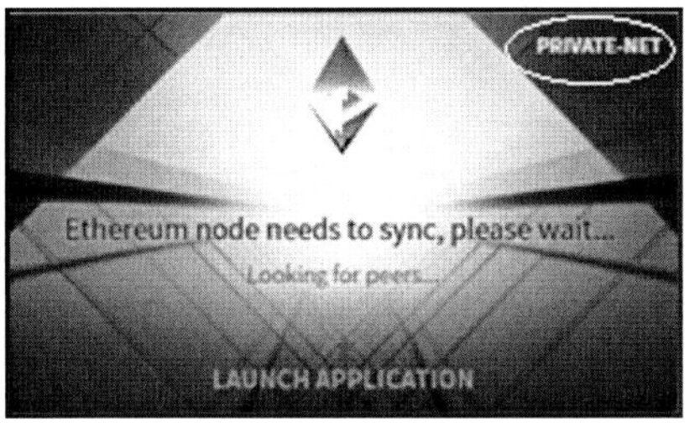

그림 3.33: 사설 인네트워크에서 발사하는 mist

이제 그림 3.34와그림 3.35와 같이 개인 블록체인 위에 mist의 새지갑 계정을 만듭니다. 그림 3.36에서 우리는 이 새로운 계정을 메인이더넷 베이스 계정으로 할당한다:

그림 3.34: 전용 블록체인에 새 계정 만들기

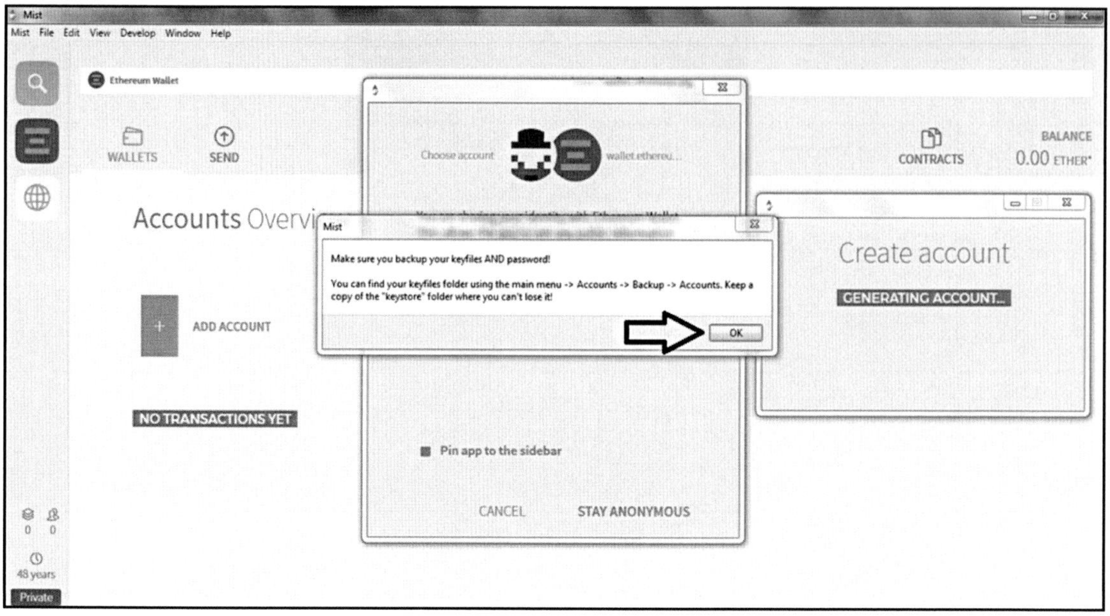

그림 3.35: 새로운 mist 계정생성하기

그림 3.36: 새 계정을 기본 etherbase 계정으로 인증

개인 블록체인에 채굴 ethers

새로운 cygwin 명령장으로 돌아가서 **그림 3.37**과 같이 $ geth attach를 입력하여 ipc에 geth를 연결한다. 그런 다음 $ miner.start (1);를 입력한다. Datadir로 시작된 백그라운드 창은 여전히 실행 중이어야 한다. 블록을 채굴하는데 시간이 좀 걸리고 명령 $ miner.stop ();을 사용하여 광부를 멈출 수 있다. 중간단계를 확인하기 위해 geth에서 광부를 시작하기 전에 추가 단계가 있을 수 있다. 명령은 $ debug.verbosity (4);이다.

그림 3.37은 우리가 채굴한 블록 수 (100)와 보상으로 얻은 ethers (500.00)를 나타낸다. 이 ethers는 시중가를 가지고 있지 않다. 주요 ethers 체인블록체인이 아닌 사설 블록체인에서 채취되기 때문이다. 그러나 이러한 ethers를 사용하여 스마트 계약을 전개할 수 있으며, 다음 절에서 설명하겠다.

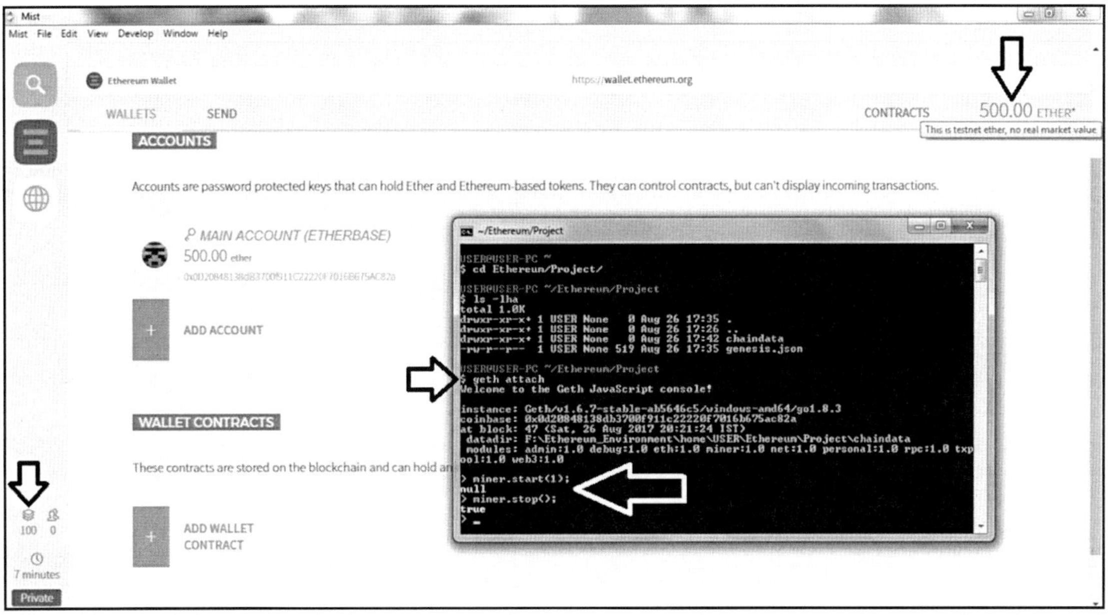

그림 3.37: 광업과 ethers 보상을 막으십시오

사적인 사슬에 스마트 계약 전개

이제 우리는 꽤 많은 ethers를 채굴했으므로 스마트 계약을 전개할 수 있다. 그림 3.38, 그림 3.39, 그림 3.40, 그림 3.41, 그림 3.42, 그림 3.43, 그림 3.43, 그림 3.44 및 그림 3.45는 스마트 계약서를 작성한 다음 몇 개의 ethers를 소비하고 계약을 실행하여 개인 블록체인에 배포하는 방법을 보여 준다. 각 단계마다 우리는 ethers를 소비해야 한다. 우리는 광부를 배경으로 시작하여 우리의 계좌가 ethers로 가득 채워지도록했으며 영리한 계약 이행 과정에서 ethers를 배출하지 않다. 스마트 계약을 전개하기 위해 채광이 필요한다. 사용된 스마트 계약은 리믹스 브라우저 ide를 사용하여이 장의 앞부분에서 논의한 것과 동일한 증가 및 감소 작업이다.

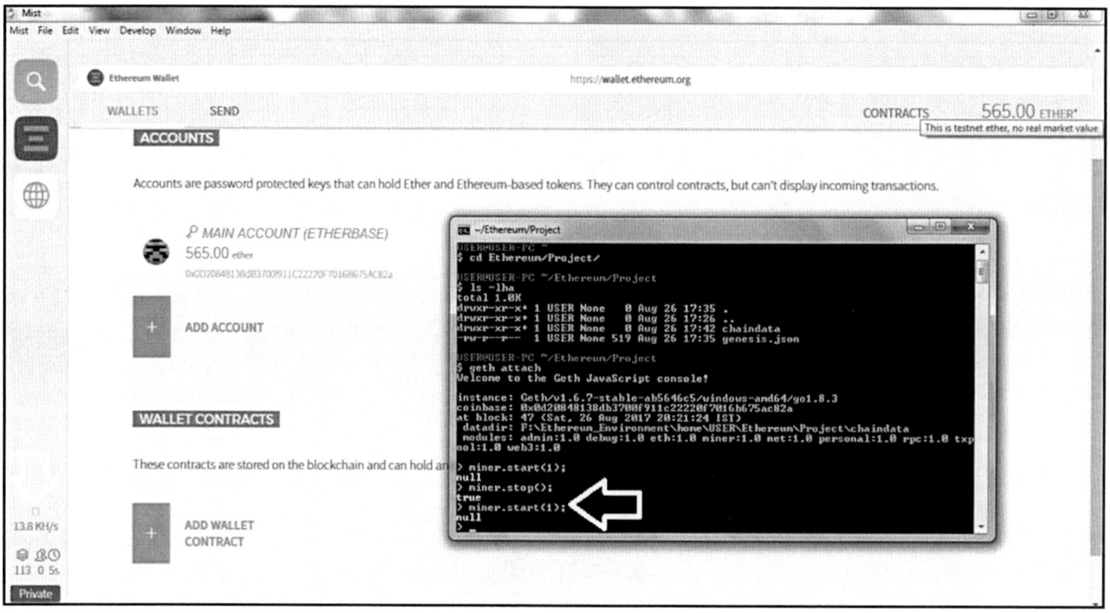

그림 3.38: 백그라운드에서 광부를 다시 시작하여 ethers 보상을 계속 받으십시오

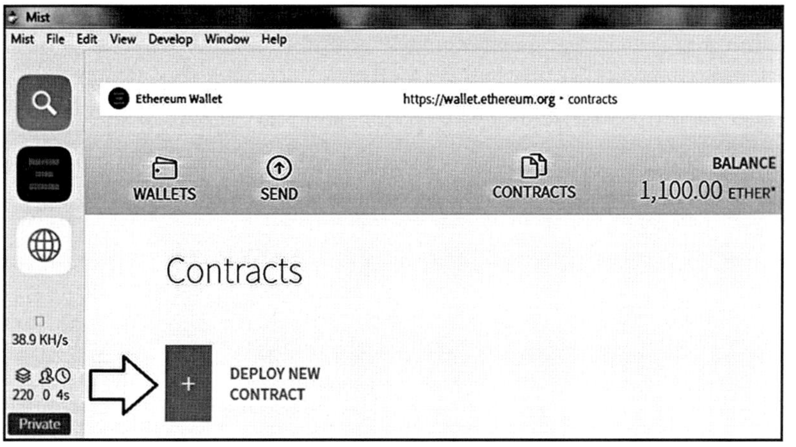

그림 3.39: 새 계약생성 (+ 기호클릭)

그림 3.40: arithvalue.sol 코딩하기

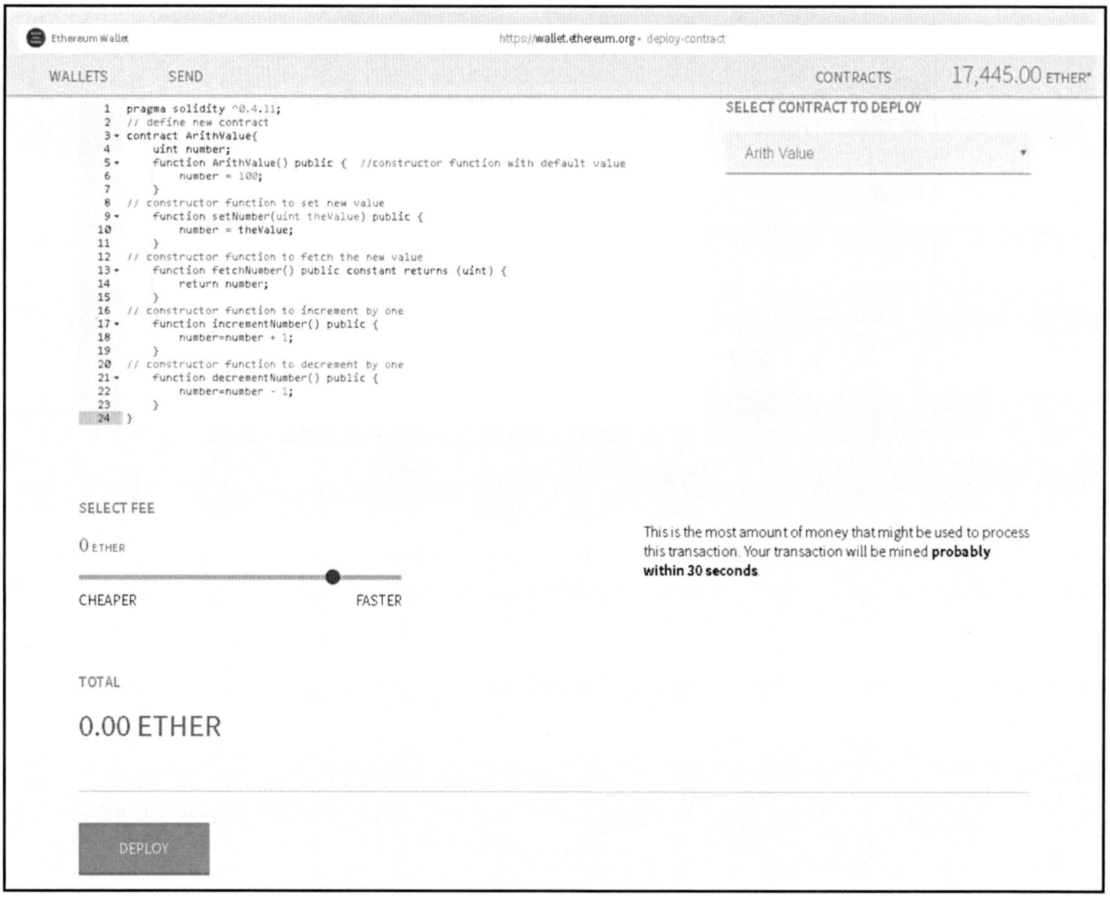

그림 3.41: 요금 선택 후에 스마트 계약을 배치하십시오

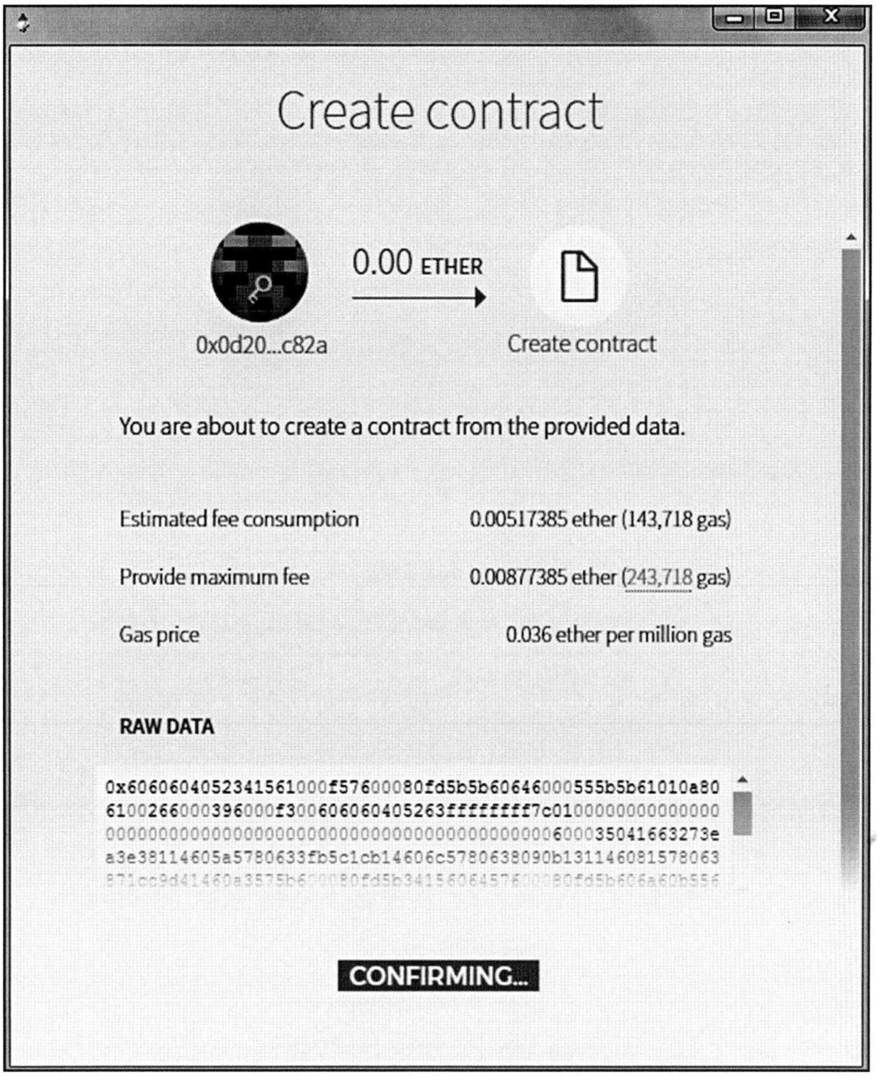

그림 3.42: 패스 코드로 승인 한 후 계약서 작성 (new123456)

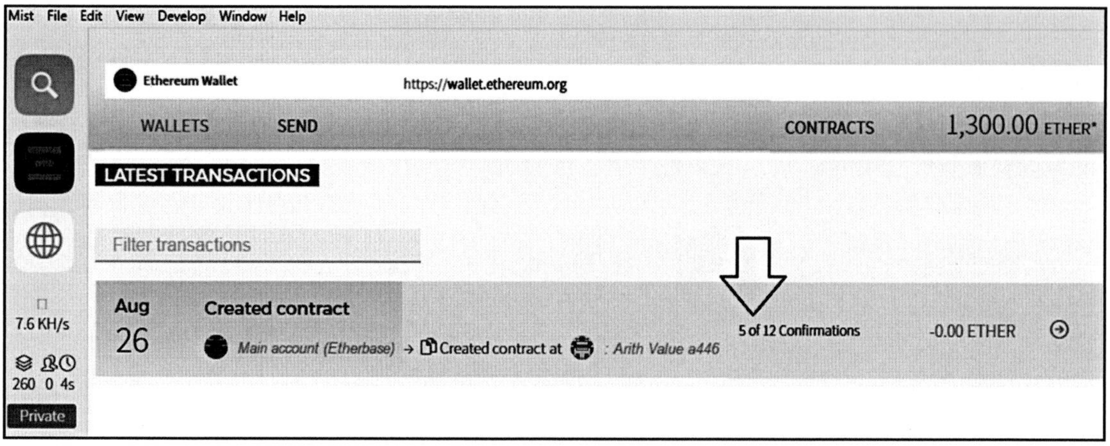

그림 3.43: 현명한 계약을 위해 진행중인 광부를 통한확인 (12 개중 12 개는완료됨)

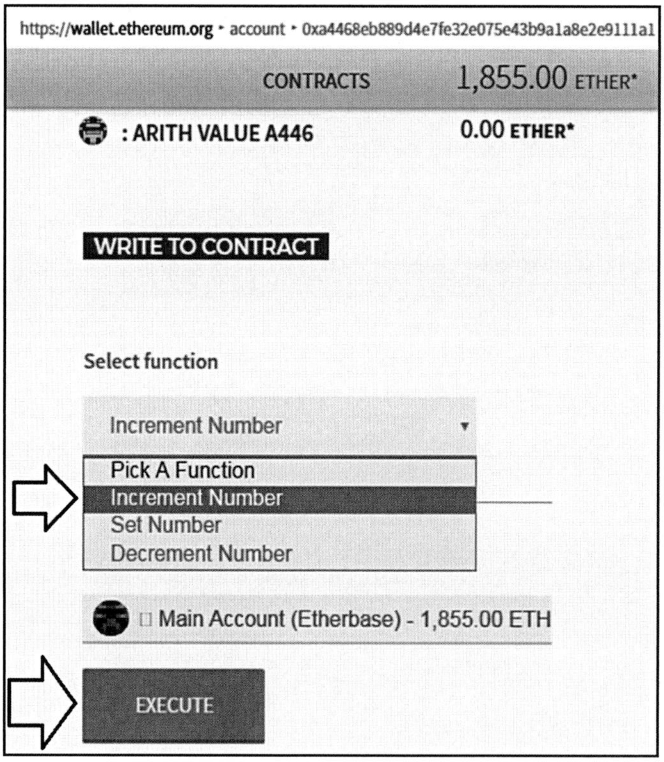

그림 3.44: contracts 탭에서증가숫자연산실행하기

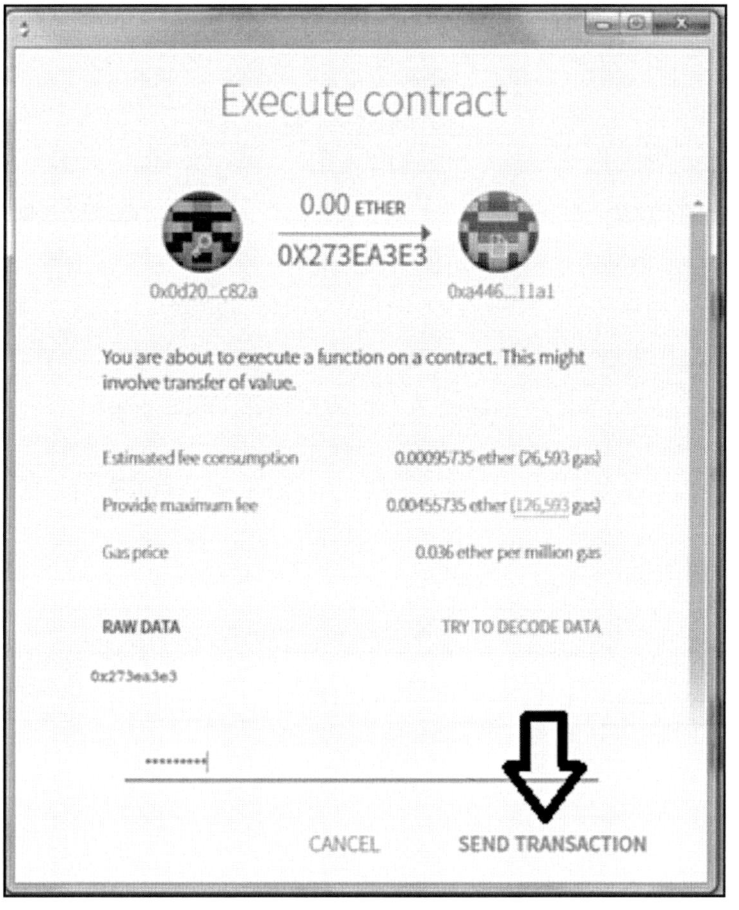

그림 3.45: 계약 작업 실행

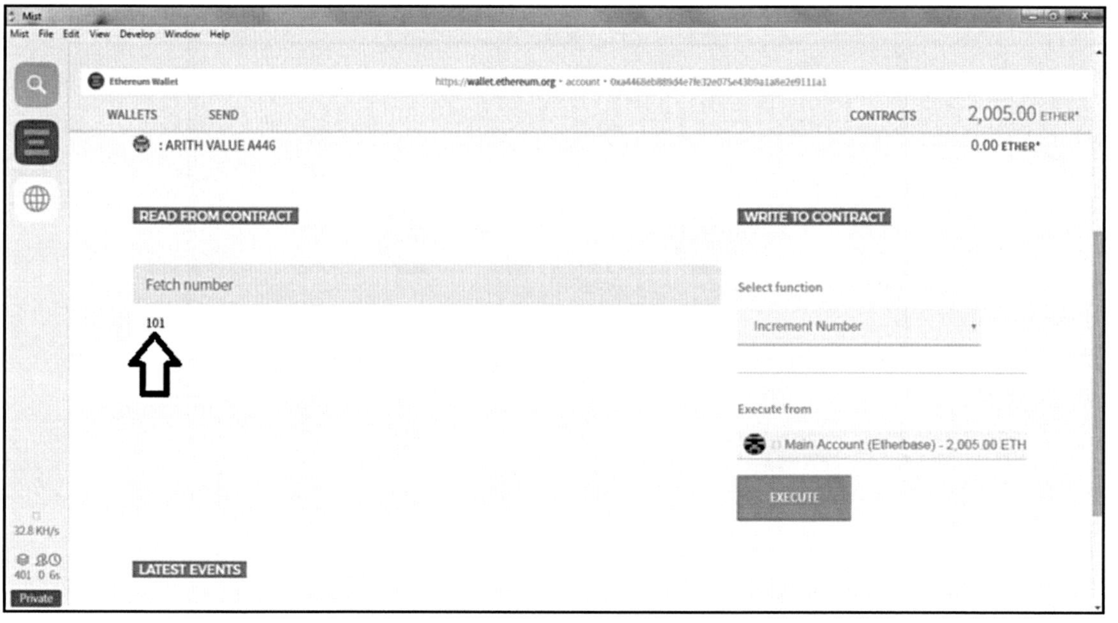

그림 3.46: 증가연산자가 100에서 101로 증가했다 (마찬가지로 다른 연산을 시도한다)

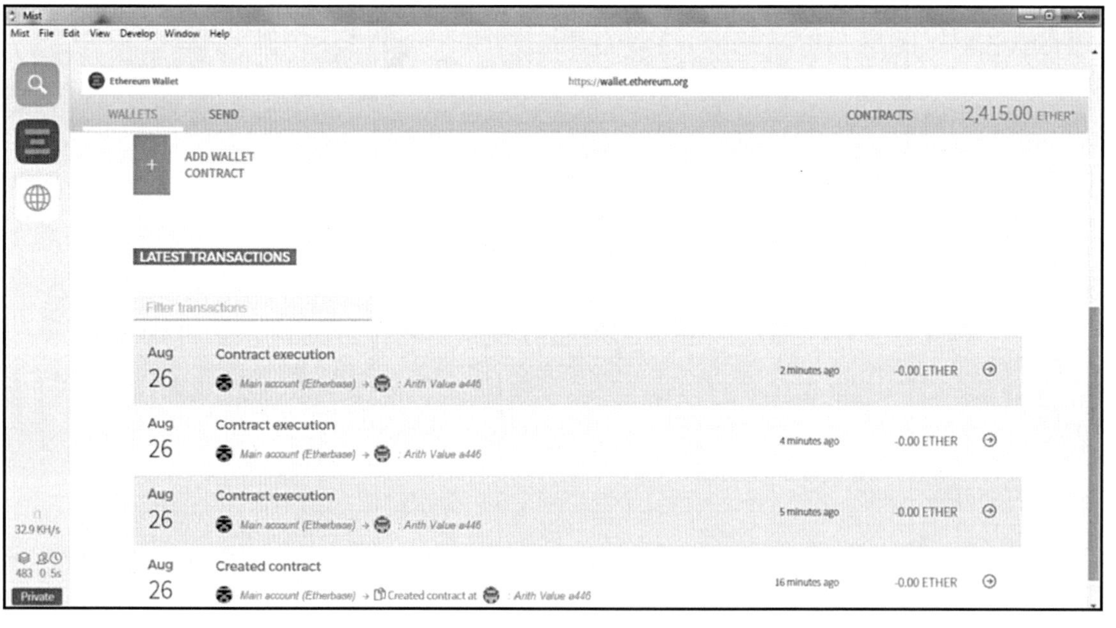

그림 3.47: 현명한 계약 생성후 실행된 모든 작업의 로그

개요

이 장은 최소한의 이론적 뒷받침이 있는 실험실 연습에 더 가깝다.우리는 웹 브라우저를 사용하여 리믹스 IDE에 대한 간단한 hello world smart 계약으로 시작했다.또한 계약을 사용하여 증가 및 감소 작업을 탐구했다.그런 다음 솔리디티에서 빠른 for 루프를 코딩하고 GitHub에서 문제를 해결하고 문제를 제기하는 동안 상담하는 방법을 배웠다.geth 콘솔을 사용하여 개인 블록체인을 만들고, 블록을 마이닝하고, 에테르에서 보상을 얻고, 해당 에테르를 사용하여 MIST 브라우저에서 현명한 계약을 전개하고 실행함으로써이 장을 닫았다.

4장, dApps와 DAO에 대한 noob's guide에서 분산응용프로그램과 DAO에 관한 주제를 다룰 것이다.

제 04 장

DApps 및 DAO에 대한 왕초보 가이드

이 장에서는 개발자 관점에서 분산응용프로그램에 대한 이해를 개발한다. 분산 애플리케이션 개발을 위한 고급 단계를 소개한다. 그런 다음 여러 dApps의애그리게이터 역할을하는 이 더 케스트라는 독창석인 시장을 탐험할 것이다. 그런 다음 **분산형 자율기구**(DAO)를 설계할 것이다. 순전히 기술적인 관점에서 eth/etc 분할로 이어지는 악명 높은 DAO 해킹을 되돌아봄으로써 이 장을 마무리할 것이다. 이 장을 공부하면 다음을 할 수 있다.

- DApps 개발을위한 일반적인 단계 파악
- DApp 아키텍처 이해하기
- 이더케스트에 대한 기본 지식 확보
- 처음부터 간단한 DAO 디자인
- DAO 해킹 이해

DApps 이해하기

새로운 삶의 창조는 언제나 우리를 매료시킵니다. 우리가 그러한 창조의 일부일 때 더욱 그렇다. 예를 들어, 접합자 세포를 생각해 보십시오. 작은 모래보다 작기 때문에 신생아에게 생명을 불어넣어 복잡한 생물학적 실체로 성장할 수 있다.

하지만 왜 우리는 dApps보다는 zygotes에 대해 이야기하고 있습니까? 음, 한 접합체는 하나의 생물학적 세포의 생성이 끝나고 다음 세대가 시작될 때의 접합을 나타낸다. 그것은 유전적 변화 없이 외부 세계에 반응하면서 적응한다. 접합체는 자체 유전자가 붙어 있기 때문에 규제될 수 없다. 재귀적으로만 성장할 수 있다. 접합체는 또한 자율적이다. 이것은 여전히 셀이기 때문이다. 그것의 형성은 분열 단계에서 빠르게 분포되며 다른 세포와 별개로 단일 개체로 행동할 권한이 있다. 사실, 접합체는 분산된 응용 프로그램의 완벽한 은유이다.

응용프로그램은 다음 네 가지 기준을 충족하는 경우 dApp (전자책과 유사한 dee app으로 발음)로 간주된다.

- 응용프로그램은 오픈소스여야 한다. 즉 공개적으로 자유롭게 사용할 수 있는 소스코드여야 한다. 이외에도 응용프로그램은 토큰을 제어하는 주요 엔터 티 없이 자율적으로 작동해야 한다. 즉 응용프로그램의 프로토콜이 사용자의 합의에 의해 완전히 규제되어야 한다.
- 응용프로그램은 모든 데이터 및 작업 로그를 공용 블록체인에 암호로 저장하여 단일 실패 지점을 가져서는 안 된다
- 응용프로그램은 다양한 프로세스 및 액세스를 위해 특정 유형의 기본 토큰을 사용해야 하며 이러한 토큰과 관련하여 가치 있는 기여는 반드시 보상되어야 한다.
- 응용프로그램은 토큰을 생성하기 위해 노드가 제공한 값의 증거로 일부 표준 및 잘 승인된 암호화 알고리즘을 사용해야 한다.

Factom inc.의 ceo인 david johnston은 2014년에 dApps에 대한 johnston의 법안을 제안했다.

> "분권화될 수 있는 모든 것은 분권화될 것이다."

학문적으로 이 법은 무어의 법칙에 대한 murphy의 법칙을 모범적으로 표현한 것으로, 예측 가능한 미래에 1년에 블록체인에서 발생하는 항목의 비율이 2년마다 2배가 된다는 것을 보여 주는 혁신적인 기술에 대한 법칙이다.

미 공군이 만든 머피의 법칙은 잘못될 수 있는 모든 일이 잘못될 것이라고 말한다. 영국에서는 동등한 sod의 법칙이 존재한다. 이법은 잘못될 수 있는 모든 것이 최악의 결과로 잘못될 것이라고 말한다.

그는 또한 dApp가 거주하고 있는 블록체인을 기반으로하는 분산 애플리케이션의 흥미로운 분류를 다음 세 가지 유형으로 제안했다.

- **유형** I: dApps에는 자체 블록체인이 있다. 비트코인은 유형 I 분산 응용프로그램의 가장 유명한 예이지만 이더리움 및 기타 "alt-coins"는 동일한 유형이다..
- **유형** II: dApps는 유형 I 분산응용프로그램의 블록체인을 사용한다. 유형 II 분산응용프로그램은 프로토콜이며 해당 기능에 필요한 토큰이 있다.
- **유형** III: dApps는 유형 II 분산응용프로그램의 프로토콜을 사용한다. 유형 III 분산응용프로그램은 프로토콜이며 해당 기능에 필요한 토큰이 있다

DApp 개발단계

DApps는 dApp의 발전에 투자할 수 있는 권한을 주주에게 부여할 수 있기 때문에 자립할 수 있는 잠재력이 있다. DApps의 개발 프로세스는 일반적으로 david johnston 등이 요약한 다음 단계로 구성된다.

1. 다음 섹션이 적어도 있는 백서를 작성하십시오.
    - DApp의 의도와 목표
    - 토큰 배포 계획
    - 합의를 이루는 메커니즘
    - DApp을 감독하는 비영리조직
    - 개발자 현상금 관리
    - DApp에 대한 기술적 설명
2. 계획을 발표하고 피드백을 기반으로 개정함으로써 지역사회참여를 유도하십시오.
3. 커뮤니티가 군중에 기여할 수 있는 날짜를 설정하십시오.
4. 백서를 토대로 초기 토큰을 판매하고 dApp의 개발을 감독하는 비영리단체를 설립하십시오.
5. 비영리단체가 미래의 개발도상국을 계획하면서 아이디어를 실행하기 시작하십시오.

DApp 시스템 구축

그림 4.1은 높은 수준의 이더리움 dApp를 나타낸다. 알아차리면 모든 클라이언트 브라우저는 응용프로그램의 자체 인스턴스와 통신한다. 모든 클라이언트가 연결할 중앙 서버가 없다. 즉, 분산된 응용프로그램과 상호작용하려는 모든 사용자는 자신의 컴퓨터/전화에서 실행 중인 블록체인의 전체 복사본이 필요한다. 즉, 응용프로그램을 사용하기 전에 전체 블록체인을 다운로드한 다음 응용프로그램을 사용해야 한다. 처음에는 우스꽝스럽게 들릴지 모르겠지만 내일 사라질 수도 있는 단일 중앙 서버에 의존하지 않거나 제3 자수 수료를 청구하기 시작하는 이점이 있다.

웹 기반 dApp를 구축하기 위해 이더리움에는 **원격 프로시저 호출**(rpc)을 사용하여 블록체인 노드에 연결되는 web3.js라는 편리한 javascript 라이브러리가 제공된다. 그래서 우리는 reactjs 나 angularjs와 같은 우리가 선호하는 자바스크립트 프레임워크에 라이브러리를 포함시키고 dApp 개발을 시작할 수 있다.

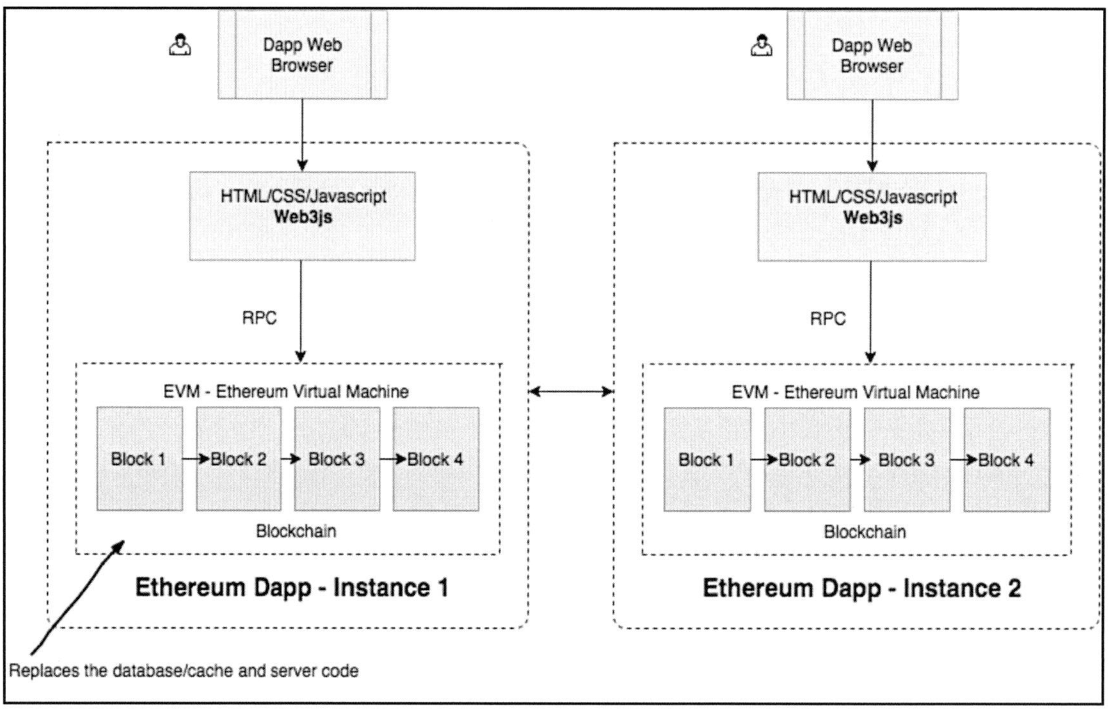

그림 4.1: 상위레벨 dApp 시스템구성, 출처: mahesh murthy, medium.com

2장, 이더리움의 총체적 이해에서 우리는 dApps가 swarm, whisper 및 evm과 상호작용하는 방법을 논의했다. 이는 dApp의 일반적인 백엔드 상호작용을 설명했다. 그림 4.2에서는 일단 계약이 블록체인에 배포되면 스마트 계약 (처음 1-5 단계) 및 함수 호출 트랜잭션 (6단계 이상)을 생성할 때 dApp의 프런트엔드가 상호작용하는 방식을 보여 준다.

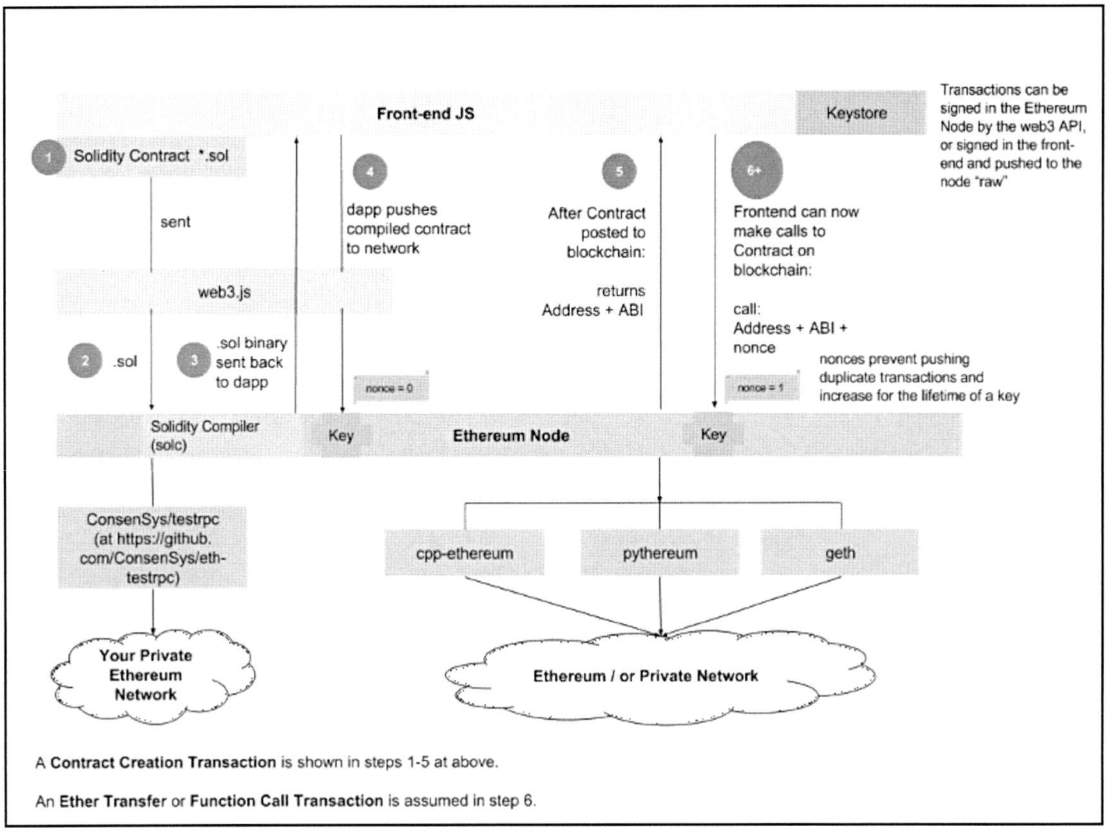

그림 4.2: 현명한 계약 생성을위한 dApp 프런트엔드단계, 출처: busy.org

이더케스트 란무엇입니까?

2장, 이더리움의 총체적 이해에서 뷔페 비유를 상기할 수 있다면, 이 더 케스트는 뷔페 테이블과 유사한다. 웹사이트는 **그림 4.3**에 묘사된 것처럼 개발 주기의 각기 다른 상태에서 dApp을 자유롭게 등록할 수 있는 플랫폼이다. 등록이 완료되면 개발 진행 상황에 따라 dApp 수명주기 상태를 추적할 수 있다. 웹 2.0 기반 앱스토어로 웹 3.0 기반 dApp의 진행 상태와 연결된다.

이 앱 스토어(https://dApps.ethercasts.com/)는 joris bontje에 의해 설립되었다. 이 사이트는 개편을 밟고 있으며 https://www.stateofthedApps.com/에서 확인할 수 있다.

DApp 수명주기 상태는 **그림 4.3**에서 설명한 범례에 따라 색상으로 구분된다. DApp 타일 중 하나를 클릭하면 **그림 4.4**와 같이 사용자 편의를 위해 추가 정보와 웹링크가 자세히 설명된다. 이 앱스토어는 이더리움 dApp 개발 작업 공간을 처음 사용하는 개발자에게 원 스톱 가이드로 제공될 수 있다.

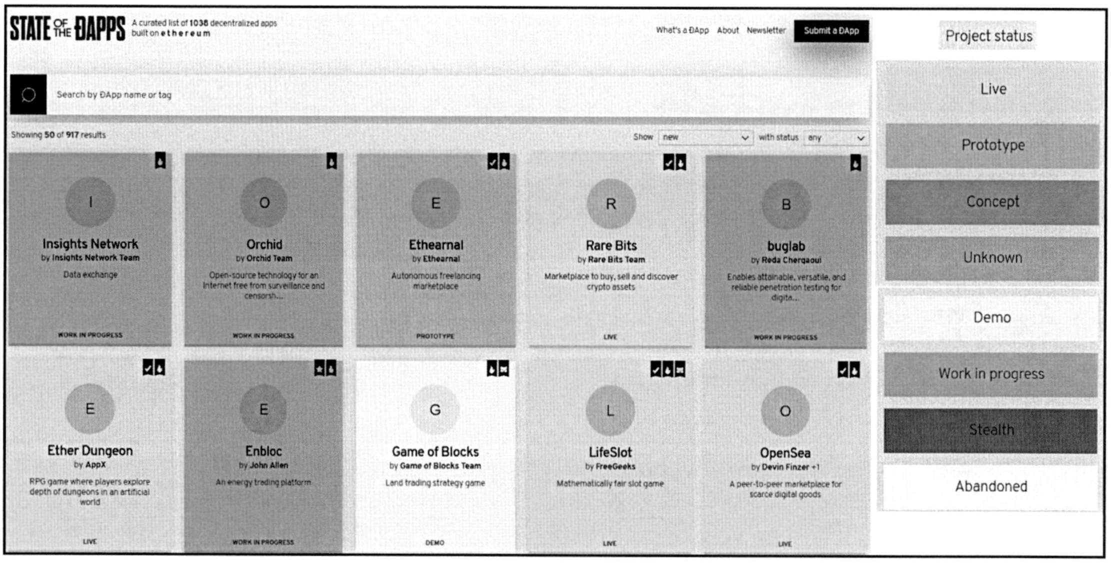

그림 4.3: 이더케스트상의 dApps 상태

이제는 잠재적인 가능성이 많은 이더케스트에서 dApp 세개를 확인해 보자.

Btcrelay.org

Joris bontje가 추천 한 프로젝트이다. Joseph chow가 개발했으며 이더케스트에서 라이브 상태를 유지한다. 사실 비트코인을위한 첫 번째 작업 측 체인이다.

This DApp serves as a building block that allows Ethereum-based smart contracts to verify bitcoin transactions securely and without any intermediaries. It stores bitcoin blockheaders, which in turn, is used to build a mini-version of the bitcoin blockchain. In simple words, users can pay in bitcoin to use Ethereum DApps.

Oraclize.it

이것은 스마트 계약이 비즈니스 로직을 외부 데이터의 실시간 피드에 기반 할 수 있게 해 주는 dApp이다.

API와 dApp 사이의 데이터 캐리어 역할을 한다. 토마스 더 타니 (thomas bertani)에 의해 설립되었으며 이 더 케스트에 라이브 상태가 있다. 현명한 계약에 대해서는 차 후자에서 더 자세히 다루겠다.

The-pitts-circus.com

이더리움이 처음으로 기증한 영화이다. 이 웹사이트는 매표마다 사용자가 향후 20년 동안 이윤으로 현금으로 지불할 수 있는 5개의 토큰 종이 지폐를 제공할 것을 제안했다. 이야기는 서커스를 운영하는 호주 가정을 중심으로 전개된다. 이것은 독특한 벤처기업이며 엔터테인먼트 업계에 완전히 새로운 관점을 제시한다.

저자는 **그림 4.4**에묘사된 ken evil이다.

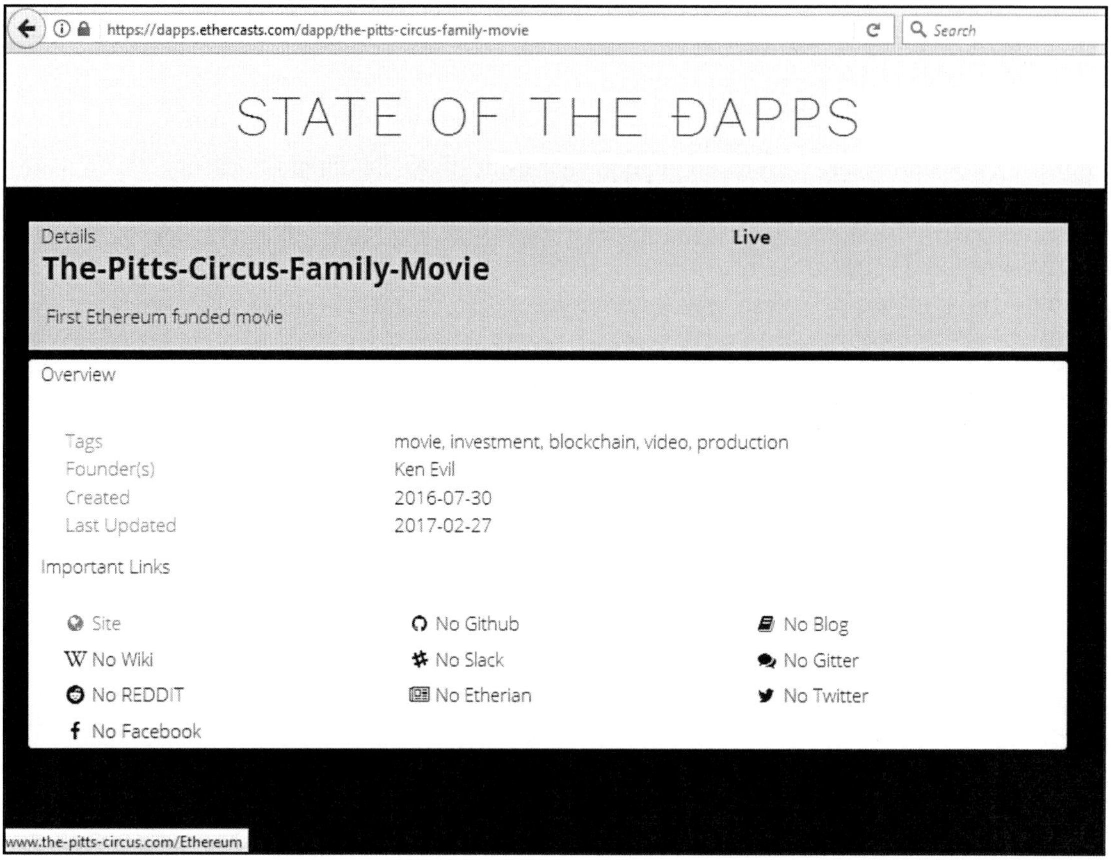

그림 4.4: 이더케스트상의 dApp로서의 이더리움 자금영화

DAO의 디자인 이해하기

DAO는 현명한 계약인가? DAO는 dApp입니까? Vitalik buterin은 분산된 자율 조직을 월드 와이드 웹(world wide web)에 존재하며 자체 규칙을 가지고 있는 개체로 묘사했다. 또한 DAO는 자동화 작업 자체가 수행할 수없는 특정 작업을 수행하기 위해 개인을 고용하는 데 크게 의존한다.

DAO의 개념을 파악하는 것은 약간 까다로울 수 있다. 소프트웨어 개발자의 관점에서 볼 때, DAO는 단지 코드 조각, 특히 복잡한 스마트 계약 또는 조직으로 추상화된 많은 간단한 스마트 계약을 포함하는 상호작용하는 모듈일 뿐이다. 상인의 관점에서, DAO의 가장 유사한 비유는 limited liability company (llc)이다. Llc에 대해 조금 이해하려고 하자. 수잔은 훌륭한 사업 아이디어를 가지고 있으며 자신의 생명을 구하기 위해 창업을 열려고 한다고 가정해 보십시오. 벤처캐피털 루트를 통해 비즈니스 자금으로 나머지 자금을 모으기보다는 llc 루트를 선택했다. 그런 식으로 그녀는 주주들에게 자신의 회사를 소유할 것을 권유한다. 누구든지 기꺼이 기여할 수 있다. 다시 llc가 됨으로써, 그녀는 기본적으로 별도의 법인인 llc가 사업세의 적용을 받는 수익에 대해 개인 세 도끼로부터 면제된다. 수잔의 사업이 손실을 겪지 않는다면, 파산신청을 함으로써 면책권을 갖게 되며, 주주의 돈을 모두 잃는 책임은 llc에게 있다. 따라서 llc는 기본적으로 중앙 집중식 자치단체인 cao이다. 따라서 DAO는 분산 네트워크를 통한 llc이다.

자율적 인 의미를 해독하려고한다. 자율적 인 단어는 arnold schwarzenegger의 terminator와 skynet의 기억을 불러옵니다. 그렇다, 로봇 자율은 꽤 흥미로운 물건이 될 수 있다. DAO는 자율적이지만 반응적인 의미이다. DAO를위한 코딩 로직은 현재 타이머와 외부 오라클을 사용하지 않고는 스스로 시작할 수 없다. DAO의 자율성을 이해하는 더 좋은 방법은 공용 이더리움 기반 블록체인을 통해 스마트 계약 코드에 의해 인스턴스화되는 일련의 규칙을 프로그래밍 방식으로 구현하는 것이다.

DAO를 이해하는 가장 좋은 방법은 처음부터 간단한 DAO를 만드는 것이다. DAO와 같은 복잡한 dApp을 만드는 방법을 보여 주는 쌍둥이 목적을 제공하고 코드 논리의 취약성을 우리에게 알리며 매우 쉽게 놓칠 수 있어 재앙과 자금 손실을 초래한다.

```
pragma solidity ^0.4.11;

contract DAOFundraiser {

    mapping(address=>uint) balances;


    function withdrawAllMyCoins() public {

        uint withdrawAmount = balances[msg.sender];
        TypicalWallet wallet = TypicalWallet(msg.sender);
        wallet.payout.value(withdrawAmount)();

        balances[msg.sender] = 0;
    }

    function getBalance() constant public returns (uint){
        return this.balance;
    }

    function contribute() payable public {
        balances[msg.sender] += msg.value;
    }

    function() payable public {

    }
}
```

```
contract TypicalWallet{

    DAOFundraiser fundraiser;
    //uint r = 10;

    function TypicalWallet(address fundraiserAddress) public {
        fundraiser = DAOFundraiser(fundraiserAddress);
    }

    function contribute(uint amount) public {
        fundraiser.contribute.value(amount)();
    }

    function withdraw() public {
        fundraiser.withdrawAllMyCoins();
    }

    function getBalance() constant public returns (uint){
        return this.balance;
    }

    function payout() payable public{

    }

    function() payable public{

    }
}
```

그림 4.5: 일반적인 지갑과 함께 샘플 DAO기금 조성

기본적으로 분산 투자 펀드이기 때문에 DAO의 주요 구성 요소 인 기본적으로 모금 활동 인 계약서를 작성해 보겠다. 또 한 우리는 자금을 기부하고 인출할 수 있는 지갑 코드를 작성한다. 예 를 들어, 기금 모금 DAO에 10개의 에테르를 투자한 경우, 필요할 때마다 10개의 에테르를 철회할 수 있다. **그림 4.6**은 기금 모금 DAO의 기본 디자인과 솔리디티 코드를 사용하여 에테르에 자금을 공급하고 가져 오는 전형적인 지갑을 나타낸다.

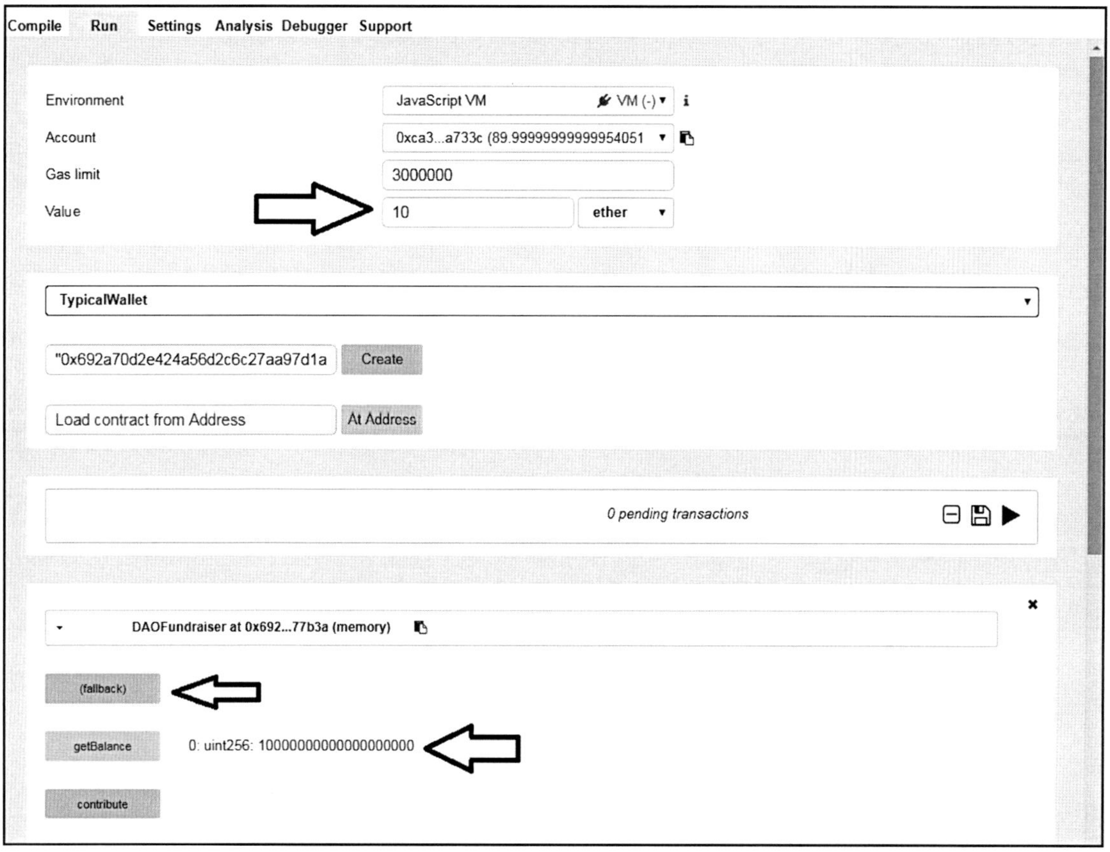

그림 4.6: 10eth로 값을 입력한 다음, 대체 값을 누르고, wei(10*10^18)의 양을 구하기

코드에서 알 수 있듯이 daofundraiser 계약은 기본적으로 다음 세 가지 작업을 수행할 수 있다.

- Contribute( ) 기능: 누군가가 지갑을 사용하여 본 계약에 ethers를 제공하면 펀드에 기여
- withdravall( ) 기능: 동료 사용자가 요청할 경우 모든 자금을 지갑으로 가져갑니다.
- Getbalance( ) 기능: 펀드 라이저의 최종 잔액을 반환한다.

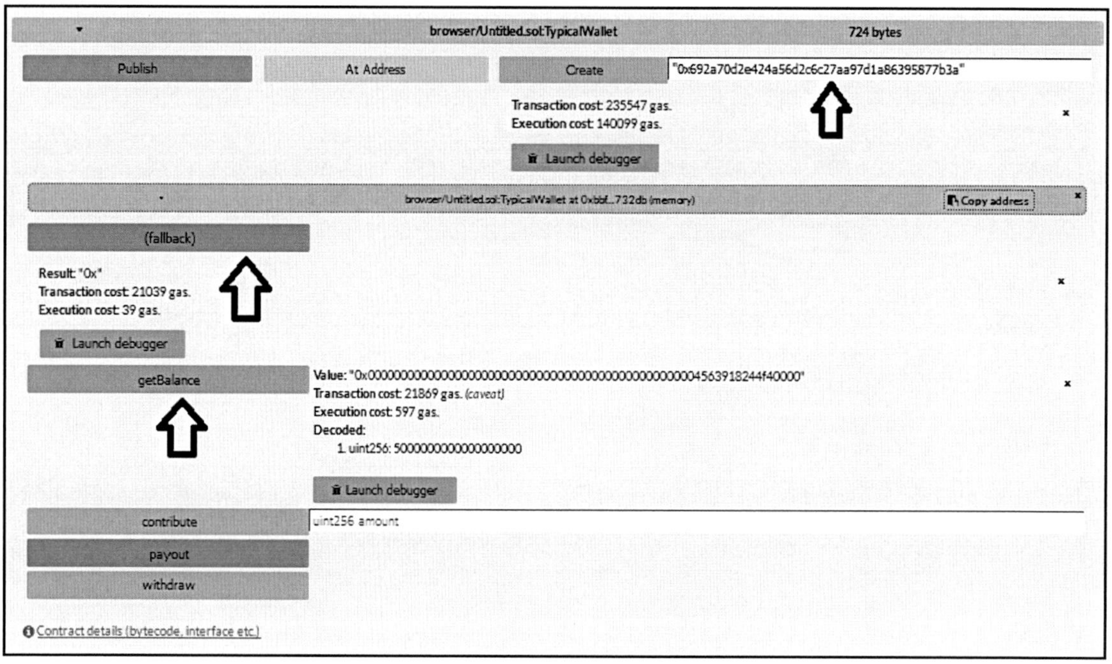

그림 4.7: 지갑을 사용하여 5 eth를 얻기 위해 폴백을 사용

우리는 이제 그림 4.6, 그림 4.7, 그림 4.8 및 그림 4.9에서 이 간단한 DAO가 어떻게 작동하는지를 그림으로 보여 준다. Hello world를 코딩하는 동안 사용한 것과 동일한 리믹스 온라인 ide를 사용할 것이다.

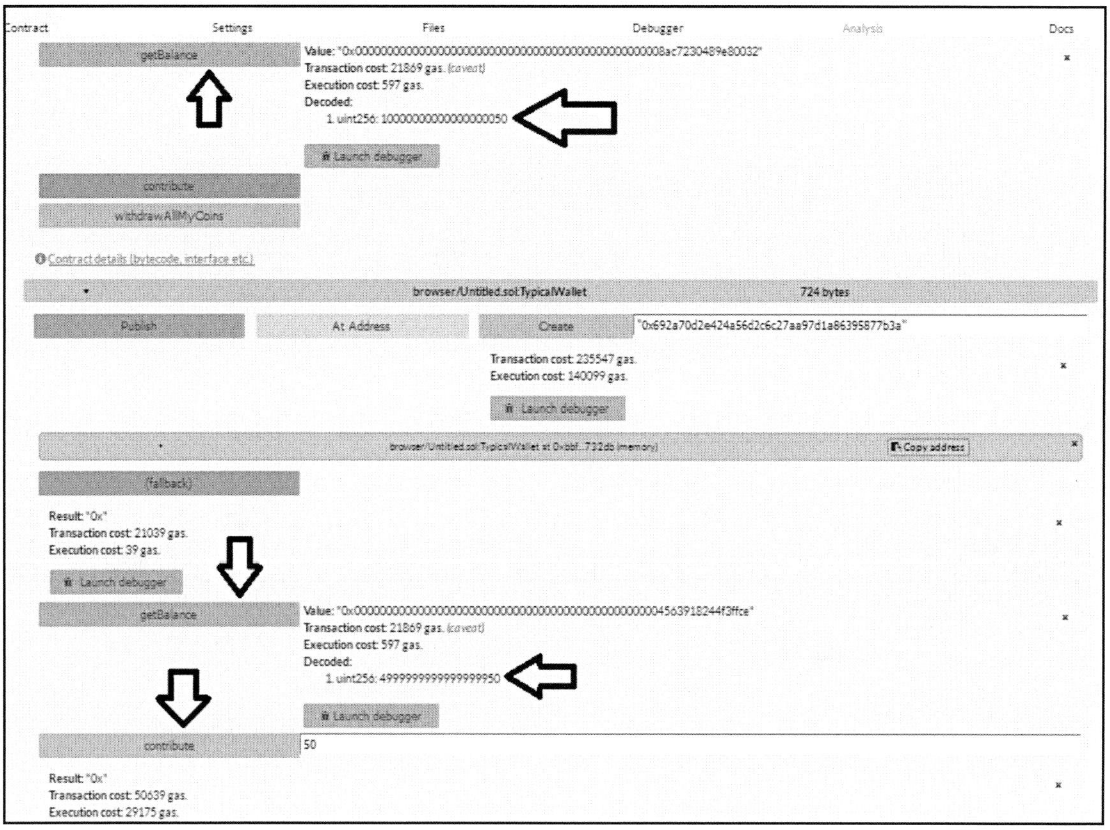

그림 4.8: daofundraiser에 지갑 (금액 감소)에서 50 원 (금액 증가) 기여

필자가 언급해야 할 점은 그림 4.9에서와 같이 DAO 주소를 지갑 계약에 복사할 때 주소를 큰따옴표로 묶어서 DAO 기금 모금 계약을 체결한 직후 지갑 계약을 생성하는 동안 런타임 오류를 방지하는 것이다:

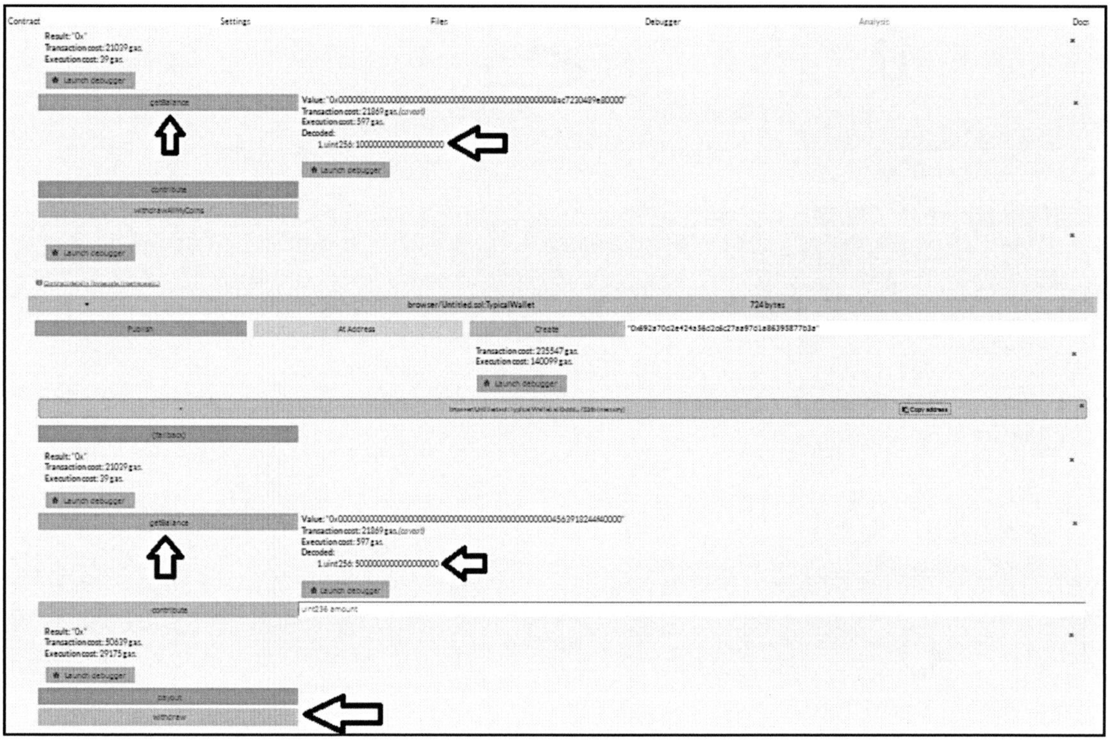

그림 4.9: DAO에 지갑에 의해 공헌 된 모든 기금을 철회하기 위하여 지갑 계약에서 철수를 누르십시오

그래서 우리는 처음부터 간단한 DAO를 만들었고 예상대로 작동한다. 기분이 좋았지, 그렇지? 그러나 당신이 예민한 소프트웨어 개발자라면, daofundraiser 논리에 지갑 결함 논리를 사용하여 지갑에서 돈을 가져갈 수 있는 주요 결함이 있다는 것을 이미 알고 있을 것이다. 그것이 우리가 최종 섹션에서 분석할 예정인 5백만 달러 규모의 이더넷 해킹이 수행된 방법이었다.

DAO의 상승과 하강

원래의 취약한 DAO는 많은 복잡한 계약을 가졌지 만 본질은 이전 섹션에서 작성한 단순 DAO의 본질과 동일한다. 2016년 5월, DAO는 대규모 투자자들에 의해 형성되었으며, 이해 관계자는 1 억 5 천만 달러 이상의 **초기 동전 제안**(ico)을 구매했다. 그러나 다음 달 (2016년 6월) 해커 (사용자 중 한 명)가 취약점을 악용하여 약 5 천만 개를 자신의 지갑에 버리지 않았다. 이 금액은 나중에 블록체인 재조직에 의해 회수되었지만 eth/etc의 하드 포크로 이어졌다. "해킹"이라고 부르는 것은 기금 모금에 대한 위반 및 위반이 없었기 때문에 기술적으로 잘못된 이름이었다. 단지 지갑 로직을 변경하여 daofundraiser 계약에 있는 취약한 코드 로직 라인을 악용했다.

지갑은 일반적으로 별도의 모듈이며 모든 사용자 정의 논리 및 인터페이스를 가질 수 있기 때문에 가능한다. 그림 4.10은 악용에 취약한 기능 블록을 나타낸다. 주석 핵과 별도로 DAO 계약을 변경하지 않았다.

```
function withdrawAllMyCoins(){

    uint withdrawAmount = balances[msg.sender];
    TypicalWallet wallet = TypicalWallet(msg.sender);
    wallet.payout.value(withdrawAmount)();
    //vulnerable
    balances[msg.sender] = 0;
}
```

그림 4.10: 단순 DAO의 취약점

기본적으로 이전의 typicalwallet 내부의 악용 논리 인 악의적 인 지갑을 작성해 보겠다. 그림 4.11은 코드 로직을 나타낸다.

```
contract TypicalWallet{

    DAOFundraiser fundraiser;
    uint r= 10;

    function TypicalWallet(address fundraiserAddress){
        fundraiser = DAOFundraiser(fundraiserAddress);
    }

    function contribute(uint amount){
        fundraiser.contribute.value(amount)();
    }

    function withdraw(){
        fundraiser.withdrawAllMyCoins();
    }

    function getBalance() constant returns (uint){
        return this.balance;
    }

    function payout() payable{
        // exploit
        if(r>0){
            r--;
            fundraiser.withdrawAllMyCoins();
        }
 // receive payment
 // log or do other activity
 // complex codes

    }

    function() payable{

    }
}
```

그림 4.11: Typicalwallet 내부의 지불 기능 활용

이 악용은 정확히 무엇을 합니까? 이익 스플로 있는 balance [msg.sender] = 0에 도달할 때 루프의 끝까지 반복적으로 지불 함수를 호출한다. 따라서 지갑은 지갑에 더 많은 토큰을 다시 흡입할 수 있다. 이 경우 약 10배의 돈이 된다. **그림 4.12**와 **그림 4.13**은 악용 사례를 보여 준다.

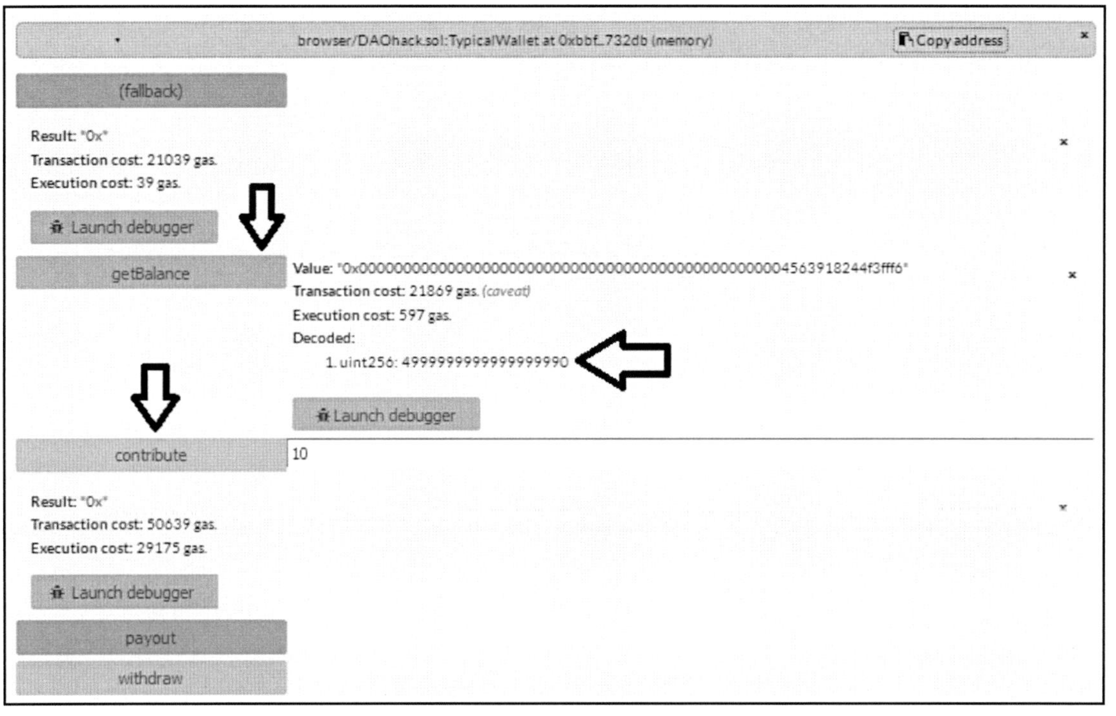

그림 4.12: 일반 지갑과 유사한 해커 지갑에서 10원을 기부한다.

이제 어떻게 해결할 수 있을까? **그림 4.10**의 취약점을 면밀히 살펴보면 **그림 4.14**와 같이 함수의 첫 번째 줄 바로 뒤에 균형 [msg.sender] = 0 줄을 이동시키는 것을 볼 수 있다.

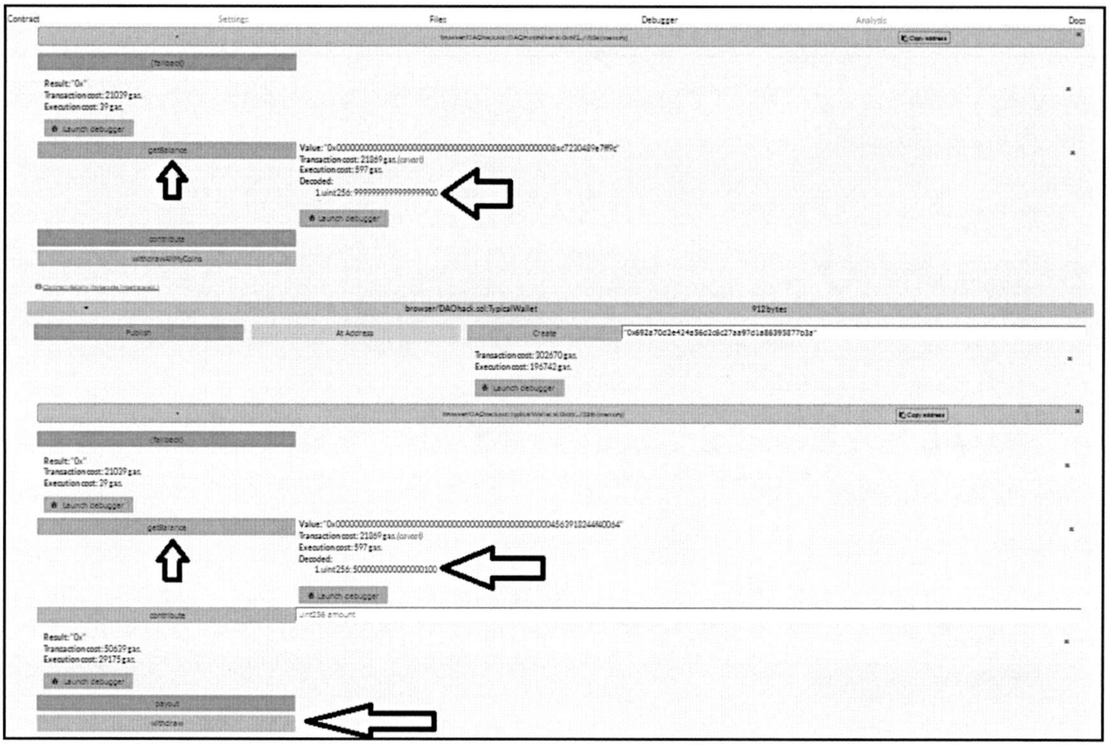

그림 4.13: 동일한 10 wei를 위해, 우리가 철회할 때 우리는 DAO에 서지갑에 있는 100 wei를 받는다.

이제는 지갑에 있는 악의적인 논리로도 코드가 dApp의 ethers를 사이펀아웃시킬 수 없다. 재귀코드 자체가 리콜되기 전에 재귀경로가 수정되고 카운터가 0으로 설정되기 때문이다.

```
function withdrawAllMyCoins(){

    uint withdrawAmount = balances[msg.sender];
    //not vulnerable anymore
    balances[msg.sender] = 0;
    TypicalWallet wallet = TypicalWallet(msg.sender);
    wallet.payout.value(withdrawAmount)();

}
```

그림 4.14: DAO에 대한 코드 수정

한 줄의 코드가 재정적 인 재앙을 초래할 수 있는 방법을 알았다. 블록체인 코딩이 재미 있는 앱 개발이나 일반적인 웹 프로그래밍이라는 망상을 극복해야 한다. 여기서 우리는 다른 사람들의 돈을 다루고 있으며 어떤 실수의 결과도 예쁘지 않다.

개요

DApp에 대한 네 가지 기본 규칙을 정의하여 이 장을 시작했다. 그것들은 오픈소스, 단일 실패 지점, 토착 토큰의 존재, 가치 증명을 위한 알고리즘이다. DApps의 세 가지 주요 유형과 함께 johnston의 dApps 법을 논의했다. 그런 다음 dApp을 개발하는 단계를 밟았다. 우리는 dApp의 프런트엔드 아키텍처에 대해 논의한 다음 이 더 케스트와 다양한 상태 매핑 매핑으로 이동했다. 그런 다음 DAO를 블록체인의 유한책임회사로 소개했다. 심지어 간단한 DAO를 처음부터 코딩하고 지갑에서 토큰을 전송했다. 마지막으로 재귀적 단계 악용 취약점을 자세히 분석하여 5천만 DAO 해킹을 초래했다. 5장, 스마트 계약 심층 연구에서 우리는 강력하고 확장 가능한 코드를 작성하는 방법을 배우기 위해 현명한 계약을 심층조사할 것이다.

제 05 장

스마트 계약 심층 연구

이 장에서는 현명한 계약 설계에 대해 깊이 생각해 봅니다. 우리는 스마트 계약의 교과서 정의를 이해함으로써 시작한다. 그런 다음 스마트 계약모델을 이해하고 스마트 계약에서 코드의 역할을 이해한다. 우리는 스마트 계약의 기본 해부학을 통해 스마트 계약이 어떻게 작동하는지 살펴봅니다. 그런 다음 스마트 계약 최적화, 감사 및 ERC20 준수와 같은 고급 주제로 중점을 옮깁니다. 우리는 투표 dApp 구축에 관한 실습을 통해 이 장을 마무리한다.

이 장을 공부하면 다음을 할수 있다.

- 스마트 계약을 정의하고 다양한 디자인 모델 이해
- 스마트 계약에서 코드의 역할을 이해한다.
- 현명한 계약의 기본 해부학을 시각화한다.
- 현명한 계약 최적화, 감사 및 준수 이해
- 현명한 계약을 사용하여 투표 dApp의 설계 이해

무엇이 계약을 "똑똑하게" 만드나요?

아날로그 시대에 block chain과 인터넷이 등장하기 훨씬 전에 기본적으로 현명한 계약을 체결 한 기계 장치가 있었다. 이들은 그림 5.1에서 묘사된 자동 판매기였다. 특정 통화로 특정 금액을 지불하면 제품 코드를 선택할 수 있다. 코드가 확인되면 제품이 컴퓨터에서 나옵니다. 지불하지 않으면 제품이 나오지 않다. 지불한 후 대기 시간 임계 값 이상 지연하거나 기계적 오작동이 발생하여 세션이 만료되면 제품이 꺼지지 않다.

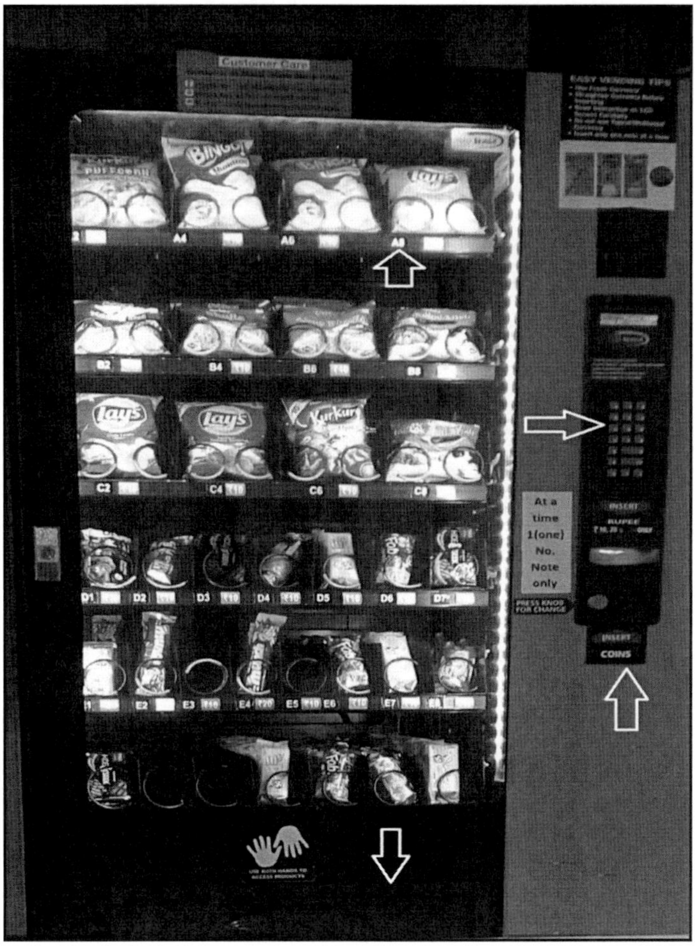

그림 5.1: 자동판매기

스마트 계약의 개념은 block chain과 인터넷 앞에 존재했음을 알 수 있다. 따라서 스마트 계약을 정의하기 전에도 이를 둘러싼 신화를 다루어야 한다. 명단을 뒤집는 신화는 스마트 계약이 지적인지 여부이다. 대답은 아니오, 똑똑하고 바보 같지만 지적인 것이 아니다. 이 미묘한 개념을 이해하려면 스마트폰의 유추를 사용하십시오. 전화를 걸기 전에도 스마트폰에서 전화를 합니까? 예를 들어, 당신은 폭동에 빠져 있다. 장치가 gps 또는 일부 내장된 응용프로그램을 사용하여 폭동과 같은 상황을 감지하고 911 또는 지역 경찰을 대신하여 전화를 합니까? 권리 없다? 이상적으로 컨텍스트에 따라 상황이 다르므로 이러한 호출이 발생하지 않아야 한다. 실제로는 안전한 집에 있을 수 있으며 허위 경보로 인해 불쾌감을 유발할 수 있다. 그러나 스마트폰은 정보를 현명하게 처리하고 권장사항을 깜박일 수 있다. 특정 방법으로 정보를 조작하는 방법은 특정 응용프로그램에서 제공하는 지침 (코드 형식으로 저장됨)에 따라 다르다. 따라서 원하는 방식으로 정보를 처리할 수 있는 스마트폰에 있는 앱을 사용하면 스마트폰을 스마트하게 만들 수 있다. 또 다른 신화는 스마트 계약이 컴퓨터 코드 라인이라는 것이다. 이를 이해하기 위해 다음 섹션에서 제시할 스마트 계약의 정의와 디자인을 살펴보겠다.

정의와 디자인

스마트 계약은 닉 사보(Nick Szabo)가 1996년에 발표한 "스마트 계약: 디지털 시장을 위한 빌딩 블록"이라는 제목에서 공식적으로 정의되었다. 그는 다음과 같이 설명했다.

> "스마트 계약은 당사자가 이러한 약속을 이행하는 프로토콜을 포함하여 디지털 형식으로 지정된 일련의 약속이다."

"네, 그게 그거에요 그게 그정의 이다 duh! 그것에 대해 너무 흥미로운 이유가 무엇입니까? 우리는 약간의 양념을 치자. 우리가 그 정의를 자세히 관찰한다면, 그것은 네 가지 특정 요소로 구성되어 있음을 알 수 있을 것이다:

- **약속의 집합**: 이것은 기본적으로 비즈니스 조건이다. 예를 들어 Judy와 Ashley는 공동으로 경매 회사를 소유 한 비즈니스 파트너이다. 간단한 비즈니스 조건은 다음과 같다.
  - 경매 판매가 이익을 내는 경우 이익 분배 금액을 60:40 비율로 분할 한 경우
  - 경매가 100 파운드를 복지 기금에 기부하더라도 ELSE IF 경매 판매가 손실 된 경우 70:30 비율로 손실 금액을 회수한다.

  이러한 비즈니스 조건은 파트너 중 하나가 서명하거나 자체 비즈니스 계정에 적용된 규칙 기반 작업으로 구현된 계약의 형태 일 수 있다.
- **디지털 형식으로 지정**: 스마트 계약은 사람이 읽을 수 있는 코드 줄뿐만 아니라 조건 및 결과를 1s 및 0s의 컴퓨터 수준 바이너리 코드로 변환하는 소프트웨어로 구성된다. 계약 조항 또는 규칙 기반 조회는 소프트웨어 내에 코드로 포함된다.
- **프로토콜**: 스마트 계약과 관련하여 각 당사자가 데이터를 처리하는 방법에 대한 일련의 규칙. 일반적으로 컴퓨터 알고리즘을 사용하여 구현되는 이러한 규칙 집합은 지불이 해제되는 등의 작업을 가능하게 하는 기술 기반의 규칙 기반 작업이다.
- **당사자가 수행하는 업무**: 이것은 스마트 계약 정의의 가장 까다로운 요소이다. 스마트 계약이 블록체인에 배포되면 취소할 수 없게 된다. 암호화된 스마트 계약은 일반적으로 수행이 중단될 수 없다. 자동화된 성능은 현명한 계약의 영혼이다.

그러나 코드에 결함이 있을 수 있으며 계약서가 본질적으로 충족되지 않은 상태에 도달하면 계약 이행이 중단될 수 있다. 따라서 공개 또는 라이브 블록체인을 통해 배포하기 전에 현명한 계약 감사가 필요한 이유이다. 그 전에는 스마트 계약의 다양한 디자인 모델을 알아야 한다.

블록체인의 관점에서 스마트 계약은 "블록"내에 있는 코드 조각이다. 배포가 완료되면 네트워크의 컨센

서스 상태가된다. 블록은 스마트 계약의 메시지를 묶는 소프트웨어 생성 컨테이너 역할을한다. 이러한 메시지는 입력, 출력 또는 다른 컴퓨터 코드에 대한 포인터가 될 수 있다. 스마트 계약이 어떻게 설계되었는지에 관계없이 코드와 관련된다. 그러나 이것은 스마트 계약은 단지 코드로 구성된다는 일반적인 오해가 있다.

사실 스마트 계약 모델의 전체 스펙트럼은 **그림 5.2**에 나와 있다.

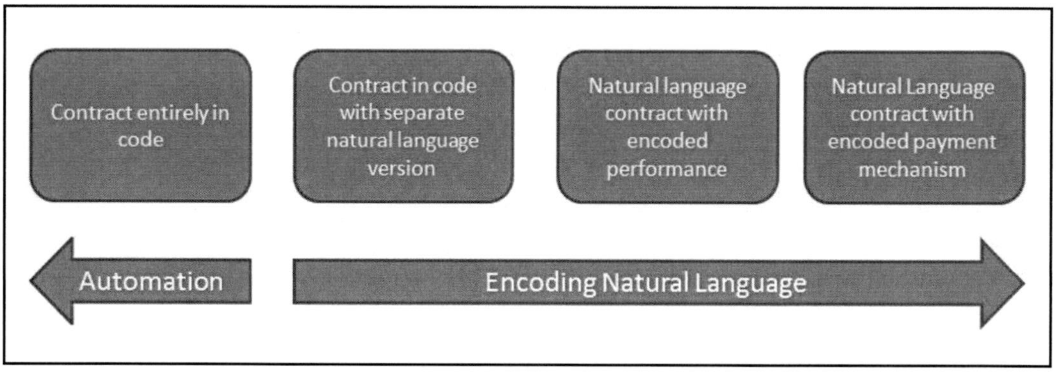

그림 5.2: 스마트 계약은 스펙트럼에 속한다, 출처: 디지털 상공 회의소, 2016년 11월

보다 현명한 계약 기반 dApp를 개발할 때 더 많은 변화가 생길 수 있다. 따라서 스마트 계약의 상당한 부분을 차지하는 코드의 역할을 연구하는 것이 정말로 중요한다.

스마트 계약의 코드 역할

모든 현명한 계약에는 코드가 포함되며 모든 코드에는 버그가 있다. 그렇지 않다면, 그들은 결국 그것을 얻는다. 오늘의 요구 사항은 내일의 버그가 될 수 있다. 21 세기를 시작하기 전에 많은 컴퓨팅 및 데이터베이스 시스템에서 연도 형식이 yyyy 대신 yy로 표시되었다.

여분의 바이트를 절약하기 위한 요구 사항이었다. 프로그래머들은 1990 연대 말에 접근하면서 2000년이 지나면 yy 형식이 모호해지기 때문에 이것이 얼마나 엉망이 되는지 깨달았다. 19-11-17은 1917년 11월 19일 또는 2017년 11월 19일로 알려집니까? 일부는 지나치게 똑똑했고 yyyy 형식의 고급스러움을 가졌지만 알고리즘은 방금 1900년으로 거슬러 올라갔다. 역사서적은 천년기의 버그, 일명 y2k 버그로 기록했다.

전 세계의 여러 기관에서 예상되는 문제를 해결하기 위해 컴퓨터 시스템을 확인, 수정 및 업그레이드했지만 얼마나 많은 문제가 기록되지 않았는지 알 수 없다. 요점은 그것을 구현하는 당사자가 의도 한대로 코드가 항상 수행되는 것은 아니라는 점이다. 메시지가 지연되고 암호문이 스풀 아웃되고 전송 중에 데이터가 손상될 수 있다. 스마트 계약이 블록체인에 올라 가기 전에 그러한 사건의 책임에 대한 영향을 고려해야 한다. 이러한 이벤트는 계약의 전반적인 계획의 일부가되어야 한다. 그렇지 않으면, 그것은 위험한 계약이 될뿐 스마트가 아니다.

따라서 코드의 역할은 감사에서 끝나지 않고 시간이 갈수록 계약의 법적 측면을 고려한다. 현명한 계약이 블록체인에 올라오면 그것은 법률로 취급된다. 그러나 모든 정상적인 사람은 우리가 나중에 언제든지 법을 개정할 수 있다고 주장 할 것이다. 스마트 계약을 할 수없는 이유는 무엇입니까? 당연히 할 수 있고, 그것은 oracles를 사용하여 행해진 다. 우리는 스마트 계약을 맺음으로써 간단한 보험 계약을 사용하여 **그림** 5.3에 나와 있는 것처럼 신뢰할 수 있는 출처에서 외부 피드를 가져와서 스스로를 수정할 수 있다. 이러한 오라클 엔진은 데이터 피드와 함께 신뢰성 증명을 제공하므로 피드는 변조 방지이며 블록체인 프로토콜을 통한 oraclize 서비스 엔진뿐만 아니라 타사 피드 API와 독립적이다. 관련 유추는 현지 보석 가게에서 인증된 다이아몬드를 구입하는 것이다. 다이아몬드가 4C (캐럿, 컷, 투명도 및 색상)를 지정하고 갈등이없는 GIA 또는 AGSL과 같은 정품 인증의 외부 인증이 있는 경우. 그것의 재판매 가격은 우리가 그것을 샀던 가게와는 무관하게 된다:

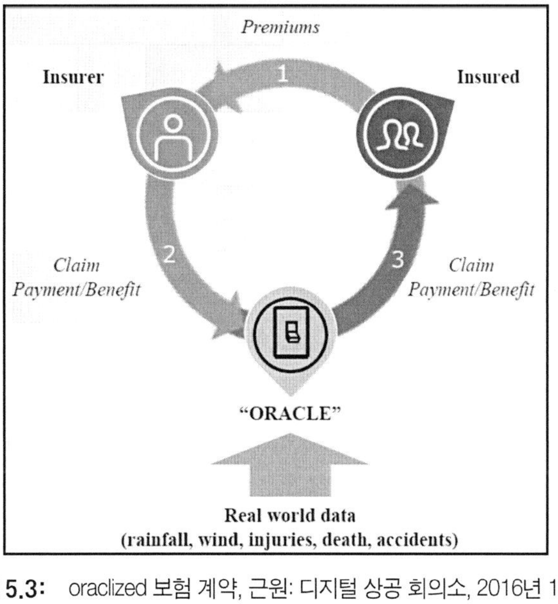

그림 5.3: oraclized 보험 계약, 근원: 디지털 상공 회의소, 2016년 11월

최적화 및 감사 섹션에서 스마트 계약의 오라클 측면에 대해 더 자세히 살펴보겠다. 그전에는 현명한 계약의 기본 해부학에 대해 알아야 한다. 그렇지 않으면 우리는 oraclize 엔진에 대한 명확한 정신적 이미지와 그것이 사물의 거대한 계획에 어울리는지를 알 수 없을지도 모르다.

스마트 계약 설계의 기본해부학

블록체인 기술은 비즈니스 거래의 세계에서 스마트 계약 개념을 추진하는 제트연료가 되었다. 대기업의 기관들은 경쟁자보다 앞서 이 개념을 빠르게 채택하고 있다. 이로 인해 현명한 계약의 설계들을 형식화하기 위한 업계 전반의 주도권이 요구되었다. 4 대 감사 회사 중 하나인 deloitte는 디지털 상공회의소의 자문 위원 회의와 협력하여 스마트 계약 설계를 공식화하기 위한 6 점 해부학을 제시했으며 이는 그림 5.4에 요약되어 있다.

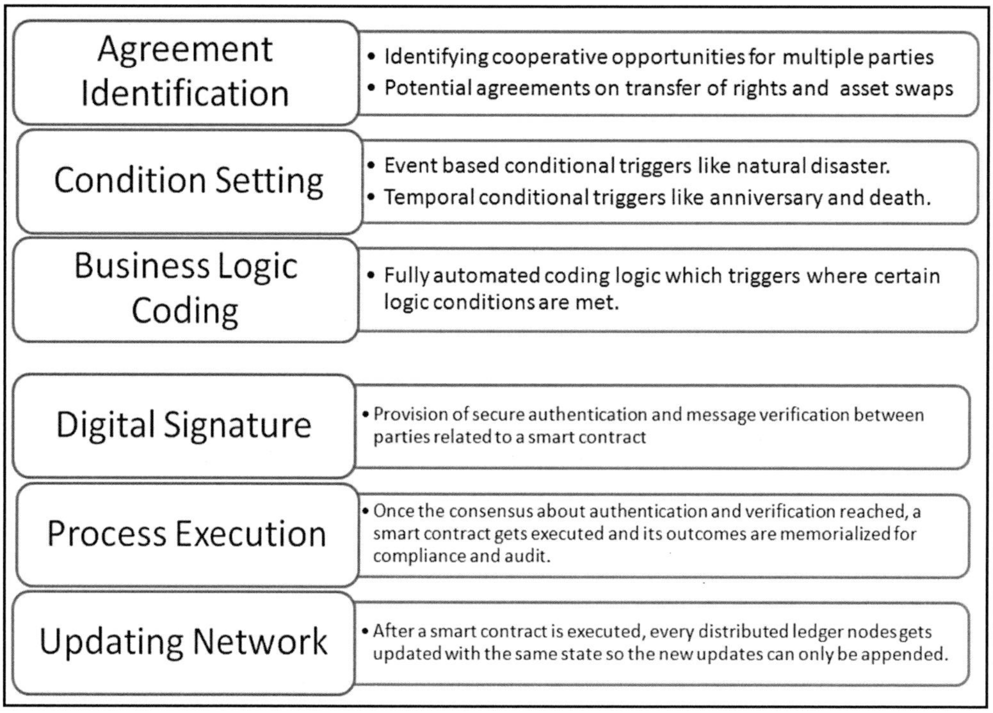

그림 5.4: 스마트 계약 설계의 6 점 해부학, 근원: 디지털 상공 회의소, 11월 2016

스마트 계약최적화

2장, 이더리움의 총체적 이해에서 우리는 ethers와 가스의 개념에 대해 논의했다 (뷔페와 자동차 연료 비유를 상기해라). 최적화되지 않은 스마트 계약은 필요 이상으로 가스를 소비한다. 이러한 스마트 계약의 작성자와 사용자는 block chain에 배포하고 실행하는 동안 항상 과다 청구된다. Hong kong polytechnic university와 uest china의 블록체인 연구원 그룹인 xiapu luo 등은 그림 5.5에서와 같이 두 가지 범주에 속하는 일곱 가지의 가스 비용이 많이 드는 프로그래밍 패턴을 확인했다. 첫 번째 범주인 쓸모없는 코드 패턴은 배포 중에 바이트코드 크기가 증가하고 바이트코드가 런타임에 제거되므로 추가 가스 비용을 발생시킵니다. 두 번째 범주에는 루프를 사용하는 값비싼 연산이 포함된다.

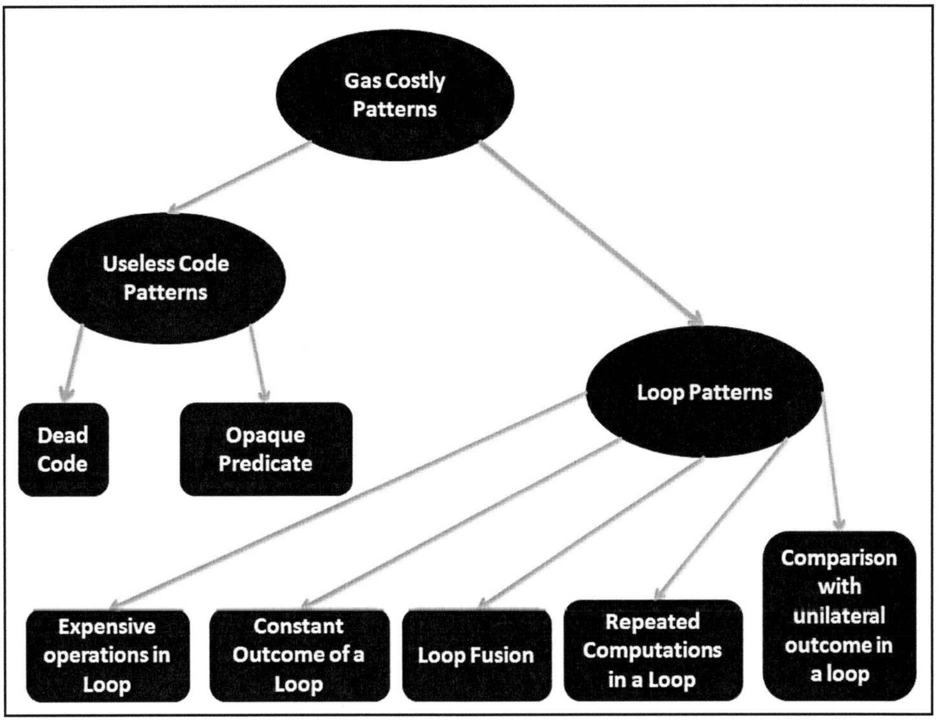

그림 5.5: 가스값이많이드는프로그래밍패턴

그림 5.6은 완전히 최적화되지 않은 코드 패턴을 나타내는 의사 코드를 보여 준다. 이상적으로 이것은 바이트코드로 표현되어야 하지만 의사 코드는 이해를 쉽게 하기 위해 사용되었다. 패턴 1은 y*y 〈20이라고 하는 3행의 inner-if 조건으로 인해 4행의 print 문에 도달하지 않기 때문에 데드 코드의 예이다. 방금 무슨 일이 일어났는지 아직도 궁금하다면, y〉5라고 쓰여 있는 2번 줄의 외부 조건인 경우 위로 올라가십시오. 즉, 부호 없는 정수인 y는 5보다 큰 값, 즉 6 이상을 가질 수 있다. 따라서 y*y는 항상 36보다 크거나 같은 정수를 반환한다. 즉 (36 이상) 〈20은 항상 거짓 조건을 반환하므로 이 inner-if 조건 내에서 발생하는 모든 명령문을 항상 무시한다.

흥미롭게도, S솔리디티 컴파일러가이 로직의 바이트 코드를 생성 할 때, 런타임에 실제로 무시되는 3행과 4 행은 절대로 제거되지 않으며 이는 가스 소비면에서 비용을 낭비한다. 불투명 한 술어 결과는 아무런 실행없이 식별된다. 패턴 2의 의사 코드를 살펴보면, 3 행, y〉2는 기본적으로 true이다. 따라서 그것은 중복된다. 그것은 가스를 저장하기 위해 제거 할 수 있다.두 번째 범주에서는 비용이 많이 드는 작업을 루프 밖으로 이동하면 가스를 절약 할 수 있다는 것을 알 수 있다.예를 들어 패턴 3의 의사 코드에서는 변수 sumout이 저장소에 저장되므로 라인 4는 SLOAD를 호출하여 스택에서 sumout을 호출하고 SSTORE를 호출하여 ADD 작업의 결과를 저장소에 저장한다.일반적으로 저장 관련 작업은 많은 양의 가스를 소비하므로 매우 비쌉니다. 최적화된 컴파일러는 일반적으로 스택에 있는 지역 변수 temp에 sumout을 할당한 다음 j를 루프 내부의 temp에 추가하고 최종적으로 루프 이후에 temp를 sumout에 할당한다.

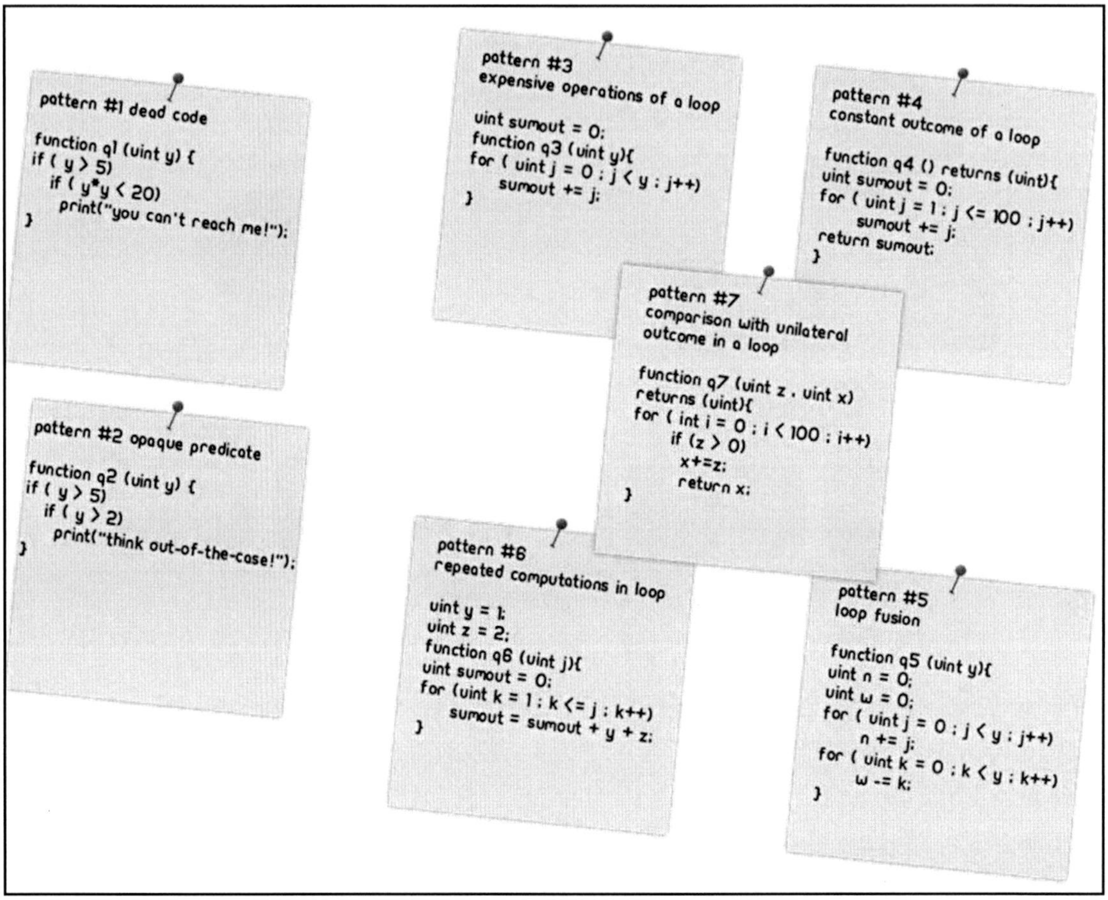

그림 5.6: 가스 비용이 많이 드는 패턴의 의사코드

패턴 4에서 루프의 결과는 본질적으로 일정한 값이며 결정적이다. 루프를 사용하는 대신 return 5050과 같은 명령문을 사용하여 sumout에 할당하여 가스 사용을 최소화할 수 있다. 패턴 5는 가스 사용을 최소화하기 위해 여러 루프를 하나로 결합하는 루프 융합의 필요성을 보여 준다. n 및 w의 합계 및 빼기 단계를 순차적 인 별도 루프에서 실행하는 대신 단일 루프 내부에서 결합할 수 있다. 패턴 6은 루프에서 반복 계산을 나타낸다. y + z의 합계는 add 전에 sload 연산을 사용하기 때문에 매우 비쌉니다. 루프 밖에서 y + z를 합친 다음 루프에서 결과를 재사용하면이 문제를 피할 수 있다.

마지막으로, 패턴 7은 루프 내에서 일방적인 중복 비교를 보여 준다. 간단히 말해서, z〉0은 기능 손실 없이 루프 바깥으로 안전하게 빠져나갈 수 있으며 동일한 비교가 100 회 발생하는 것을 방지하므로 가스 비용을 최소화할 수 있다. 이는 동일한 결과를 제공한다. 루프 카운터를 늘리면 가스 비용이 계속 증가하여 현명한 계약을 운영하는 데 비용이 많이 든다는 점은 주목할만한 사실이다.

프로그래밍 패턴의 변경 외에도 이더리움 가상 시스템을 사용하여 런 타임에 최적화를 달성할 수 있다. 2장, 이더리움의 총체적 이해에서 evm과 스마트 계약을 사용하여 block chain에서 dApps를 실행하는 방법에 대해 살펴보았다. Evm은 기본적으로 결과가 완전히 결정론적인 신뢰할 수 없는 환경에서 임의의 코드를 실행할 수 있게 한다. Evm은 256 비트 정수로 작동하며 256 비트 산술을 필요로 한다. Evm의 256 비트 특성으로 인해 가스는 이론적으로 $2^{566}-1$이 될 수 있지만 그러한 실행으로 인해 발생하는 비용이 너무 많이 들기 때문에 실제로는 불가능한다. 대신 현재 프로세서에 기본 지원 기능이 있으며 일반적으로 최적화할 수 있는 최대 2^{64}개까지 사용할 수 있다. 2^{64}가 여전히 "너무 비싸다"고 해도 컴퓨터를 기본적으로 이해할 수 있는 무언가에 가스를 단단히 고정시키는 것은 매우 좋은 제약조건이다. Evm은 기본적으로 2 차 메모리 가스 계산을 사용한다. 여기서 32바이트의 각 단어에 대해 메모리 확장과 관련된 비용이 있다. 이 64 비트 캡핑은 관련 메모리의 확장에 한계를 두고 있으며 확장은 $2^{64}-1$을 넘지 않다.

마지막으로 block chain 수준의 성능은 **섀딩**이라는 프로세스로 최적화할 수 있다. 현재 이더리움 block chain에서 수행되는 모든 트랜잭션과 계산은 모든 노드에서 실행해야 한다. 따라서 각 노드는 모든 계산을 수행해야 한다.그리고 그것은 규모 면에서 비효율적이다. 이는 전 세계적으로 바람직한 특징이 아니다. 복잡한 분산응용프로그램을 공용 블록에서 효율적으로 실행하려면 현재 실행 시간과 비교하여 실행 프로세스의 속도를 높여야 한다. 이더리움이 현재 실행 속도 측면에서 수행하는 것은 1980 연대 후반 컴퓨터의 성능과 유사한다. 대략 이것은 초당 약 7-15 건의 트랜잭션이다. 그래서 실제적인 목적을 위해서는 너무 낮다. 섀딩은 규모에 따라 성능을 향상시킬 수 있는 방법에 대한 주요 제안 중 하나이며 다른 두 가지는 다른 altcoins를 사용하고 블록 크기를 늘리는 것이다. 블록 크기를 늘리는 문제는 한 번에 더 많은 트랜잭션이나 작업을 수행할 수 있다고 하더라도 체인 전체의 무거의 블록 때문에 일반 컴퓨터가 노드로 작동하는 것이 점점 어려워질 것이다. 범용컴퓨터 하드웨어는 노드로 작동하기에 충분하지 않지만, 전체적인 생태계는 집중화되고 독점적인 카르텔 같은 행동을 하는 경향이 있다. 거대한 하드웨어를 지원하는 사업자만이 완전한 block chain을 자신의 컴퓨터에 다운로드함으로써 노드 역할을 할 수 있기 때문이다.

서로 다른 altcoins를 사용한다는 생각은 공용 block chain에 과부하가 걸리지 않도록 하고 별도의 block chain을 사용하여 다른 작업을 실행하는 것이다. 때때로 이것은 사이드 체인에서 merge **마이닝**이라고 한다. 이는 성능 면에서 뛰어나지만 분리된 block chain에 대해 분리된 합의가 이루어지면 전반적인 보안 수준이 낮아 결국 51%의 공격 가능성이 높아진다.

섀딩의 주요 제안으로 돌아왔다. 섀딩은 block chain의 각 노드에서 프로세스를 순차적으로 실행한다는 개념을 포기하는 철학이다. 오히려, 우리는 전체 실행을 샤드 (shards)라고 불리는 상당한 크기의 덩어리로 분할하고 많은 노드가 그런 샤드를 병렬로 처리한다. 하나의 샤드를 계산하는 한 노드의 사용자는 다른 샤드를 계산하는 다른 노드의 사용자와 통신할 수 없다. 섀딩을 구현하는 과정에서 주요 과제 중 하나이다. 예를 들어 더블린에 살고 있지만 런던의 긴급 비즈니스 회의에 참석해야 한다. 그리고 세션이 확고한 거래로 판명될 수도 있으므로 skype는 말할 수 없다. 끝내기 위해 만남 세션이 하루 종일 펼쳐질 수도 있다. 따라서 항공편을 예약하고 호텔을 예약해야 하지만 두 가지 작업이 모두 원자적이며 둘 다 성공하거나 둘 다 수행하지 않도록 해야 한다. 이제 비행 티켓 신청서와 호텔 객실 예약 신청서가 같은 조각에 있다면, 순차적으로 처리되고 예약 중 하나가 실패하면 다른 하나는 다시 실행되기 전에 롤백 된다. 그러나 서로 다른 파편에 있는 경우, 교차로 통신이 없으면 큰 혼란에 빠질 수 있다. 최악의 경우 호텔이 예약되지만 항공편은 예약되지 않다.

이를 해결하는 한 가지 방법은 비동기식 교차 셰이딩 (crossshard communication)을 사용하는 것이다. 간단히 말해서, 하나의 샤드가 비행기를 예약하고 다른 샤드가 호텔 룸을 예약한다. 그러고 나서 조각들은 서로 인정하기 위해 서로 메시지를 보낸다. 마침내 파편이 우리에게 확인을 보낸다. 이것은 1장, 블록체인 기본에서 최후의 일관성으로 논의한 것이다 (cap 정리를 상기하십시오). Vitalik buterin과 이더리움의 다른 공동 설립자들은 섀딩에 관해 더 좋은 계획을 가지고 있다. 이것은 스마트 계약서 및 dApp 개발자로부터 이 전체 샤딩활동을 추상화하고 런타임에 내부적으로 처리하는 것이다. 이것은 대용량 데이터 업계의 hive ql 개발자를 위한 hdfs의 최상위에 있는 map-reduce 프레임워크와 비슷한다. 이를 통해 개발자는 성능 수준의 섀딩 작업보다는 dApp 및 스마트 계약 기능에 더 집중할 수 있다. 사전 예약된 호텔 객실을 포함하는 항공권으로 쿠폰을 갖고 있다고 상상해 보십시오. 섀딩은 아직 개발 단계에 있는 block chain 커뮤니티에서 해결하기가 매우 어렵거나 불가능한 것은 아니다. 이러한 복잡한 메커니즘에 대한 엄격한 감사와 엄격한 준수가 시간의 테스트를 견뎌야 하며 이는 다음 논의 주제가 될 것이다.

스마트 계약 감사 및 준수

현재 스마트 계약의 감사는 상급 개발자가 피어 리뷰를 하는 것으로 제한된다. Block chain 커뮤니티에서 스마트 계약 코드를 감사하기 위해 잘 문서화된 프레임워크가 아직 나오지는 않았지만 연구 커뮤니티에서 눈에 띄는 가시적인 성과가 많이 있었다.

- Xiapuluo et al. Gas **비용이 많이 드는 패턴 검사기**(gasper)라는 독점적 도구로 출시되었다. 이도고를 사용하여 이전 섹션에서 다룬 많은 종류의 가스 비용이 많이 드는 공공 스마트 계약을 발견했다.

- Juels et al. 스마트 계약이 범죄를 조장할 수 있다고 진단하고 기밀정보, 암호기도 용 및 다양한 실제 범죄를 유출하기 위해 형사 현명한 계약을 촉진할 수 있는 방법을 보여 주었다.
- Atzei et al. 계약의 취약점을 악용하여 자산을 훔치거나 조작하는 일련의 공격에 대해 연구했다.
- Zhang et al. 스마트 콘트랙트의 많은 애플리케이션이 block chain 외부의 데이터를 필요로 하기 때문에 신뢰할 수 있는 데이터를 스마트 계약에 제공하는 것을 목표로 개발된 town crier
- 코스다 (kosba) 등 개발자가 프라이버시 예약 스마트 계약을 코딩할 수 있게 해 주는 분산 스마트 계약시스템인 hawk를 개발했다.
- Luu et al. 이더리움 스마트 계약의 보안 버그를 발견하는 소설의 상징적 실행 기반 도구인 oyente를 개발했다.
- Bhargavan et al. 공식 계약을 사용하여 현명한 계약을 분석한다.

이제 town crier와 유사한 oraclize 엔진으로 돌아가자. 솔리디티에서, oraclize 계약을 상속하는 것은 매우 간단한다. 이것은 oraclize_query와 같은 기능을 제공한다. 이 기능은 이 기술을 즉시 활용한다. Oraclize는 이더리움 및 비트코인과 같이 널리 사용되는 공개 block chain 프로토콜과 기본적으로 통합되어 있다. 사적으로, 이더리움 기반의 체인은 현재 이더리움 브리지를 사용하여 oraclize와 통합할 수 있다. Oraclize 문서에서 인용된 바와 같이, 네이티브 block chain 통합 또는 http API를 통해 이루어진 oraclize에 대한 데이터의 올바른 요청은 다음 인수를 지정해야 한다.

- **데이터 원본 유형**:데이터 원본은 신뢰할 수 있는 데이터 공급자이다. Reuters, weather.com, bbc.com 또는 하드웨어 적용 **신뢰할 수 있는 실행환경**(tee)에서 실행되는 보안 응용프로그램과 같은 웹사이트 또는 웹 API 일 수 있다. 또는 클라우드 공급자에서 실행되는 감사 가능한 잠김 된 가상 시스템 인스턴스이다.
- **검색어**: u 리는 특정 데이터 소스 유형 요청을 완료하기 위해 평가해야 하는 매개변수 h 열이다. 쿼리의 중간 결과를 파싱 해야 할 수도 있다
- **진위 증명 유형(선택사항)**: oraclize는 신뢰할 수 없는 중개자 역할을 하도록 설계되었다. 선택적으로, oraclize 요청은 진위 증명을 지정할 수 있다. 모든 증명이 모든 데이터 소스 유형과 호환되는 것은 아니다.

Oraclize and 이더리움 스마트 연결재 상호 작용은 비동기 적이다. 그림 5.7에서 데이터 요청은 oraclize 문서에서 두 단계로 구성되어 있다.

1. 가장 일반적으로 스마트 계약의 기능을 수행하는 트랜잭션은 사용자에 의해 방송된다. 이 함수는 oraclize에 명시된 특수 명령을 포함하고 있으며, 명령 및 데이터 요청에 대한 이 더리움 block chain을 지속적으로 모니터링한다.
2. 두 번째로, 이러한 요청의 매개변수에 따라 oraclize는 결과를 가져오거나 계산하고, 결과를

전달하는 트랜잭션을 빌드, 서명 및 브로드캐스트 한다. 기본 구성에서 이러한 트랜잭션은 _callback 함수를 실행한다. 이 함수는 개발자가 현명한 계약서에 배치해야 한다.

Oraclize의 기본 특성 중 하나는 데이터의 신뢰성에 대한 하나 이상의 증명과 함께 스마트 계약에 데이터를 반환하는 기능이다. 하지만 이를 위해 토큰 준수가 중요한 역할을 한다.

ERC20은 이더리움 block chain에서 준수하는 토큰 컴플라이언스 중 하나이다. 우리가 동전을 만들 때마다 우리는 현명한 계약을 이행한다. 이더리움 block chain 네트워크에서 실행되는 모든 동전은 실제로 스마트 계약이다. 현명한 계약을 맺을 때 우리는 일련의 기능을 구현한다. 스마트 계약에서, 우리는 클래스와 비슷한 계약 개념을 가지고 있다. 그래서 내가 동전을 구현할 때, 나는 다른 사람들이 동전과 상호작용할 수 있는 일련의 기능들을 드러내고 있다. 그래서 그 기능들은 무엇입니까? 예를 들어, 하나의 함수는 순환 중인 동전의 총 금액을 가져올 수 있다. 이것은 모든 동전에 필요한 매우 유용한 기능이다. 이제는 이러한 함수를 구현하기 위해 함수에 이름을 지정해야 한다. 이제 ERC20 표준을 따를 경우 totalsupply ( )라는 이름을 지정한다. ERC20 토큰 표준으로 권장되는 이러한 기능의 전체 목록이 있다. 나중에 우리는 우리 자신의 암호화폐 토큰을 만드는 장에서 설명할 것이다. 요컨대, ERC20 준수 표준은 이더리움 기반 토큰이 최소한의 사용자 지정으로 공용 지갑에 승인될 수 있도록 준수해야 하는 권장사항 세트이다.

ERC20이 무엇을 의미하는지 아직도 궁금해할 것이다. 글쎄, 이더리움 Request for Issue # 20을 의미한다. 개발자 인 Fabian Vogelsteller의 노력에 의해 주도 되어온 ERC20의 아이디어는 github 아카이브에서 고안되었다. 토큰 사이에 공통적 인 표준 API 세트가 있으면 개발자가 특별 업데이트 또는 지원 없이 외부 데이터 피드 또는 ERC20 호환 토큰을 처리할 수 있는 oraclize 또는 multi-sig 지갑과 같은 고급 기능을보다 쉽게 개발할 수 있다. 그리고 모든 이더리움 기반 토큰은 이 표준을 엄격하게 따르지 않을 수도 있지만 호환성의 용이성으로 인해 인기가 빠르게 따라잡고 있다.

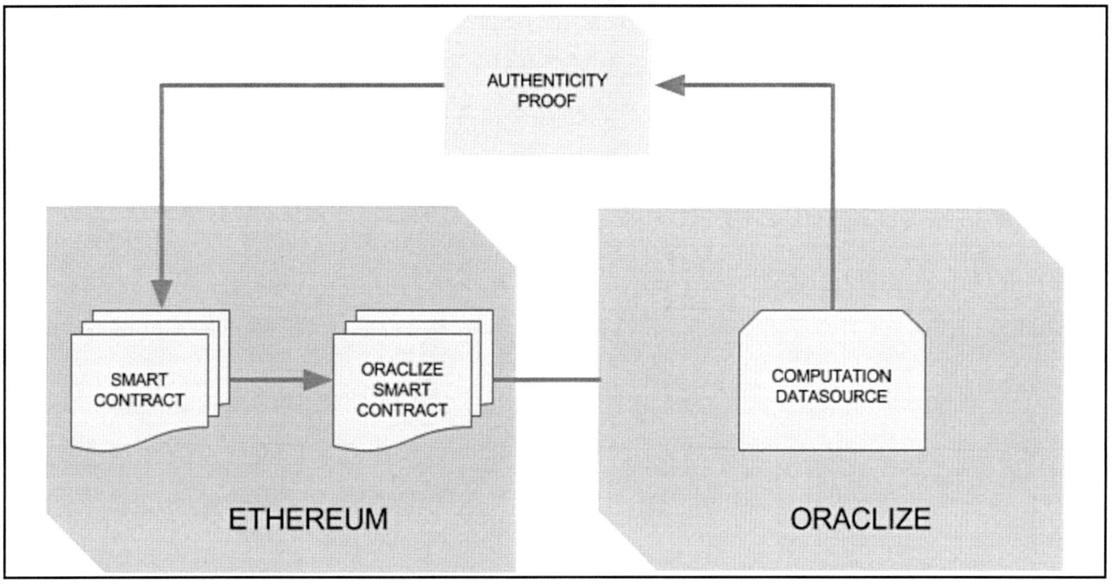

그림 5.7: 이더리움-oraclize 데이터 상호 작용, 출처: oraclize 블로그

투표 dApp 설계하기

Block chain에 대한 분산투표에는 많은 특혜가 있다. 응시자가 투표를 한 후에는 위조하기가 매우 어렵다. 이 세션에서는 3장, 스마트 계약서의 hello world에서 소개한 개인 block chain (개인 테스트 넷이라고도 함)과 리믹스 플랫폼을 모두 사용하여 간단한 투표 dApp를 설계하려고 한다.

이시점에서, 이더리움js 기반 testrpc와 geth 기반 testnet의 차이점을 2장, 이더리움의 총체적 이해에서 요약하면좋다. 테스트 rpc는테스트에사용되는타사클라이언트구현이다. 기본적으로 node.js 기반이더리움클라이언트이다. 전체클라이언트를시뮬레이트한다. Geth 기반의 testnet은 go 언어의공식적인클라이언트구현이지만 ropsten과 같은공용 testnet block chain 또는 실제 testnet block chain과 같은실제 block chain에 연결하는데 사용할수 있는 명령줄 인터페이스가 있다.

우리가 개발할 투표 dApp에는 세 가지 기본 기능이 있다.

- 후보 목록을 초기화한다.
- 누구든지 후보자에게 투표할수 있다.
- 각 후보자의 총 투표수를 표시한다.

솔리디티 프로그래밍 언어를 사용하여 투표 dApp 스마트 계약서를 작성한다. 계약은 단순 투표 dApp로 명명되었다. 그것은 배열의 후보를 초기화하는 생성자 함수를 가지고 있다. 우리는 후보자가 얻은 총 투표수를 반환하는 방법과 후보자의 투표수를 증가시키는 두 가지 방법도 있다. Block chain에 배포한 후 에이스 마트 계약을 인스턴스화하려면 입력 매개변수를 후보 이름의 배열로 전달해야 한다. 이 배열에는 특정 주소가 할당된다. 예제 입력에서 우리는 세 후보자를 사용했다[tom, dick, harry].

이 dApp에 대해 더 흥미로운 점은 생성자가 block chain에 배포할 때 한 번만 호출할 수 있다는 것이다. 동일한 이름을 가진 모든 새 배치가 이전 코드를 덮어쓰는 일반 웹 응용프로그램과 달리 block chain에 배포된 코드는 변경 불가능한다. 즉, 계약을 수정하고 다시 배포하면 이전 계약은 모든 상점 데이터와 함께 block chain에서 그대로 유지된다. 새 배포에서는 원래 계약의 별도 인스턴스를 새로 만듭니다.

투표 애플리케이션의 기업용 버전도 각 기능에 대한 자세한 설명과 함께 corporatevotingdApp.sol이라는 이름으로 코드 아카이브에 제공되었다. 이번 전은 투표 기능과 함께 DAO의 동전 구매 기능을 결합한다. 이 스마트 계약에서 후보 이름 배열과 함께 두 개의 매개변수를 더 전달한다. 이것은 유권자 또는 유권자가 사용할 수 있는 총 동전의 양과 ethers의 각 토큰 단위이다.

예를 들어, [tom, dick, harry]의 입력은 토큰 1개당 유권자 1만 명을 위한 투표 계약이 있음을 의미하며 유권자는 3명의 후보자에게 투표할 수 있다. Tom이 한 명의 유권자가 100개의 동전을 사용하도록 투표하면 다른 유권자는 나머지 9,900개의 토큰을 사용하여 세 명의 후보 중 하나를 투표할 수 있다.

그림 5.8은 필요한 의견이 있는 투표 dApp의 견고한 스마트 계약서를 보여 준다. 그림 5.9, 그림 5.10, 그림 5.11, 그림 5.12 및 그림 5.13은 개인 블록체인에 있는 투표 dApp를 보여 준다. 그림 5.14와 그림 5.15는 리믹스 브라우저의 투표 DAP와 동일한 간단한 버전과 회사 버전을 나타낸다.

```
browser/simpleVotingDapp.sol
pragma solidity ^0.4.11;
contract simpleVotingDapp {
  /*
  The key of the mapping is candidate name stored as type bytes32 and value is
  an unsigned integer to store the vote count
  */
  mapping (bytes32 => uint8) public votesReceived;
  /*
  We use an array of bytes32 instead to store the list of candidates
  */
  bytes32[] public candidateList;
  /* This is the constructor which will be called once when we
  deploy the contract to the blockchain. When we deploy the contract,
  we will pass an array of candidates who will be contesting in the election
  e.g.["Tom","Dick","Harry"]
  */

  function simpleVotingDapp(bytes32[] candidateNames) {
    candidateList = candidateNames;
  }

  // This function returns the total votes a candidate has received so far
  function totalVotesFor(bytes32 candidate) returns (uint8) {
    if (validCandidate(candidate) == false) revert();
    return votesReceived[candidate];
  }

  // This function increments the vote count for the specified candidate. This
  // is equivalent to casting a vote
  function voteForCandidate(bytes32 candidate) {
    if (validCandidate(candidate) == false) revert();
    votesReceived[candidate] += 1;
  }

  function validCandidate(bytes32 candidate) returns (bool) {
    for(uint i = 0; i < candidateList.length; i++) {
      if (candidateList[i] == candidate) {
        return true;
      }
    }
    return false;
  }
}
```

그림 5.8: 간단한 votingdApp.sol

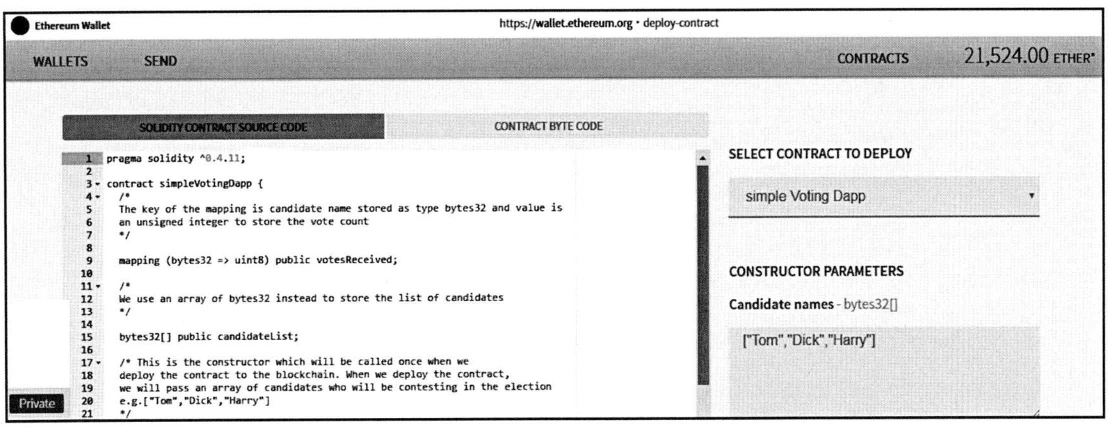

그림 5.9: 생성자매개변수로서후보배열을갖는 private 블록체인에대한 votingdApp

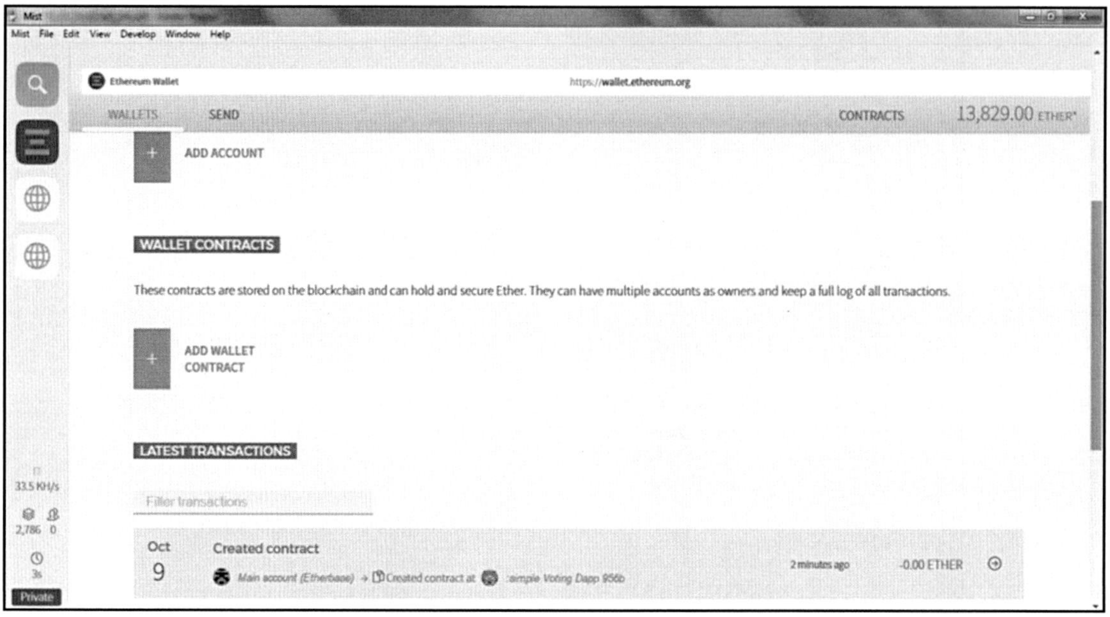

그림 5.10: 사설 block chain에관한광역배포

그림 5.11: 투표후보자 2

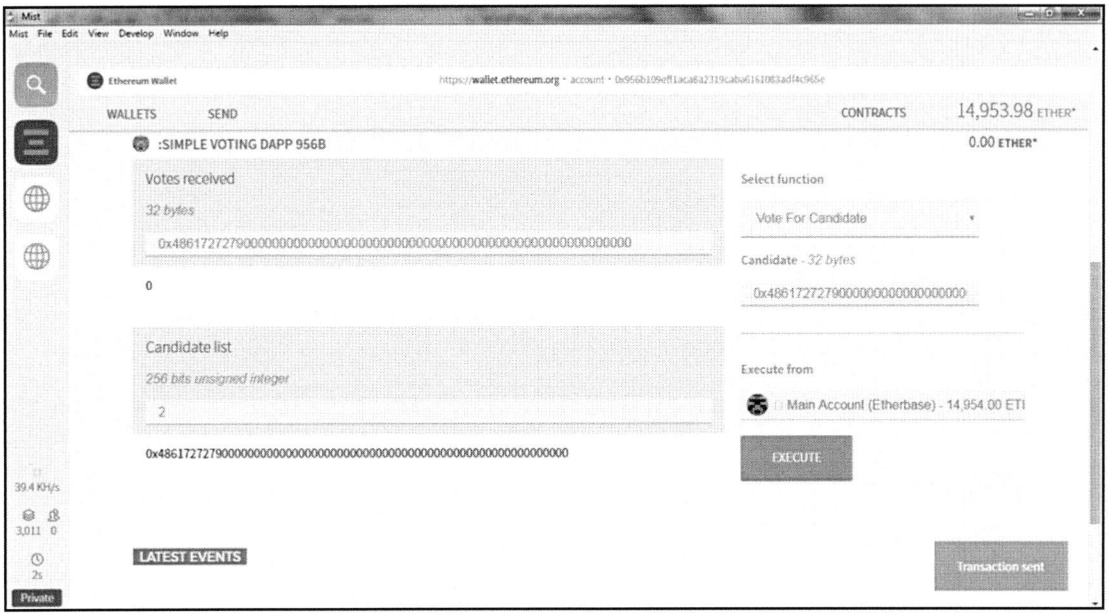

그림 5.12: 후보자를위한 투표 거래 완료

그림 5.13: 후보 2의성공적인투표거래후투표수변화가 0에서 1로변경

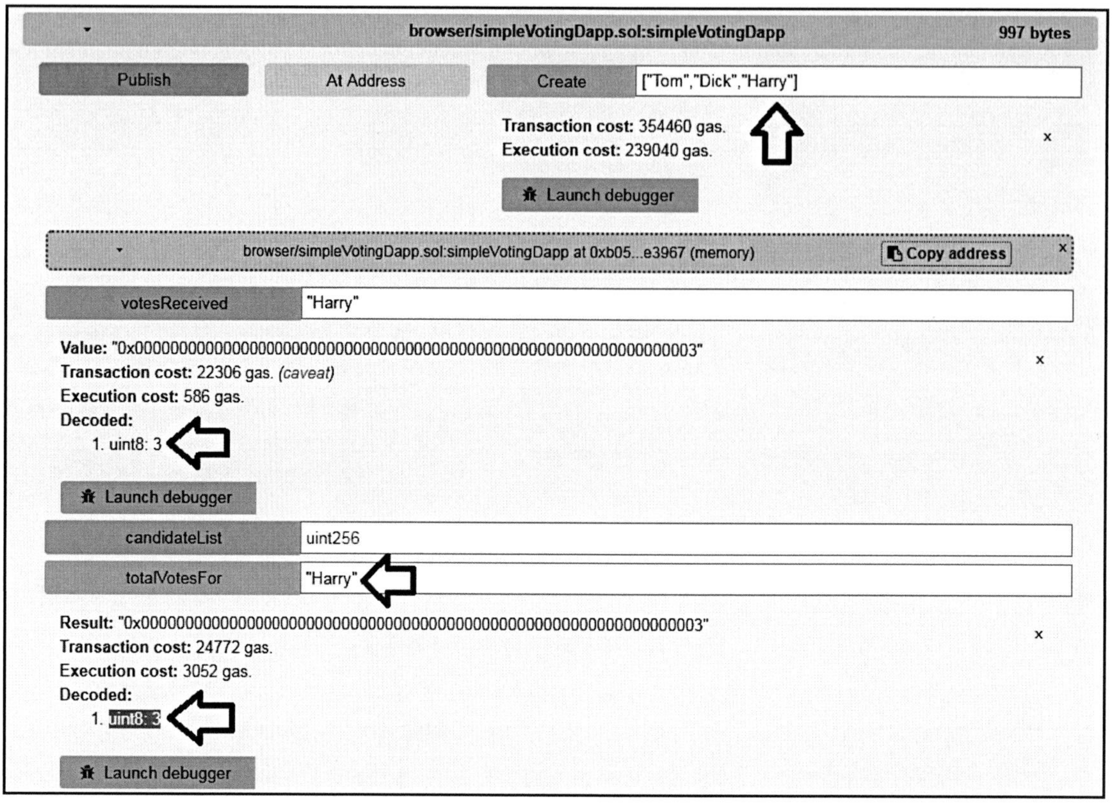

그림 5.14: 리믹스브라우저의 votingdApp

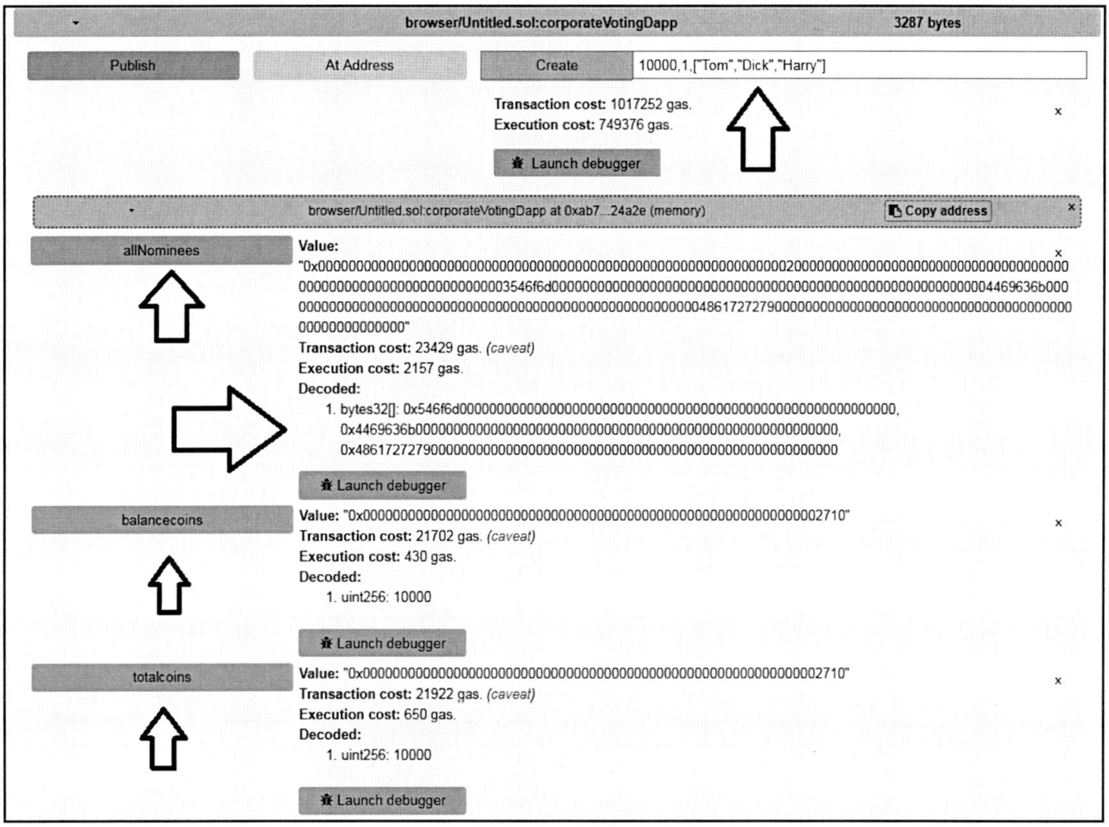

그림 5.15: Corporate votingDapp on remix browser

이것은 이 장의 끝으로 우리를 데려다 준다. 즉, 현명한 계약은 여전히 빠르게 진화하는 주제이다. 6장, 솔리디티 in depth에서는 견고성 프로그래밍언어와 복잡한 스마트 계약을 만드는 방법에 대해 설명한다.

개요

우리는 현명한 계약에 관한 신화를 파헤치면서 이 장을 시작했다. 스마트 계약은 스스로 결정을 내릴 수는 없으며 그러한 위업을 달성하기 위해 알고리즘 트리거가 필요하다는 것을 깨달았다. 또한 스마트 계약의 원래 정의를 연구하고 스마트 계약모델이 인코딩된 자연어에서 완전 자동화에 이르는 스펙트럼에 있다는 것을 깨달았다. 현명한 계약에서 코드의 역할은 최적화, 감사 및 준수 준수를 적절하게 조합한 것임을 알게 되었다. 우리는 견고성 컴파일러에 의해 최적화되지 않은 채 남아 있는 쓸모없는 코드 패턴을 논의하여 쓸모없는 코드와 값비싼 루프로 분류했다. 그런 다음 oraaclization을 사용하여 실제 데이터를 제공하는 방법과 github 아카이브의 문제로 인해 ERC20 표준이 어떻게 발생하는지 살펴보았다.

우리는 분산된 투표 애플리케이션을 사설 block chain에 배치하여 이 장을 마무리했다. 6장, 솔리 아디티 in depth에서 깊이 있는 완전 튜닝 언어를 살펴볼 것이다.

제 06 장

솔리디티 심층 이해

이 장에서는 이더리움 block chain의 turing-complete 솔리디티 언어에 대해 다룹니다. 우리는 디자인 결정을 들여다보고, 왜 우리가 정말로 견고성과 같은 새로운 언어를 필요로하는지에 대해 살펴볼 것이다. 다음 단원에서는 견고성 언어와 기본 구문의 뉘앙스에 대해 설명한다. 구체적으로 계약 지향적인 특징, 함수, 이벤트, 상속, 라이브러리, 표현식, 제어 구조, 단위 및 변수에 대해 살펴보겠다. 그런 다음 옵티마이 저 및 디버깅 옵션을 살펴봅니다. 우리는 약 3000 만 달러 상당의 ethers를 훔친 이더리움 block chain의 최근 패리티 지갑 해킹을 초래 한 코드 결함을 분석함으로써이 장을 마무리할 것이다.

이 장을 공부하면 다음을 할 수 있다.

- 다른 고급언어에 대한 견고성에 대한필요성을인식하십시오.
- 뉘앙스, 구문및견고성의특징이해
- 견고성최적화 도구와디버깅 옵션살펴보기
- 3천만달러짜리패리티지갑해킹의결함분석

솔리디티의필요성

프로그래머에 대한 더러운 비밀을 알려드리겠다. 우리는 엔지니어링 공동체 전체에서 가장 많은 지식을가진 기술자이다. 우리는 게으르기 위해 열심히 일한다. 우리는 맹세를 준수한다.

"필요성이 모든 발명품의 어머니라면, 게으름은 그들의 아버지다."

우리가 오픈소스 운동을 너무나 좋아하는 것은 당연한 일이다. 게으른 프로그래머 코드를 재사용하는 것은 우리가 상상하는 것이다. 위선을 약간 뿌리면 원래 코드가 얼마나 지저분한 지 불평하거나 비판하는 것을 잊지 않고, 버그를 몰아내고 그것을 2.0 이상으로 만드는 방법을 문서화했다. 그것은 단지 우리의 핏속에 있다

그러나 때로는 이 게으른 새끼들에게는 처음부터 완전히 원래의 것을 쓰는 외계인이 있다. 그런 다음 전체 게으른 커뮤니티 가이 긁적거리는 코드를 비웃다. 천천히 이 이상치는 새 물건에서 버그를 제거하고 견인을 받기 시작한다. 여전히 우리는 그것을 무시하고 있다. 이제 아웃라이어는 또 다른 새로운 일을 하기 위해 이미 옮겨졌고, 견인 기간에서 그의 열렬한 추종자들 중 일부는 핵심코드 위에 구축하고 있다. 그런 다음 우리의 게으른 공동체가 그것에 맞서 싸우기 시작한다. 비평가들은 유명한 x 대 y 전쟁을 시작한다. "나는 할머니가 대학에서 사용했던 x 또는 y라는 어떤 언어를 신선한 대학 중퇴로 선호해야 합니까? 손자, 나는 틀린 생각으로 사용하고 있을 것인가?" 온라인 포럼에. 그로부터 50년이 지났고, 새로운 것들이 가장 많이 요구되는 프로그래밍언어의 ieee 목록에서 높이 날아가고 있다. 세계 정상급 대학은 우리가 그것을 배우도록 격려하고 있으며, 업계는 사실상 개발하려고 한다. 표준 및 프레임워크를 사용한다. 게으른 주인공인 우리는 무료 사본을 열심히 찾고 설치하고 "마스터"한다.

그리고 아니다, 파이썬이 아니다 (추측해도 충분히 가까웠음). 제가 언급한 것은 우리자의 맥락이다. Ecmascript와 같은 사실상의 표준 javascript를 사용하는 좋은 오래된 javascript이며 이상치는 brendan eich이다.

프로그래밍언어 디자인은 특정 운영환경을 염두에 두고 완료해야 하는 대상 작업 목록으로 수행된다. 모든 디자인 결정, 지원해야 할 기능 및 삭제해야 할 기능은 이 두 가지 별개의 요인에 의해 결정된다. 이더리움의 경우, 운영환경은 **이더리움 가상머신**(evm)이었고, 두 번째 요소를 처리하여 이더리움 block chain을 통해 할당된 작업을 수행했다.

그러나 누가 evm에 지시사항을 전달하겠습니까? 우리는 일종의 인간기계인터페이스가 필요한다. 따라서 **응용프로그램 바이너리 인터페이스**(abi)가 도입되었다. 이 인터페이스의 유일한 목적은 블록 코드에서 이식 가능한 기계코드를 만드는 것이었다. 이는 **API**(application programming interface)와 유사하며 다양한 고급언어로 소스코드를 이식할 수 있다

그러나 abi는 지갑이 나오라 클 과 같은 복잡한 추상화를 만들기에 충분하지 않았다. Abi는 정적이고 강력하게 형식화되며 컴파일 시간에 알려진다. Evm에 완전히 적응하고 abi와 완벽하게 결합할 수 있는 turingcomplete 프로그래밍언어의 필요성은 분명했다. 자바스크립트의 사용자 기능이 어셈블리 레벨, C++의 고성능과 번들로 묶일 필요가 있었다. 개빈 우드 (gavin wood)는 그러한 언어의 디자인을 제안하고 그것을 코드명으로 명명했다. 이 언어에는 현명한 계약 작성 기능과 함께 안전한 언어 하위 집

합, 정적 분석, 내장된 테스트 생성, 실행환경, 명명된 구성요소, 클래스 엔티티와 같은 계약 및 계약의 능력 등이 포함되었다. 세그먼트 정보를 저장 영역에 매핑하십시오.

Evm은 매우 다른 짐승이다. 특히 evm 실행환경에 적합한 언어를 만드는 결정은 이더리움 커뮤니티가 고도로 차선의 코드 실행 문제를 방지하는 데 도움이 되었다. 그러나 새로운 언어에는 고유한 문법 규칙 및 기능 세트가 제공된다. 다음 절에서 논의할 것이다.

솔리디티의뉘앙스, 문법및특징

견고함의 가장 두드러진 특징은 ecma script 표준 (es6 harmony)과닮은점이다. 우선, 견고성소스파일 레이아웃에는다양한범위의계약정의가포함된프라그마지시문과선택사항이전역범위에서주석과함께포함된다.

Pragma 중요성 및 비판

솔리디티의 pragma 지시문에는 그림 6.1에서와 같이 항상 0.x.0 또는 x .0.0 형식의 버전이 있다. 이렇게 하면 이후 버전의 솔리디티 컴파일러가 무시되어 비 호환성을 초래할 수 있다

```
pragma solidity ^0.4.0;
```

그림 6.1: Pragma directives

견고성은 아직 결과를 내보내거나 스풀 아웃 할 수 없지만 javascript와 매우 유사한 가져 오기 명령문을 지원한다. 이 키워드는 로컬 빌드 환경에서 계약 컴파일시 사용된다. 계약이 evm을 사용하는 block chain에 배포되면 파일을 읽거나 쓸 수 없다. 그림 6.2는 글로벌 범위에서 import 문을 몇 가지 용도로 나열한 것이다.

```
import "filename";
import * as symbolName from "filename";
import {symbol1 as alias, symbol2} from "filename";
import "github.com/ethereum/dapp-bin/library/iterable_mapping.sol" as it_mapping
```

그림 6.2: 전역범위가 있는구문가져오기

솔리디티의 주석은 세 가지 유형이다. 그림 6.3에서 묘사된 바와 같이 단 일행 주석, 다 준행 주석 및 문서화되지 않은 natspec 주석이다. Natspec 주석은 함수적의 바로 위에 사용되며 @ 태그는 주석에 설명된 변수가 코드에서 실제로 사용되는지에 대한 정적 코드 분석 중에 사용자에게 확인을 제공한다.

```
// This is a single-line comment.

/*
This is
multi-line comment.
*/

/** @title natspec comments */
```

그림 6.3: 단단함에 있는코멘트

계약의 클래스 속성

솔리디티는 종종 계약 지향 언어라고 불리며, block chain에서 발생할 수 있는 모든 작업은 계약 범위 내에 있어야 한다. 계약은 객체지향언어에 대한 클래스 내부의 정의와 매우 유사한 함수 및 변수에 대한 템플리트 정의 역할을 한다. 수업과 마찬가지로 계약서는 다른 계약서로부터 상속받을 수 있다.

계약에는 함수와 함수수 정자, 상태변수, 이벤트, 열거형 및 구조체 유형에 이르는 선언을 포함할 수 있다. 그림 6.4는 이들 선언을 표로 나타낸 것이다.

솔리디티는 자세한 내용과 뉘앙스를 무료로 사용할 수 있는 공개문서 사이트를 보유하고 있다. 이 문서는 python 언어의 sphinx 패키지를 사용하여 생성되며 http://Solidity.readthedocs.io/en/develop/index.html에서 액세스할 수 있다.

Declaration	Description	Example
State Variables	Permanently stored values in contract storage	uint32,bool, ufixed,address

Functions	Executable code units inside a contract	contract SampleContract {
		  function newfunction() payable { // Function
		    // code
		  }
		}

Function Modifiers	Used as a declarative way of amending semantics of functions	contract newContract {
		  address public bidder;
		
		  modifier onlyBidder() { // Modifier
		    require(msg.sender == bidder);
		    _;
		  }
		
		  function abort() onlyBidder { // Modifier usage
		    // code
		  }
		}

Events	Used for EVM logging facility and Convenience Interface	contract NewAuction {
		  event HighBidIncrease(address bidder, uint amount); // Event
		
		  function bid() payable {
		    // code
		    HighBidIncrease(msg.sender, msg.value); // Triggering event
		  }
		}

Structs Types	Customized type to group several variables	contract VotApp {
		  struct Electorate { // Struct
		    uint identity;
		    bool voted;
		    address delegate;
		    uint vote;
		  }
		}

Enum Types	Customized type with a finite set of values	contract Volcano {
		  enum State { Active, Extinct, Dormant } // Enum
		}

그림 6.4: 솔리디티의 선언 요약

기능

솔리디티에는 기본적으로 두 가지 유형의 함수 호출이 있다. 하나는 EVM에 대한 실제 호출을하지 않는 내부 호출 (메시지 호출이라고도 함)이다. 다른 하나는 외부 인터페이스 호출로서 계약 인터페이스의 일부이며 트랜잭션을 통해 다른 계약에서 호출 할 수 있다. 이러한 기능은 계약서에서 많은 양의 데이터를 수신 할 때 주로 효율적이다. 외부 함수는 내부 호출을 할 수 없다.

기능 가시성은 솔리디티를 **외부**, **내부**, **공개** 및 **개인** 네 가지 유형으로 분류했다. 비공개 가시성은 다른 계약이 계약서에 있는 정보에 액세스하거나 수정하는 것을 막을 뿐이지 만 라이브 공개 블록체인에서는 여전히 전 세계에서 볼 수 있다.

이 책 전체를 통해 우리는 계약을 맺고 블록체인(블록체인)에 배치하려고 노력해 왔다. 블록체인에 배치 된 계약은 계속해서 영원히 계속된다. 그러나 실생활에는 몇 가지 제약이 있다. 일정 기간 후에 특정 계약이 계속되기를 원하지 않을 수도 있다. 예를 들어 자동차 판매 계약을 맺을 때 자동차 보험 계약을 갱신하지 않을 수 있다. 그래서 우리는 계약을 해지하거나 죽일 수 있는 메커니즘이 필요한다.

그림 6.5는 실행될 때 실제 계약을 종료하고 블록체인에서 가져 오는 함수가 있는 킬러 계약을 나타낸다. 사실 그것은 내장 된 EVM 작업 인 selfdestruct에 의해 수행된다. 나머지 ethers를 보내려면 주소 측면에서 입력 매개 변수가 필요하고 블록킹에서 계약을 제거하는 강제 종료가 발생한다.

```
pragma solidity ^0.4.11;

contract MyKillerContract {
    address owner;

    function MyKillerContract() public {
        owner = msg.sender;
    }

    function getCreator() public constant returns(address) {
        return owner;
    }

    function kill() public {
        if(msg.sender == owner) {
            selfdestruct(msg.sender);
        }
    }
}
```

그림 6.5: selfdestruct 가동을 사용하는 살인적 계약

Selfdestruct 외에도 뷰, 순수, getter 및 대체 기능으로 함수를 선언할 수 있다. 뷰 선언은 함수의 상태가 수정되지 않도록 한다. 순수 선언은 함수가 읽히지 않고 함수의 상태를 수정하지 않음을 보장한다. 컴파일러는 모든 상태변수에 대한 getter 함수를 자동으로 생성하므로 외부에서 볼 수 있다. 폴백은 기본적으로 인수가 없고 이름을 반환할 수 없는 이름이 없는 함수이다. Parity hack에 대한 마지막 장에서는 폴백 기능에 대해 자세히 설명한다.

이벤트

Evm 로킹 기능은 이벤트를 통한 현명한 계약으로 편리하게 사용할 수 있다. 이벤트를 어떻게 사용합니까? 글쎄, javascript가 여기에 구출에 온다. DApps를 개발할 때 frontend는 거의 항상 javascript 페이지이며 대부분 node.js 또는 web3.js를 사용한다. 이 페이지는 이벤트를 수신하고 dApp의 사용자인터페이스에서 javascript 호출을 시작한다. 이러한 이벤트 호출이 발생하면 인수가 트랜잭션 로그에 저장된다. 이러한 로그는 block chain의 특수한 데이터 구조이며 계약 주소와 연관된다. 이러한 로그는 블록

에 액세스할 수 있는 한유지된다. 계약 내에서 이벤트 또는 로그 데이터에 액세스할 수 없다. 이를 위해서는 pow가 필요한다. 이벤트는 상속 가능하며 현명한 계약을 디버깅하는데 유용한 도구이다.

계승

강건성은 상속의 맥락에서 파이썬 언어를 모방한다. 일반적인 상속, 다중 상속, 다형성을 지원한다. 간단히 말해서, 상속은 계약이 부모 계약에서 속성을 복사하는 속성이다. 다중 상속의 경우, 계약은 둘 이상의 계약에서 특성을 복사한다. 다형성은 다른 많은 계약에 의해 재사용 될 수 있는 일반 계약을 나타낸다.

예를 들어, eat ( ) 계약은 human ( ) 계약과 birds ( ) 계약과 animal ( ) 계약 모두에서 사용할 수 있다. 견고 함으로, is는 계약 상속에 사용되는 키워드이다.

다중 상속은 때때로 교착상태 문제를 일으킬 수 있다. **그림 6.6**은 이 문제를 솔리드 티로 보여 주며, 고유한 오차, 상속 그래프의 선형화가 불가능한다. 이는 c가 y에게 d를 재정의하도록 요청하기 때문에 발생한다. D와 y를 d, y 순서로 6행에 지정하면 된다. 그러나 d 자체가 5행에서 y를 무시하도록 요청했기 때문에 해결할 수 없는 모순이 발생한다. 따라서 솔리디티는 python 표준을 따르고 특정 명령만을 따르도록 강제한다. 그렇지 않으면 이러한 오류가 발생한다.

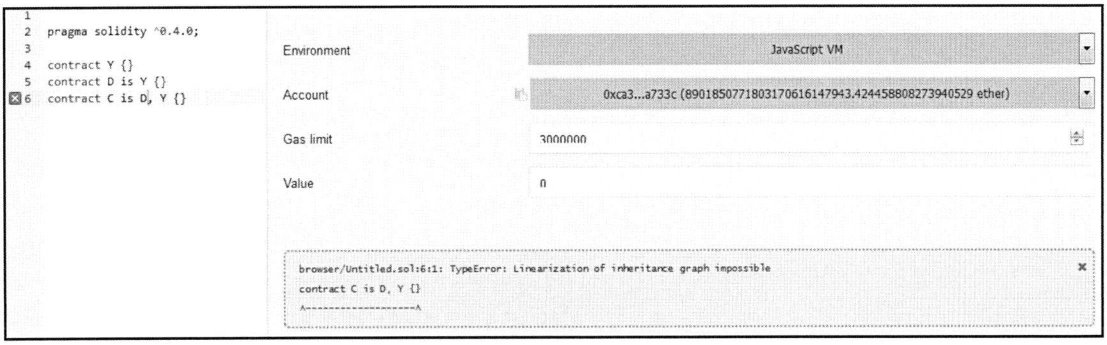

그림 6.6: 솔리디티 교착 상태 문제

Libraries

나는 영국 의회 도서관 회원이었다 (카드는 올해 만료되었지만 아직 갱신하지 않았다). 라이브러리들은 꽤 좋다. 그들은 우리에게 회원카드를 제공하고, 책, 비디오 및 영화 디스크를 선택할 수 있다 (저는 제 배우자를 만날 수 있어서 운이 좋았지만 그것은 다른 이야기이다).

라이브러리에는 책이 쌓인 랙이 있으며 매우 체계적이다. 내가 필요한 것은 단 하나의 카드였고 요청을 하면 3주 동안 책을 포기했다. 장기간 사용했다면 벌칙이 부과된다. 시간에 맞추어 반환하는 것이 더 낫다.

솔리디티는 비슷한 개념을 가지고 있다. 그들은 기본적으로 다른 계약에 의해 계약 외부에서 호출할 수 있는 흥미로운 기능으로 가득 찬 뚱뚱하고 두껍게 로드된 현명한 계약이며 이에 대한 대리 자호 출 작업에 의해 만들어진다. 이러한 라이브러리 계약은 자체적으로 모든 종류의 가스를 소비하지 않고 evm에 앉아 있다. 외국 계약이 일부 기능을 재사용하고 싶다면 대표전화를 사용하고 가스 요금은 해외 계약에 따른다. 도서관에서 책을 빌려서 대학 과제를 완성하는 것과 같다.

엄밀히 말해서, 이들은 자바에서 가져오는 API 클래스, 파이썬에서 가져오는 패키지 또는 C++에 포함된 헤더 파일과 매우 유사한다. 솔리드 티에는 도서관 계약에 대한 몇 가지 기본 규칙이 있으며, 이는 정상 계약과 구별된다. 이것들은

- 라이브러리는 상태변수를 가질 수 없다.
- 라이브러리는 상속되거나 상속될 수 없다.
- 라이브러리는 ethers를 받을 수 없다.

이 장의 마지막 부분에 있는 parity hack 섹션에서 라이브러리 호출의 함정에 대해 더 자세히 설명한다. 그때까지 말을 잡으십시오.

표현 및 제어 구조

표현 및 제어 구조는 다음 10개의 포인터에 요약되어 있다. 자세한 내용은 솔리 아디티 설명서를 참조하거나 이더리움 스택 교환 포럼에서 질문하십시오.

- 계약의 입력 매개변수는 변수와 동일한 방식으로 선언된다. 출력 매개변수는 return 키워드 바로 뒤에 입력 매개변수와 비슷하게 선언된다. 두 함수 모두 함수 본문의 표현식으로 사용할 수 있다. 함수는 여러 개의 출력을 반환할 수 있지만 출력 매개변수의 수와 같아야 한다.
- Javascript와 마찬가지로 솔리디티는 go to와 switch를 제외하고는 익숙한 제어 구조를 가지고 있다. C 및 javascript와 달리 솔리디티는 부울 유형 변환이 아닌 부울 유형 변환이 아직 없다.
- 재귀 함수 호출은 솔리 시티에서 내부적으로 허용된다. 그것은 그자체에 대한 함수 호출이다. 이러한 호출은 evm에서 단일 jump 작업으로 변환된다. 이 키워드를 사용하면 계약에 대한 외부 호출이 가능하지만 해킹을 유발하는 다른 계약의 내부 기능 상태를 변경할 수 있으므로 위험할 수 있다. 따라서 허점을 주의 깊게 코딩하고 테스트해야 한다.
- 계약서는 new 키워드를 사용하여 새 계약서를 작성할 수 있다. 그러나 새로운 것을 사용하는 재귀 호출은 새로운 계약의 본문이 생성에 앞서 알려질 필요가 있기 때문에 불가능한다. (block

chain 웜 멀 웨어가 재귀를 사용하는 방법에 대해 생각하고 있습니까!!)

- 표현식을 평가하기 위한 우선순위는 아직 솔리 아디티에서는 공식화되지 않았지만 javascript의 기본 우선순위를 사용하는 것이 안전하며 문서에 따르면 안전하다(http://Solidity.readthedocs.io/en/develop/miscellaneous. html#order).
- 흥미롭게도, unit8을 사용하면 unit32보다 더 많은 가스를 소비한다. 이는 상태변수가 unit8에 대해 추가 패딩 작업을 수행해야 하기 때문이다. 따라서 활용도가 낮은 변수를 사용하려면 공간을 활용하는 **구조체** 유형을 사용하여 효율적으로 가스 소비량을 낮추는 것이 좋다.
- 상태에 관계없이 변수의 기본값은 일반적으로 0 상태이다. Bool 유형의 경우 false이다. Unit, unit8 및 unit32와 같은 부호 없는 정수의 경우 0이다. 정적으로 선언된 배열의 경우 모든 배열 요소는 기본적으로 해당 유형의 0 상태 값을 보유한다. 동적으로 선언된 배열 (예: 바이트 및 문자열)의 경우 필드는 비어 있다.
- 솔리디티는 javascript의 범위지정 규칙을 상속한다. 따라서 함수 내에서 선언된 변수는 선언된 위치와 상관없이 전체 함수의 범위에 남아 있다.
- 솔리 아디티 버전 0.4.13 이후 throw 키워드는 더 이상 사용되지 않다. 예외 처리 및 예외 트리거의 경우 revert ()가 사용된다. 점검 조건은 assert 및 require 키워드를 사용하여 수행할 수 있다. 솔리 아디티에서는 아직 예외를 포착할 수 없다.
- Call, delegatecall 및 callcode와 같은 하위 수준 어셈블리 opcode는 호출 계정이 없는 경우 성공을 반환한다. 책임은 개발자가 이러한 작업을 사용하여 호출하기 전에 계약의 존재를 확인하는 것이다.

단위와 변수

그림 6.7은 전역 작업 공간에서 사용 가능한 단위와 변수의 범주를 보여 준다. 이러한 매개변수는 기본적으로 스마트 계약에 포함된 block chain의 다양한 속성을 정의하는데 사용된다

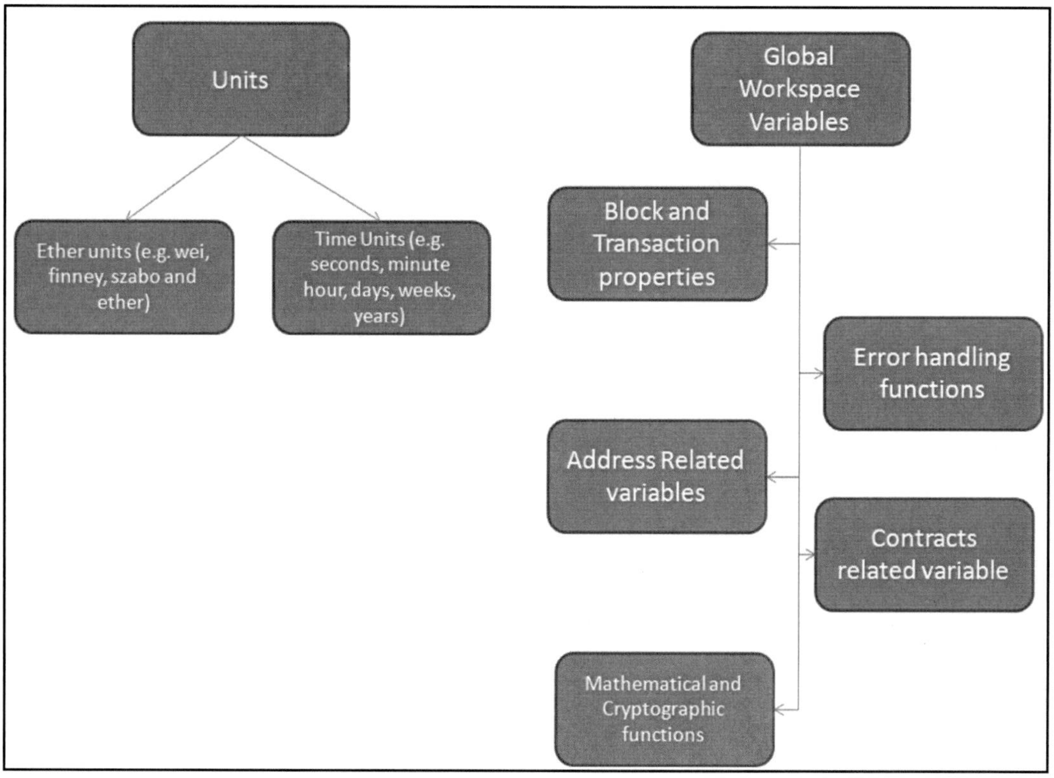

그림 6.7: 고강도를 위한 단위 그리고 세계적으로 유효한 가변분류

최적화 도구 및 디버깅 옵션

이 전쟁에서 우리는 가스 비용이 많이 드는 코딩 패턴 이 스마트 계약 최적화의 관점에서 두 가지 범주로 분류되는 방법을 연구했다. 이 절에서는 솔리 아디티 컴파일러의 내부 최적화가 어떻게 작동하는지 이해하려고 한다. 이 옵티마 이정의 유일한 목적은 런타임 시 가스 비용을 줄이는 방법으로 어셈블리 opcode를 생성한 다음 하이레벨 프로그래밍 구조에서 기계코드를 생성하는 것이다.

우리는 옵티마 이전에 대한 높은 수준의 견해를 훑어보고, 간단한 계약을 맺고 옵티마 이정의 존재 여부에 따라 어셈블리 opcode가 어떻게 생성되는지 살펴볼 것이다. 이것은 가스 비용 측면에서 더 나은 성능을 위해 솔리 디트 스마트 계약을 디버깅하는 옵션으로도 사용된다.

솔리 아디티 optimizer가 코드 조각을 받으면 어떻게 됩니까? 기본적으로 jump 및 jumpdest opcode에서 명령어 시퀀스를 원자 명령어 블록으로 나눕니다. 어셈블리에서 작동하므로 다른 언어에서도 사용할 수 있다.

이 명령어 블록 안에서 실제로 무슨 일이 발생합니까? 이러한 블록이 분석되고 메모리, 스택 또는 저장소에 대한 모든 수정사항이 표현식으로 기록된다. 이 표현식은 기본적으로 다른 표현식에 대한 포인터인 명령어 및 인수 목록으로 구성된다.

주된 동기는 동등한 표현을 찾아 표현 수업에 참여시키는 것이다. 이것은 재귀적인 활동이며, 이 프로세스가 끝나면 evm 스택에 어떤 표현식이 있어야 하며 저장 및 메모리 수정 목록이 있는지 알 수 있다. 명령 블록에 대한 이 메타데이터는 함께 연결되는 원자 블록과 함께 저장된다.

이외에도 메모리, 저장소 및 스택 구성에 대한 정보는 다음 블록으로 전달된다. 모든 jump 및 jumpi 명령의 목표를 알면 전체 프로그램 의제의 **흐름 그래프**(cfg)를 작성할 수도 있다.

마침내 각 블록의 코드가 완전히 재생성되고 종속성 그래프가 이러한 표현식에서 개발된다. 그런 다음이 표현식이 블록 끝에 있는 스택에 배치된다. 이 종속성 그래프의 일부가 아닌 조작은 본질적으로 제거된다. 이제 코드는 원래의 견고성 코드에 있는 순서대로 생성된다. 이것은 메모리와 스토리지에 대한 수정에도 적용된다. 마지막으로 생성된 모든 값은 올바른 위치의 스택에 있어야 한다. 그림 6.8은 런타임에서 전체 가스 비용을 줄이기 위해 백그라운드에서 모든 단계를 수행한 후 evm에 최적화된 결과를 보여 준다.

```
// code snippet fed to optimizer
var x = 8;
data[8] = 10;
if (data[x] != x + 2)   //data[8] != 8+2 is false condition
  return 3;
else
  return 1;

// optimizer returns to assembly to reduce gas-cost
data[8] = 10;
return 1;
```

그림 6.8: evm에대한솔리디티 optimizer 출력의예

솔리디티 코드 스 니펫이 제공 될 때 솔리디티 optimizer가 어떻게 작동하는지에 대한 높은 수준의 시각을 얻었으므로 코드 최적화 도구가 있을 때뿐만 아니라 존재할 때 생성되는 어셈블리 지침을 살펴 보겠다. 그림 6.9는 생성되는 어셈블리 연산 코드와 함께 솔리디티 계약을 나타낸다. 보시다시피 옵티마이저가 때문에 어셈블리 opcode에 대한 많은 변경 사항이 생성된다. 마지막 섹션에서 설명한 이벤트와 함

께 이것은 효과적인 디버깅 옵션이다

```
pragma solidity ^0.4.0;

contract dummy
{
    uint32 value = 10;
}
```

```
//Optimizer on
PUSH1 0x60
PUSH1 0x40
MSTORE
PUSH1 0x0
DUP1
SLOAD
PUSH4 0xFFFFFFFF
NOT
AND
PUSH1 0xA
OR
SWAP1
SSTORE
CALLVALUE
PUSH1 0x0
JUMPI
```

```
//Optimizer off
PUSH1 0x60
PUSH1 0x40
MSTORE
PUSH1 0xA
PUSH1 0x0
PUSH1 0x0
PUSH2 0x100
EXP
DUP2
SLOAD
DUP2
PUSH4 0xFFFFFFFF
MUL
NOT
AND
SWAP1
DUP4
PUSH4 0xFFFFFFFF
AND
MUL
OR
SWAP1
SSTORE
POP
```

그림 6.9: 옵티마이저가 있거나없는 opcode 생성

패리티 해킹 demystified

Parity(https://parity.io/)는 영국 기반의 벤처캐피털이 자금을 지원하는 기술 창업기업이다. 그들은 계약 배포를 위한 광범위한 이더리움 wallet과 dApp 환경을 갖춘 patient라고 불리는 이더리움 클라이언트를 제공한다. 전체 응용프로그램은 rust 언어로 작성되고 컴파일된다. 지갑은 멀티시 그. 간단히 말하자면 멀티 시그마 지갑은 지갑에서 토큰을 사용하기 위해 적어도 두 개의 별도 계약이 필요한 지갑이다. 이 지갑은 보통 싱글시 그 마지 값보다 안전한다.

불행히도 2017년 7월 19일에는 유사한 596개의 지갑 중 3개의 멀티 시그마 지갑이 악용되었다. 그림 6.10은 공개의 이더리움 블록 탐색기인 etherscan에 있는 이러한 손상된 계정을 보여 준다. 패리티 팀이 이 해킹에 대한 경고를 받았을 때, 그들은 “white hat group”을 형성함으로써 이 상황에 대처했으며 나머지 593개의 지갑의 모든 토큰을 안전한 저장소에 모아서 해커가 손을 댈 수 없도록 했다 이 지갑에. 그때조차도, 세 개의 지갑을 악용하여 이루어진 피해는 약 83,017 eth(2017년 7월~3,000만 달러)였다.

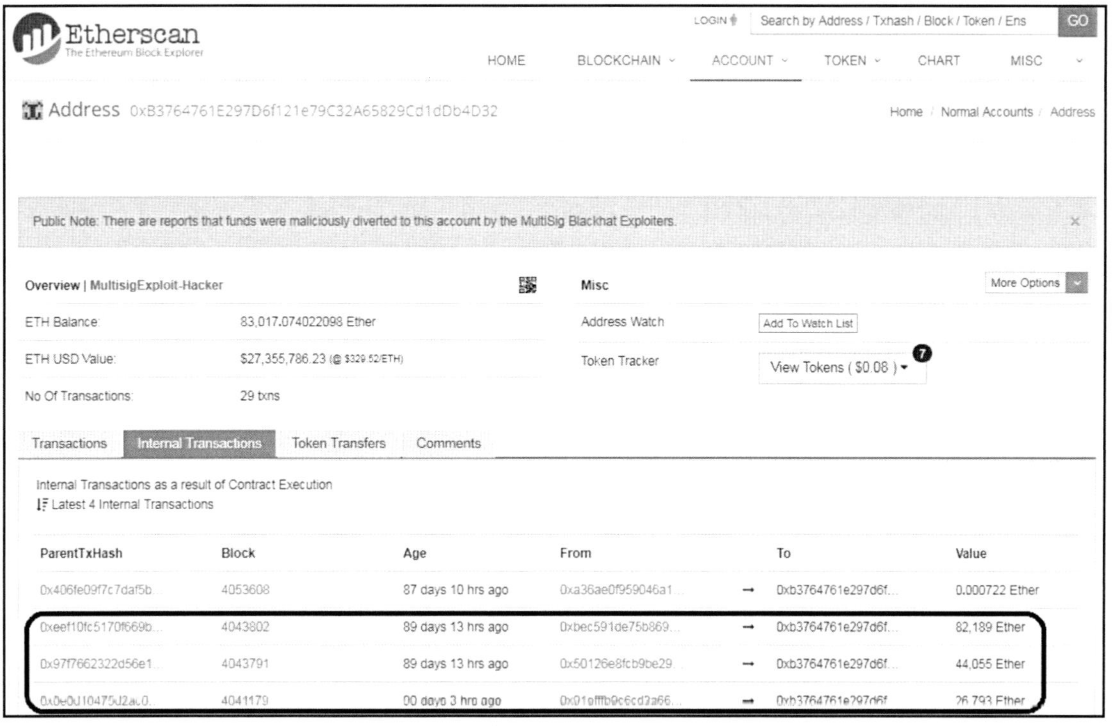

그림 6.10: etherscan의 패리티 멀티 시그마 해커 계정

전문적인 스마트 계약 개발자, 특히 솔리 시티에서 선임 개발자의 이전 실수로부터 배우는 것이 중요한다. 이제 parity 지갑의 solinity 코드 스니 펫을 살펴보고 이 해킹을 유발한 취약점을 이해하자. 우리는 소스코드에서 실제로 무엇이 일어났는지 단계별로 배우게 될 것이다. 결국 패리티 팀이 어떻게 이 문제를 해결했는지 알게 될 것이다. Github 아카이브에 있는 원본 소스파일을 참조하고 앞으로 이러한 해킹을 방지하기 위해 코드에서 수정된 사항을 살펴보겠다. 그리고 우리는 이 프로젝트에 대한 github의 역사를 살펴봄으로써 그것을 연구할 것이다. 셜록 홈스의 범죄현장에서의 사후분석 같은 것 같지 않니? 내 사랑하는 왓슨! 돋보기를 가져와!!

무엇보다도 이 해킹은 이더리움 block chain이 나이 더리움 가상 시스템의 결함이 아니었기 때문에 어떻게 해킹된 것인지 이해해야 한다. 이 해킹은 이더리움 자체에 기술적인 허점이나 취약점이 있기 때문에 발생하지 않았다. 솔리 아디티 언어의 결함으로 인한 해킹도 아니었다. 패리티 클라이언트에는 취약점이 없었다. (이제 너는 생각할지도 모른다. "그렇다면 누가 개들을 내버려 두었습니까? 누가? 누가? 누가?!"). 필자의 소중한 왓슨(watson)은 사실상 패리티 팀이 자신의 멀티 시그마 지갑 스마트 계약을 만들고자 하는 사용자에게 제공한 소스코드에 결함이 있다. 오픈소스소프트웨어이기때문에오픈소스코딩관행의크리에이티브커먼즈라이선스하에누구에게나그러한소스코드를제공해야 한다.

예를 들어, 패리티 클라이언트를 사용하고 싶지만 내 멀티 시그마 지갑을 사용하고 싶다. 그런 다음 parity 팀은 미리 정의된 함수 호출과 라이브러리 호출을 사용하여 코드 조각안에 이미 작성된 스니펫 또는 원본코드 템플릿을 제공하여 내 자신의 다중 논리 기능을 코딩할수 있지만 상호 작용할수 있도록 유지한다. 이더리움 block chain을 통해 패리티 클라이언트와 함께 ethers를 전송하고 자장 한다. 결함은 소스코드 발췌 문장에 있었다. 악의적인 해커가 라이브 이처럼 block chain을 통해 배포된 주요 패리티 클라이언트를 악용하기 위해 이를 조작할 수 있다.

예를 들어, 추가 보안을 위해 각 방에 cctv 카메라를 설치했다고 가정한다. 비상시에는 모든 문과 문을 잠그고 좋아하는 화분 아래에 중복 키를 보관하십시오. 어떻게든 youtube 계정의 개인 정보보호 모드를 사용하는 것을 완전히 잊어버리고 모든 홈 잠금 활동이 평범한 "비공개"youtube 채널에 생생하게 생겨나고 있으며 이는 여전히 안전하다고 생각한다. 이제 근처에 살고 있는 임의의 도둑이 youtube의 임의의 동영상을 보고 실수로 라이브 피드 채널을 발견하면 추다 키 쌍이 어디에 있는지 알 수 있다. 그리고 그것은 단지 시간문제이다. 도둑은 경보를 어지럽히거나 제기하지 않고 집에 들어가 귀중품을 훔칠 것이다.

이 단계에서는 gavin wood와 같은 많은 선임 개발자가 코드를 수정하지 않고도 복잡한 코드 디버깅 작업이 될 것이라고 생각할 수 있다. 뉴스가 언론의 채널을 강타했을 때도 같은 생각을 했다. 그러나 우리는 짧은 시간에 결함이 얼마나 단순한지를 살펴보고 많은 검토를 거친 후에도 그러한 결함이 얼마나 쉽게 간과될 수 있는지 보게 될 것이다.

이제 코드로 직을 살펴보겠다. 먼저 github에서 실제 코드를 찾다. 코드 경로 (그림 6.11 참조)는 다음과 같다.

- Https://github.com/mayukhdifferent/parity/blob/master/js/src/contracts/snippets/enhanced-wallet.sol

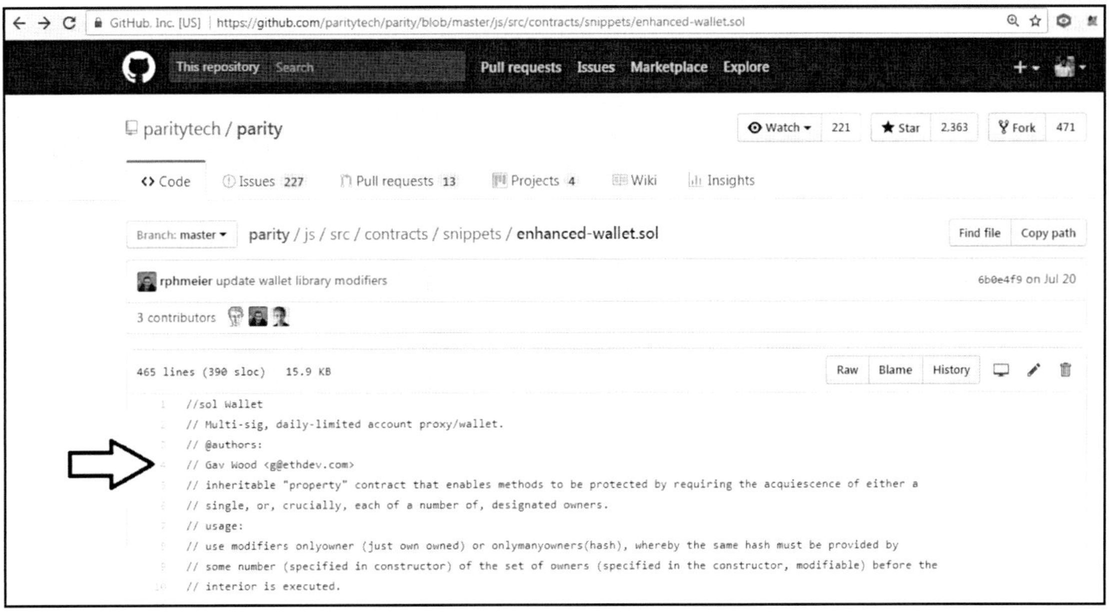

그림 6.11: 패리티 github 아카이브의향상된 wallet.sol

여기에서 저자가 gavin wood라는 것을 알게 될 것이다. 사실 이것은 그림 6.11과 같이 중요한 버그 수정이 gavin wood 자신이 제공한 해킹 이후 버전이다. 바이러스성 미디어에 관한 우스운 점은 야생 화재와 같은 재앙적인 뉴스를 퍼트릴 때도 박수를 받을 가치가 있는 믿을만한 뉴스의 많은 부분을 억제한다는 것이다. Parity 팀이 parity 해킹 중도를 중단시키기 위해 사용한 전략과 수정으로 실제로 593 개의 똑같이 취약한 지갑이 약 1억 7천9 백만 달러에 저장되어 3,000만 달러의 손실보다 약 6 배가량 더 큽니다. Gavin wood와 전체 parity 팀은 발의 사고 및 위험 완화전략에 박수를 보낸다. 도난 사건이 발생하면 현명하고 현명하게 행동하는 것이 매우 쉽지만 패리티의 개발자 팀이 보여 주는 중도에서 일어나는 일이 일어나지 않도록 주저하지 않으려고 한다.

이제 향상된 wallet.sol 파일을 살펴보겠다. 이 지갑 코드는 walletevents, walletabi, walletlibrary 및 wallet의 네 가지 계약으로 구성된다. 각 계약은 여러 기능으로 구성된다. 이해를 돕기 위해 단순한 버전의 지갑이 그림 6.12에 나와 있다. 이번 전은 취약점을 이해하는 데 필요한 최소한의 코드 조각에만 집중되어 있다.

이 단순화된 계약의 작동에 대해 이야기하기 전에 라이브러리가 무엇인지 이해해야 한다. 스마트 계약을 이더리움 block chain에 배포하여 분산된 애플리케이션을 구축할 때는 다른 많은 dApp가 사용하게 될 특정 기능을 사용해야 할 것이다. 이러한 일반적인 기능을 처음부터 코딩하는 대신 라이브러리에 이러한 기능을 묶다. 이제 이 묶음 라이브러리 패키지는 나 뿐만 아니라 분산 응용프로그램에서 공통적인 기능세트를 사용하고 자하는 여러 개발자가 사용할수 있다. 이러한 방식으로 재사용 가능한 코딩 자산을 만들고 있다.

Parity 용멀티시그마지갑을개발할때우리코드는기본적으로도우미라이브러리를사용한다. 그림 6.12에는 walletlibrary라는 보조 라이브러리가 하나 있다. 여기에는 initwallet이라는 함수가 있다. 따라서 이 라이브러리 계약이 할 수 있는 한 가지는 지갑을 초기화하는 것이다. 우리가 자신의 지갑 계약 코드를 작성하는 중이라면 계약에서 이 라이브러리함수를 호출하여 지갑을 초기화할 수 있다.

또한 지갑 계약에서 구현하는데 신 isowner 함수를 호출하여 주소가 지갑 소유자인지 확인할 수 있다. 따라서 라이브러리 계약은 기본적으로 표준 도우미 함수의 번들 된 제품이다.

```
contract WalletLibrary{

    function initWallet(){
        //coding logic
    }

    function addOwner(address owner){
        //coding logic
    }

    function isOwner(address _adr) constant returns (bool){
        //coding logic
    }

}

contract Wallet{

    function isOwner(address _adr) constant returns (bool){
        return _walletLibrary.delegatecall(msg.data);
    }

    function() payable{
        // gets called when no other function matches
        _walletLibrary.delegatecall(msg.data);
        //delegatecall is a pre-defined identifier for inline assembly opcode
    }

    address constant _walletLibrary = 0xcafecafecafecafecafecafecafecafecafecafe;
}
```

그림 6.12: 패리티 해킹을이해하기 위해단순화된코드조각 wallet.sol

Wallet 계약의 코드를 살펴보면 isowner 함수도 있음을 알 수 있다. 그러나 기능 자체를 구현하는데 신 walletlibrary 계약의 isowner 함수에 대한 호출을 위임한다.

기본적으로 wallet 계약은 walletlibrary 계약서에 "big bro, 나는 작은 작은 지갑일 뿐이지만 당신을 위해 종이작업을 하는 귀여운 작은 기능들이 가득 차 있다. 제발 저도 해 주세요. 나는 많은 종의 기능을 가지고 있지 않다. 당신의 일부를 빌려주시겠습니까? 가스에 대해 걱정하지 마라. 나는 그것을 다룰 것이다. 나의 사용자는 방금 나에게 많은 무리의 ethers를 로드했다."

라이브러리 계약의 도우미 함수 외에도 **월렛** 계약에 특별한 유형의 함수 정의가 있다. 특이하게도 이름이 없다. Payable이라는 단어는 기능에 의해 수행되는 작업을 나타내는 solinity 키워드이지만 기능은 본질적으로 이름이 없다. 이러한 기능을 대체 기능이라고 한다. 이상적으로 **월렛** 계약 자체에 일치하는 함수 이름이 없을 때 호출된다.

흠, 조금 까다로워 보이지? 이 개념을 보다 단순한 방식으로 접근하겠다. **월렛**이라는 계약이 있다. 이 지갑에는 두 가지 기능이 있다. 하나는 이름이 없는 함수이다. 또 하나는 이름이 isowner인 "명명된"함수이다. 이제는 초보 사용자가 wallet 계약을 사용하여 donateether라는 함수를 호출한다. 이 외계인 함수인 donateether가 wallet 계약에 있는 함수 중 하나와 일치하지 않으므로 이름 없는 대체 함수가 기본적으로 호출된다. 이 함수에는 내부에서 delegatecall 연산이 있다.

따라서이름없는 fallback 함수 ()는기본적으로 "*big bro* walletlibrary, 내 사용자가 이신을 호출한 것을 볼수 있다. 무엇이 기증합니까?라는 함수가 있다. 이 함수가 무엇인지 전혀 알지못한다. 내안에 정의가 없다. 이것이 당신의 귀여운 도우미 기능 중 하나인지 확인하십시오."

Walletlibrary는 "죄송하다. 아무도 발견하지 못했다. 기부한다. 이 기능이 없다. 사용자에게 예외를 던지십시오. 친구, 뭔가 잘못되었다는 것을 알게 될 것이다."

이러한 경우 fallback 함수는 현명하게 우아한다. 도우미 라이브러리에 우아하게 다시 위임했을 뿐만 아니라 오류 처리도 수행했다. 하지만 이것이 속임수가 들어오는 곳이다. 해커인 것처럼 **월렛** 계약에서 initwallet이라는 함수를 실행하도록 호출하면 어떨까요? 규칙에 따라 이 함수는 **월렛** 계약에 존재하지 않다. 따라서 fallback 함수는 호출을 도우미 walletlibrary 계약에 위임한다. 흥미롭게도 initwallet 함수는 walletlibrary에 존재한다. Evm을 사용하면 이러한 호출이 자동으로 수행된다. 해커는 함수 이름 매개변수를 자신의 **월렛** 계약에 전달하고 이를 evm에 배포해야 했다. 그리고 initwallet 함수가 해커의 wallet 계약을 사용하여 초기화되면 해커는 라이브러리 계약의 소유권을 가져오고 소유자 주소를 자신의 지갑 주소로 변경하여 다른 사용자 주소의 모든 ethers 펀드를 해커의 지갑 (그림 6.11 참조).

따라서 보안점검 없이 위임된 클라이언트의 지갑의 **대체** 기능 호출에 취약점이 있었다. 패리티 팀이 사용자 지갑을 제어할 수 없기 때문에 이것은 실제로 재앙이었다. 전술적인 조치로서, 그들은 똑같은 취약성을 사용하여 3천만 달러 가치의 ethers와 마찬가지로 문자 그대로 나머지 잔고에서 1억 7900만 달러를 훔치고 안전한 피난처로 입금했다.

전략적 솔루션으로서, 코드를 관리하는 walletlibrary를 수정해야 했다. 변경 사항은 github의 그림 6.13에 나와 있다. Github는 parity 해킹의 전후 시나리오를 보여 준다.

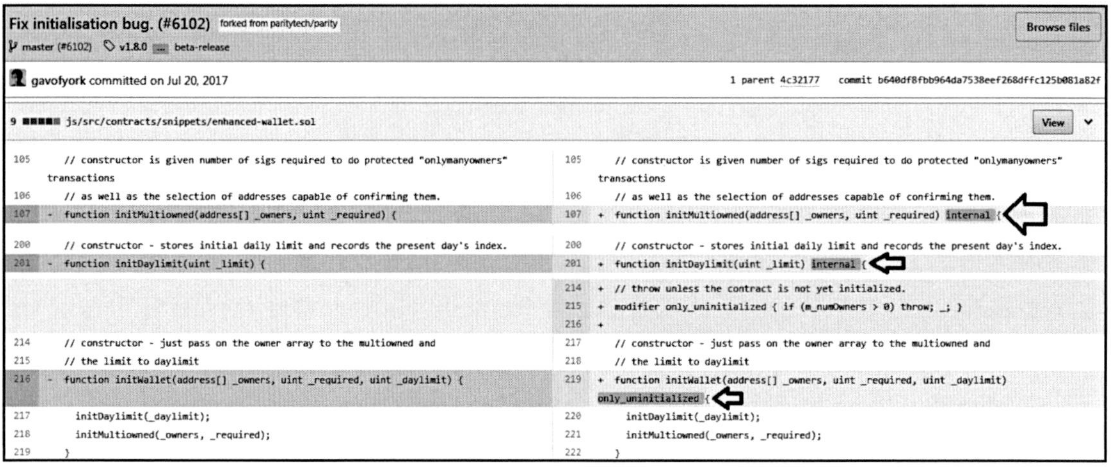

그림 6.13: 해킹전후의패리티지갑 sol 파일코드비교

그림 6.13에서 볼 수 있듯이 패리티 팀은 initial_alinitialized 키워드를 initwallet 함수에 추가하여 초기화되지 않은 경우에만 walletlibrary를 실행할 수 있도록 한다. 외부 지갑이 delegatecall을 사용하여 initwallet을 실행하려고 하면 라이브 지갑이 이미 초기화되어 다른 함수 호출로 다시 초기화할 수 없으므로 실행이 중지된다.

마찬가지로 internal 키워드는 중요한 함수의 범위를 제한하고 외부 함수 호출에 의해 실행되지 못하도록 방지하는데 사용되었다. Initwallet은 공용 함수로 남아 있어야 하며 생성자의 wallet 계약에서 계속 호출해야 하므로 내부로 만들 수 없다. 따라서 내부 및 유일한 초기화되지 않은 키워드와 같은 단일 키워드의 부족으로 인해 수백만 달러 손실이 발생하는 것을 확인할 수 있다. 따라서 이 전쟁에서 설명한 바와 같이 현명한 계약 감사는 주제 전문가가 필요한 매우 중요한 영역이거나 그렇지 않은 경우 매우 위험할 수 있다. 지금까지 우리는 주로 스마트 계약 개발의 백엔드에 집중했다. 다음 장에서는 web3.js를 사용하는 프런트엔드 웹 개발의 멋진 세계와 block chain 관련 제품 및 서비스에 대한 대규모 사용자 기반 확보 방법에 대해 살펴보겠다.

개요

솔리디티는 작업이 진행 중이고 잘 문서화된 언어로, 사용자가 다양한 문제에 직면하면서 점차적으로 발전하면서 block chain에서 현명한 계약을 구현한다. 이 장에서는 이 새로운 언어의 몇 가지 기본적인 측면을 다뤘다. 우리는 javascript를 칭찬하고 웹 개발을 위한 강력한 언어로 진화한 방법을 시작했다. 유산에 대한 block chain의 견고성이 선택되었다. 그런 다음이 언어로 새로운 개념의 계약 지향 프로그래밍을 제공해야 하는 다양한 뉘앙스를 살펴보았다. 그런 다음 solinity optimizer의 내부 동작을 자세히 살펴보고 이벤트 및 베어본 어셈블리 opcode를 사용하여 디버깅 옵션을 살펴보았다. 우리는 패리티 월렛 해킹을 논의하고 분석함으로써 이 장을 닫았으며, 이는 스마트 계약 산업의 미래를 보장하는 데 있어 라이브러리와 대체 기능이 중요한 아직 취약한 역할을 하는 방법에 대한 더 깊은 분석을 얻는 데 도움이 되었다. 솔직히 말하면, 그것은 단지 시작일 뿐이다. 우리는 기술 빙산의 표면을 간신히 긁어모았다.

7장, Web3.js 입문서에서 우리는 web3.js를 소개하고 block chain을 위한 사용자인터페이스로서 잠재력을 탐구할 것이다.

제 07 장

Web3.js 입문서

이 장에서는 javascript로 작성된 특수 응용프로그래밍 인터페이스 라이브러리인 web3.js를 소개한다. 이 인터페이스는 웹브라우저를 이더리움 block chain 노드와 연결한다. 우리는 geth, web3.js 및 mist의 차이점을 살펴봄으로써 이 장을 시작하겠다. 그런 다음이 API 라이브러리를 가져와 geth와 연결하는 방법을 배우게 된다. 그런 다음 web3.js 라이브러리 내부의 API 구조를 살펴보겠다. 우리는 소유권 계약의 설계를 연구함으로써 이 장을 결론짓는다.

이 장을 공부하면 다음을 수행할 수 있다.

- Mist, geth 및 web3.js를 구별한다.
- Web3.js가 이더리움 block chain과 상호작용하는 방식을 이해하십시오.
- Web3.js를 사용하여 기본적인 스마트 계약 체결
- Web3.js 라이브러리의 API 구조 파악
- 소유권 계약의 설계 이해

이더리움 ecosystem의 web3.js

유명한 셀프 - 개선 트레이너인데 일 카네기 (dale carnegie)는 재정적 성공은 기술력이 15%이고, 나머지 85%는 아이디어를 표현하고 사람들 사이에 열정을 불러일으킬 수 있다고 말했다. 블록체인은 건전한 컴퓨팅 원칙을 뒷받침하는 최첨단 기술일 수 있지만 사람들에게 대중적으로 채택해야 하는 재정적 성공을 위해. 이를 위해서는 모든 사람들이 관련될 수 있는 인터페이스가 필요한다.

Web3.js는 관심 분야에서 우리를 도울 수 있는 기술 중 하나이다. Web3.js는 이더리움에 javascript 바인딩을 제공하며, 이 스택을 사용하여 직관적 인 사용자 인터페이스를 구축할 수 있다

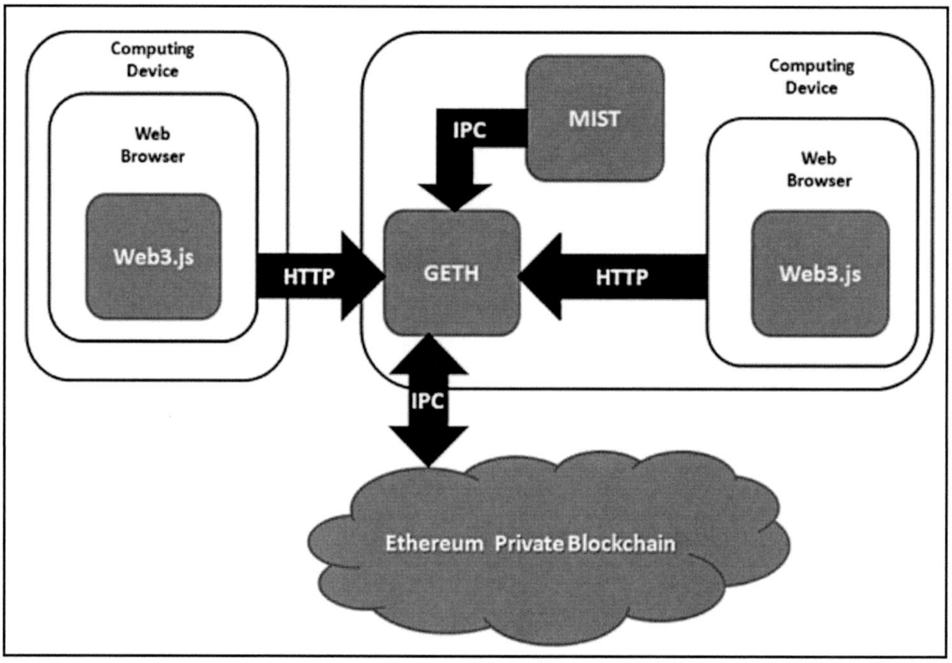

그림 7.1: geth를 통해 개인 block chain과 상호작용하는 web3.js

Block chain에서 스마트 계약의 복잡한 내부 작업을 숨기는 추상화를 제공한다. 간단히 말해서, javascript로 구현된 웹 응용프로그램은 이더리움 노드와 통신하거나 web3.js 라이브러리를 사용하여 block chain에서 스마트 계약으로 처리한다.

그림 7.1은 이러한상호작용을설명한다. 그림 7.2는 mist, geth 및 web3.js를 구분한다. 이 표에서 우리는 mist와 geth가 ipc를사용하는반면 web3.js는 rpc(remote procedure calls)를 사용함을 알 수 있다.

이더리움 생태계에서 ipc는 일반적으로 컴퓨터에서 로컬로 작동한다. Ipc는 일반적으로 geth.ipc라는 컴퓨터의 로컬 파일 시스템에 ipc 파이프를 만드는 것을 포함한다. 이 파이프는 geth 콘솔을 사용하여 양방향 통신을 생성하기 위해 동일한 컴퓨터의 다른 프로세스에서 사용할 수 있다. 반대로 rpc는 localhost와 같이 rpc 끝점을 사용하여 로컬 호스트에 연결하도록 지정하지 않으면 다른 컴퓨터에서 작동한다: 8545 또는 127.0.0.1:8545:

Mist	Geth	Web3.js
It is a browser	It is a command line interface	It is an API Library
Mainly implemented using JavaScript	Mainly implemented in Golang	Mainly implemented using JavaScript
It is used as a wallet and can run Dapps over Blockchain	It is a tool for running full ethereum Node or a Private Blockchain	It interacts with Ethereum node using User triggered Events
Uses Inter-Process Communication (IPC)	Uses Inter-Process Communication (IPC)	Uses Remote Procedure Calling (RPC)

그림 7.2: geth와 web3.js의비교

흥미롭게도 geth와 web3.j를 사용하는 ipc와 rpc는 json-rpc라는 공통 프로토콜을 사용한다. Json(javascript object notation)은 인간과 기계 간의 상호작용을 위한 간단한 데이터교환형식이다. 인간은 이 형식을 읽기 쉽고 쓰기 쉽다고 생각한다. 기계는 이 형식을 파싱하고 생성하기 쉽다. 이 데이터 형식은 완전히 언어 독립적이며 기본적으로 이름 - 값상 및 정렬된 값 목록이라는 두 가지 구조로 구성된다.

Json-rpc는 rfc 4627을 데이터 형식으로 사용하는 상태비 저장 가벼운 rpc 프로토콜이다. Rfc(request for comments)는 ietf에서 발표했다(2장, 이더리움의 총체적 이해 참조).

Json-rpc 요청의 일반적인 예는 다음과 같다.

```
{ "jsonrpc": "2.0", "method": "eth_coinbase", "params": [], "id": 67}
```

앞의 예제에서는 네 가지속성 목록이 있다.

- Jsonrpc: json-rpc 프로토콜의 버전을 지정하는 문자열이다. 여기서 버전은 "2.0"이다.
- Method: 호출할 메서드가 들어 있는 문자열이다.
- Params: 메소드를 호출할 때 사용할 매개 변수 값을 포함한다
- Id: 이것은 클라이언트에 의해 설정된 식별자이다. 지정되면 서버에서 응답을 기다리고 있음을 알립니다. 그렇지 않으면, 서버는 메시지를 통지로 간주한다.

작성 당시 web3.js의 작업버전은 0.x.x이다. 1.0 버전은 아직 출시되지 않았다. Web3.js 버전 1.0이 출시되면 라이브러리는 **그림 7.3**과 같이 모듈 모음을 지원한다.

각 모듈은 이더리움 생태계에 특정 기능을 제공한다.

- Web3-eth 모듈은 이더리움 block chain에서 스마트 계약을 개발하기 위한것이다.
- Web3-shh 모듈은 위스퍼 프로토콜을 사용하는 피어투피어 (peer-to-peer) 통신 용모듈이다.
- Web3-bzz 모듈은 swarm 프로토콜을 사용하여 분산 파일 저장 을 위한 모듈이다.
- Web3-utils 모듈은 dApp 개발용이며 유용한 헬퍼 함수를 포함한다. 다음 그림에서 이를 시각화한다:

이것은 다음 그림에서 시각화된다.

그림 7.3: 이더리움 생태계를 위한 web3.js의 단위

Web3.js를 사용하 여스마트 계약 수행하기

이 섹션에서는 실습 튜토리얼을 진행한다. 그래서 실험복을 입어라! 우리는 지금 다음과 같은 일을 할 것이다:

1. Github에서 web3.js를 설치하십시오.
2. Http 서버를 설치하고 실행하십시오.
3. Web3.js를 사용하여 신속하고 지저분한 javascript 스마트 계약서를 작성하십시오.
4. Geth를 열고 web3.js에 개인 block chain을 연결하십시오.
5. Web3.js를 사용하여 스마트 계약을 시작하려면 웹브라우저를 엽니다.
6. 미스트를 열어 스마트 계약의 결과를 확인한다.

Windows의 github에서 web3.js를 설치하려면 git bash 커널이 필요한다. Git bash 커널을 설치하고 나면 web3.js github 경로를 복제하고 다음 명령을 사용하여 http 서버를 다운로드 할 수 있다.

〉git clone https://github.com/ethereum/web3.js.git

〉install -g http-server

결과는 다음과 같다.

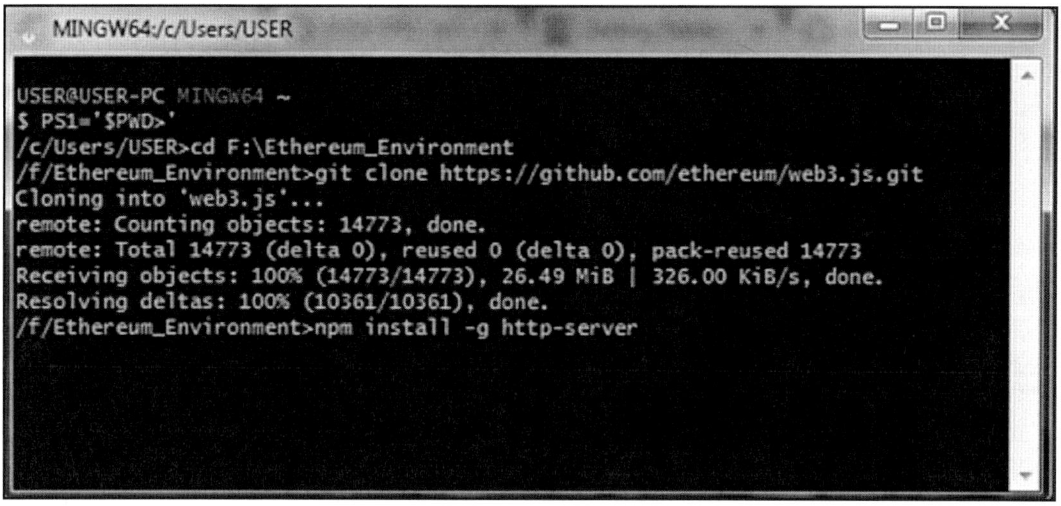

그림 7.4: github의 web3.js 및 http-server 설치

Http 서버가 설치되면 http-server 명령을 사용하여 서버를 시작할 수 있다. 서버 인스턴스를 종료하려면 Ctrl + C를 눌러야 한다. 다음 geth 명령을 사용하여 cygwin을 사용하여 geth 노드를 엽니다.

〉geth -datadir=./chaindata/ --rpc --rpccorsdomain "*"

이것은 cross-origin resourcesharing(cors)이다. 예를 들어 하나의 웹페이지 응용프로그램을 사용하여 여러 서버 간에 데이터를 보내고 받으려는 경우 cors가 들어오는 곳이다. 예를 들어, 단일 서버를 사용하여 여러 서버와 데이터를 주고받는 경우 웹페이지 응용프로그램인 cors는 브라우저의 동일 출처 보안정책에 대한 해결 방법으로 사용된다. 이것은 브라우저의 동일 출처 보안정책에 대한 해결책으로 작동한다. 개인 block chain이 web3.js로 설정되면 mydApp라는 기본 계약서를 작성하여 내 지갑 잔액을 가져옵니다. 이 파일의 이름은 index.html이며 web3.js 폴더 바깥에 있다.

그림 7.5는 javascript 코드를 사용하여 web3.js 라이브러리를 호출하는 html 스크립트를 보여 준다.

```
<!doctype html>
        <html>
<head>
    <title>myDapp</title>
    <script src="web3.js/dist/web3.min.js"></script>
    <script type="text/javascript">

        if (typeof web3 !== 'undefined') {
            web3 = new Web3(web3.currentProvider);
        } else {
            // set the provider you want from Web3.providers
            web3 = new Web3(new Web3.providers.HttpProvider("http://localhost:8545"));
        }

        function getBalance() {
            document.getElementById("myBalance").innerText =
            web3.fromWei(web3.eth.getBalance(web3.eth.accounts[0]), "ether");
        }
    </script>
</head>
<body>
<h1>This is my balance</h1>
<button onclick="getBalance()">Update my balance</button>
<span id="myBalance"></span> in Ether
</body>
</html>
```

그림 7.5: index.html의 web3.js 라이브러리

이 index.html 파일을 웹브라우저에서 열어서 저울 버튼을 누르면 내사설 block chain에 있는 ethers의 양이 반환되며mist브라우저를 열면 확인 할수 있다. 이 비교는 그림 7.6에 나와 있다. 다음 섹션에서는 web3.js의 API 구조에 대해 자세히 설명한다.

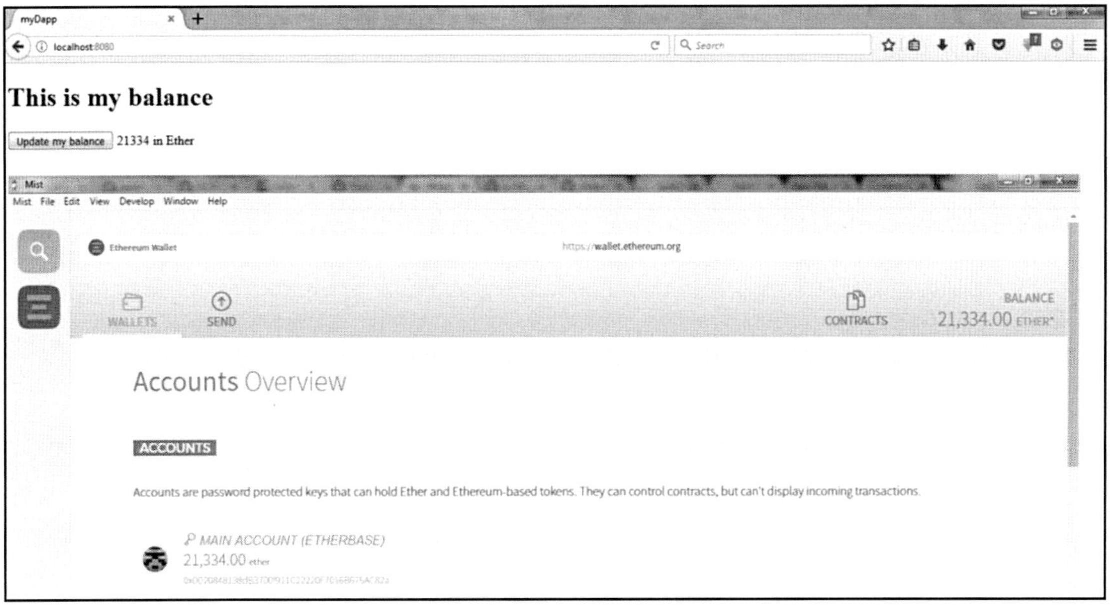

그림 7.6: mist와 web3.js 근거한 dApp의 ethers 균형비교

Web3.js의 API 구조

우리의 계약에 필요한 적절한 기능을 찾기 위해 web3.js 라이브러리를 살펴보면서 매우 솔직해질 수 있다. 이것이 web3.js 1.0 문서를 완벽한 둘러보기 안내 책자로 간주해야 하는 이유이다. 전체 문서는 https://web3js.readthedocs.io/en/1.0/index.html에서 무료로 볼 수 있다.

이 섹션에서는 중요한 API의 맵을 시각화하여 계약서를 실제로 코딩할 때 사양 및 매개변수 사용 패턴에 대한 web3.js 문서의 섹션으로 바로 이동할 수 있다.

그림 7.3에서 볼 수 있듯이 web3-eth, web3-shh, web3bzz 및 web3-utils의 네 가지 하위 모듈이 있다. 그림 7.4에서는 web3-eth 모듈을 중요한 하위 API 모듈로 세분했다. 각 하위 모듈에는 현명한 계약으로 호출할 수 있는 몇 가지 도우미 함수가 있다.

헬퍼 함수를 통해 사용할 수 있는 일반 작업을 완료하려면 호출 스마트 계약에서 작업에 필요한 ethers를 사용해야 한다.

```
Web3.eth.personal.sign (datatosign, 주소, 비밀번호, [콜백])
```

다음은 이 함수를 호출하고 출력을 콘솔에 출력하는 예제이다.

Web3.eth.personal.sign ("dear lord", "0x11f4d0a3c12e86d4d5f39d213f9e19d048296dae", "test passphrase"). Then (console.log); 〉 "0x30955ed65396facf86c53e6219c52d4dae-de92aa4941d89635409de4c9c9f9466d4e9aa ec9999f05e923889d33c0d0dd29d9226d6e6f-56ce939465c5cfd04de400"

Web3.eth의 API 하위 모듈은 다음과 같다.

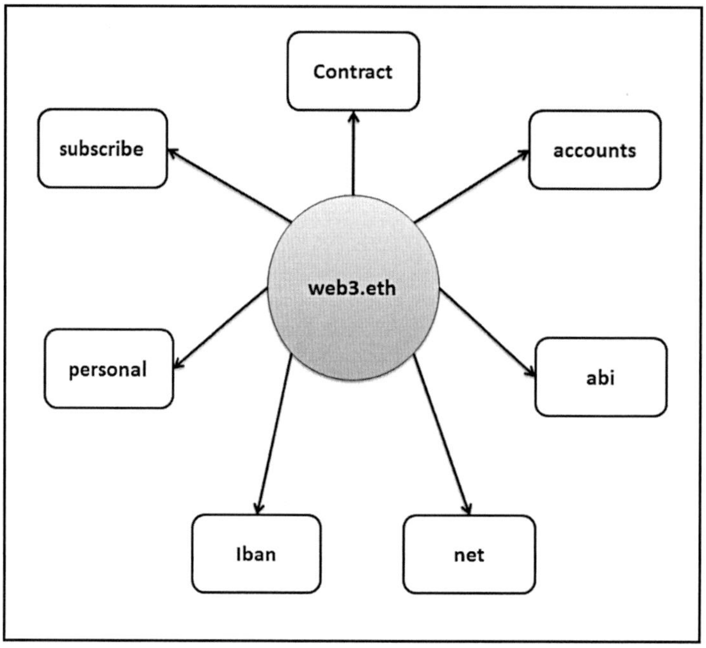

그림 7.7: web3.eth의 API 하위모듈

간단히 말해서 web3.eth 모듈의 API 하위 모듈에 있는 함수는 다음 작업을 수행하는 데 도움이 된다.

- Web3.eth.subscribe: block chain에서발생하는특정이벤트를구독할수 있다.
- Web3.eth.contract: block chain에서스마트 계약을 자바스크립트 객체처럼 쉽게 상호 작용 할 수 있다.
- Web3.eth.accounts: 이것은 데이터, 이더리움 계정 및 트랜잭션 서명에 도움이 된다.
- Web3.eth.personal: 계약을 통해 이더리움 노드 계정과 상호작용할 수 있다.
- Web3.eth.iban: 이를 통해 이더리움 주소를 **국제은행 계좌번호**(iban)와 **본 은행 계좌번호**(bban)로 변환할 수 있다.
- Web3.eth.abi: 계약을 통해 **이더리움 가상머신**(evm)에 대한 함수 호출을 위해 매개변수를 디코딩하고 abi(application binary interface)에 인코딩할 수 있다.

- Web3.eth.net: 우리 계약이 이더리움 노드의 네트워크 속성과 상호작용하는 데 도움이 된다. 이 하위 모듈은 util3을 제외한 모든 web3 모듈에 공통적으로 사용된다. 따라서 web3.*.net으로 표시된다. 여기서 *는 eth, shh 또는 buzz일 수 있다.

비슷한 방식으로 그림 7.8은 web3.shh 모듈의 33 API 하위 모듈을 보여 준다. Web3.shh.net 모듈을 무시하면 32 개의 하위 모듈 각각은 peer-topeer 통신을 위한 위스퍼 프로토콜을 사용하는 고유한 입력 및 출력인 수정의 가 있는 함수이다.

- Setprovider: 해당 모듈의 공급자를 변경한다.
- Providers: 현재 사용 가능한 공급자를 포함한다.
- Givenprovider: 브라우저에서 현재 네이티브 공급자를 반환한다.
- Currentprovider: 현재 설정된 공급자 또는 null을 반환한다.
- Batchrequest: 배치 요청을 생성하고 실행한다.
- Extend: web3 모듈의 확장을 허용한다.
- Getid: 현재 네트워크 ID를 가져옵니다.
- Islistening: 노드가 피어를 듣고 있는지 확인
- GetpeERCount: 연결된 피어의수를 가져옵니다.
- Getversion: 실행중인 속삭임의 버전을 가져옵니다.
- Getinfo: 현재 속삭임 노드에 대한 정보를 가져옵니다.
- Setmaxmessagesize: 위스퍼 노드에 허용되는 최대 메시지 크기
- Setminpow: 노드에 필요한 최소 pow를 설정한다.
- Marktrustedpeer: 신뢰할 수 있는 특정 피어를 만료 또는 이전 메시지를 보낼 수 있도록 표시한다.
- Newkeypair: 메시지 암호화 및 암호해독을 위한 새로운 공개키 및 개인키 쌍생성
- Addprivatekey: 이 공개키로부터 파생한 키 페어를 돌려주어, 그 키 페어를 돌려준다.
- deletekeypair: 존재하는 경우 특정 키를 삭제한다.
- Haskeypair: 주어진 id와 일치하는 속삭임 노드에서 리쌍의 개인키를 검사한다.
- Getpublickey: 리쌍 id에 대한 공용 키를 리턴한다.
- Getprivatekey: 리쌍 id에 대한 개인키를 리턴한다.
- Newsymkey: 임의의 대칭키를 생성하여 id로 저장한다.
- Addsymkey: 키를 저장하고 id를 반환한다.
- Generatesymkeyfrompassword: 암호에서 키를 생성하고 이를 저장하여 id를 반환한다.
- Hassymkey: 주어진 id로 저장된 대칭키를 검사한다.
- Getsymkey: 주어진 id와 관련된 대칭키를 반환한다.

- Deletesymkey: 주어진 id와 관련된 대칭키를 삭제한다.
- Post: 네트워크에 속삭이는 메시지를 게시한다.
- Subscribe: 들어오는 속삭임 메시지 구독
- Clearsubscriptions: 속삭이는 노드에 대한 가입을 지웁니다.
- Newmessagefilter: 노드 내에 새로운 필터를 생성한다.
- Deletemessagefilter: 노드에서 메시지 필터를 삭제한다.
- Getfiltermessages: 이 함수가 마지막으로 호출된 시간까지 수신된 메시지를 검색하고 새 필터 조건과 일치하는 메시지를 검색한다.

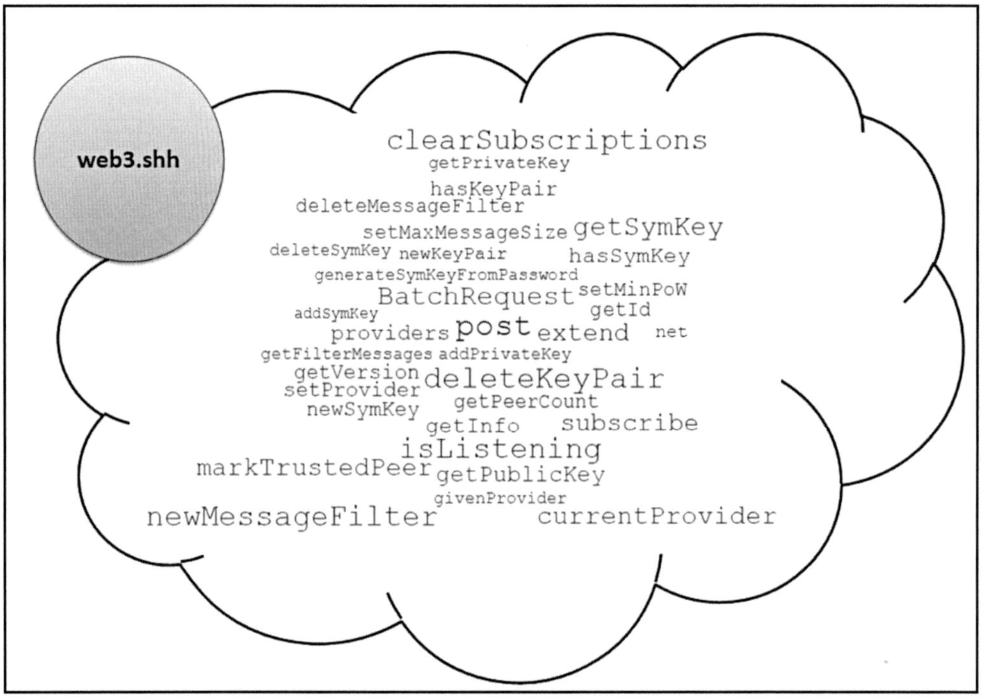

그림 7.8: web3.shh의 API 하위 모듈

그림 7.9는 web3.bzz 모듈의 API 하위 모듈을 보여 준다. 이 함수는 swarm과 상호작용한다.

- Setprovider: 모듈에 대한 공급자를 변경한다.
- Givenprovider: 이더리움 호환 브라우저의 네이티브 현재 공급자를 반환한다.
- Currentprovider: 현재 공급자의 url 또는 null을 반환한다.
- 업로드: 파일, 폴더 또는 원시데이터를 웜에 업로드한다.
- 다운로드: 파일과 폴더를 버퍼로 다운로드하거나 떼에서 디스크로 다운로드한다.

- Pick: 브라우저에서 파일을 선택하는 데 도움이 되는 파일 선택기를 엽니다.
- Net: 이더리움 노드 네트워크 속성과 상호 작용할 수 있다.

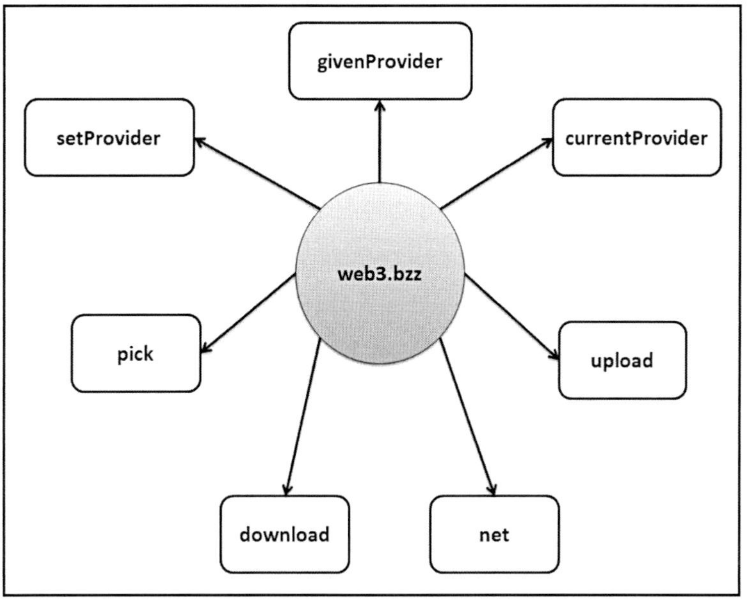

그림 7.9: web3.bzz의 API 하위 모듈

그림 7.10은 web3.utils 모듈의 28 개 API 하위 모듈을 모델링 한다. 이것은 계약이 기본 노드 관련 작업을 수행할 때 사용되는 공통기능이다. 예를 들어, web3.utils.sha3 ()은 함수의 입력으로 전달된 문자열 래터럴에 대한 해시를 생성한다. 이 함수에는 web3.utils.keccak256 ()이라는 별칭이 있다. 내장 개체를 확장하지 않고 유용한 도우미 기능을 제공하는 또 다른 독특한 기능이 있다. 밑줄 함수라고 하며 일반적으로 web3.utils._()로 정의된다. 편의를 위해 여기에 함수가 나열되어 있다.

- Randomhex: 주어진 바이트 크기에서 암호 학적으로 강한 의사 랜덤 hex 문자열을 생성한다.
- _: 함수 바인딩, javascript 템플릿, 빠른 색인 작성, 심층 평등 테스트와 같은 보다 전문화된 기능뿐만 아니라 **맵**, **필터** 및 **호출**과 같은 실용적인 기능 도우미를 제공한다.
- Bn: javascript에서 큰숫자연산계산
- Isbn: 주어진 값 Bn.js 인스턴스이다.
- Isbignumber: 주어진 값이 bignumber.js 인스턴스인지 확인한다.
- Sha3: 입력의 sha3을 계산한다.
- soliditysha3: 주어진 입력 매개 변수의 sha3을 abi 변환으로 계산하고 해시되기전에 단단히 채웁니다.

- Ishex: 주어진 문자열이 16진수 문자열인지 확인한다.
- Ishexstrict: 접두사가 0x인 문자열이 16진수 문자열인지 확인한다.
- Isaddress: 주어진 문자열이 유효한 이더리움 주소인지 확인한다.
- Tochecksumaddress: 대문자 또는 소문자 이더리움 주소를 체크 섬주소로 변환한다.
- Checkaddresschecksum: 주어진 주소의 체크섬을 검사한다.
- Tohex: 주어진 값을 hex 으로 자동 변환한다
- tobn: 자바스크립트에서 큰 숫자연산을 위해값을 bn.js 인스턴스로 변환한다.
- Hextonumberstring: 주어진 hex 값의 숫자 표현을 문자열로 반환한다.
- Hextonumber: 주어진 hex 값의 숫자 표현을 반환한다.
- Numbertohex: 주어진 숫자값의 hex 표현을 반환한다.
- Hextoutf8: 주어진 hex 값의 utf-8 문자열 표현을 반환한다.
- Hextoascii: 주어진 hex 값의 ascii 문자열 표현을 반환한다.
- Utf8tohex: 주어진 utf-8 문자열의 hex 표현을 반환한다.
- Asciitohex: 주어진 ascii 문자열의 hex 표현을 반환한다.
- Hextobytes: 주어진 hex 문자열에서 바이트 배열을 반환한다.
- Bytestohex: 바이트배열에서 16진수 문자열을 반환한다.
- Towei: 모든 ethers 값값을 wei로 변환한다.
- Fromwei: wei 값을 ether 값으로 변환한다.
- Unitmap: 가능한 모든 ethers 값과 wei의 양을 표시한다.
- Padleft: 문자열의 왼쪽에 패딩을 추가하여 16진수문자열에 패딩을 추가하는데 유용한다.
- Padright: 문자열 오른쪽에 패딩을 추가하여 16진수 문자열에 패딩을 추가하는데 유용한다.
- Totwoscomplement: 음수를 2의 보수로 변환한다.

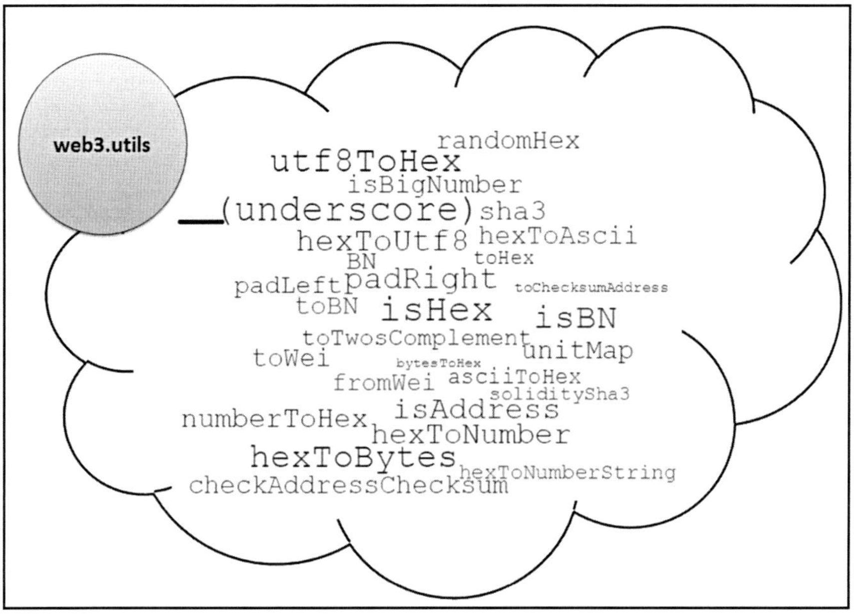

그림 7.10: web3.utils의 API 하위모듈

소유권 계약 설계 소유권

계약에는 다양한 실제 응용 프로그램이 있다. 그러나 소유권 계약이란 무엇입니까? 기본적으로 파일의 내용을 공개하지 않고 파일의 소유권을 증명할 수 있는 현명한 계약이다. 계약이 block chain에서 실행되면 특정 타임 스탬프에 계약이 있음을 입증하고 문서의 무결성을 검사할 수 있다.

파일의 무결성은 파일의 해시를 파일 소유자의 이름과 함께 키값쌍의 형식으로 저장하여 얻을수 있다. 해시는 파일의 내용을 임의로 변경하면 완전히 새로운 해시값이 생기기 때문에 소유권의 사기를 방지하는데 도움이된다. 그림 7.11은 소유권 계약의 견고성 구현을보여 준다.

```
pragma solidity ^0.4.19;
contract OwnershipContract
{
    struct FileMapping
    {
        uint timestamp;
        string owner;
    }

    mapping (string => FileMapping) files;

    event FileLogStatus(bool status, uint timestamp, string owner, string fileHash);

    //Used to store the owner of file at the block timestamp
    function set(string owner, string fileHash) public
    {
        //Here we are checking for default value i.e., all bits are 0
        if(files[fileHash].timestamp == 0)
        {
            files[fileHash] = FileMapping(block.timestamp, owner);

            //triggering an event to notify the frontend
            FileLogStatus(true, block.timestamp, owner, fileHash);
        }
        else
        {
            //returning out a false status to the frontend
            FileLogStatus(false, block.timestamp, owner, fileHash);
        }
    }

    //this is used to get file information
    function get(string fileHash) internal view returns (uint timestamp, string owner)
    {
        return (files[fileHash].timestamp, files[fileHash].owner);
    }
}
```

그림 7.11: 소유권스마트 계약

그림 7.12에 표시된 해당 web3.js 파일은 javascript 파일에내장할수 있다.

그림 7.12: 솔리디티 계약과 동등한 web3.js

보시다시피, 우리는 프론트 엔드 애플리케이션을 개발하기 위해 자바스크립트 코드에서 소유권 계약과 동일한 web3.js 구현에 대한 세부 사항을 다루지 않았다.

8장, 바닥부터 개발하는 암호화폐를 개발하기에서 처음부터 크립토크롤토큰을 개발할 구현에 대해 자세히 살펴볼것이다.

개요

이 장에서는 geth, mist 및 web3.js와 ipc 및 http를 사용하여 이더리움 block chain을 통해 작동하는 방법을 명확히 구분하여 시작했다. 두 가지 모두 json-rpc 프로토콜을 사용하는 것으로 나타났다. 그런 다음 web3.js 라이브러리를 eth, shh, bzz 및 utils의 네 가지 주요 모듈로 분류했다. 우리는 또한 web3.js 라이브러리를 일반 javascript로 호출하여 사적인 block chain을 통해 현명한 계약을 수행하는 방법을 알아 냈다. 우리는 web3.js 라이브러리의 다양한 API 하위 모듈과 기능을 탐색하는 방법을 배웠다. 우리는 web3.js와 동등한 코드 생성과 함께 소유권 계약의 솔리디티 구현으로이 장을 결론지었다.

8장, 바닥부터 개발하는 암호화폐를 들어가기에 앞서 우리는 처음부터 암호 해독 토큰을 개발하고 **초기 코인 제공**(ico)에 대해 배웁니다.

제 08 장

바닥부터 개발하는 암호화폐

이 장에서는 이더리움의 광범위한 응용프로그램 중 하나인 암호화 토큰에 대해 설명한다. Truffle 프레임워크에 대한 간단한 소개부터 시작하여 트러플 프레임워크를 사용하여 ERC20 호환 토큰을 작성한다. 그런 다음 **초기 코인 제공**(ico)과 사기, ponzi, 수도꼭지 같은 또는 합법적인 것으로 식별될 수 있는 방법에 대해 논의할 것이다. 우리는 암호화폐와 관련한 차익거래의 개념을 소개할 것이다. Fiat2crypto (f2c)와 crypto2crypto(c2c) 교환에 대해서도 배우게 된다. 그런 다음, 우리는 또 다른 패리티 해킹 사례 연구를 통해 이 장을 마무리한다.

이 장을 공부하면 다음을 할 수 있다.

- Truffle을 사용하여 ERC20 호환 토큰 개발
- 폰지, 사기, 수도꼭지 및 합법적인 ico 확인
- 암호화폐를 사용하여 재정거래를 이해하십시오.
- Fiat2crypto 및 crypto2crypto 교환에 대해 알고 있어야 한다.
- 다른 패리티 해킹 사례연구 및 토큰 보관의 중요성 알아보기

토큰 대 코인

이 장의 제목은 오해의 소지가 있다. 그것은 오해의 소지가 되었다. 이것은 이더리움의 관점에서 암호화폐와 토큰 사이의 미묘한 차이를 깨닫게 하기 위해 선택되었다. 암호화폐에 대한 지식을 얻기 위해 웹을 탐색할 때 암호화폐, coins 및 token이라는 용어는 종종 같은 의미로 사용된다.

그림 8.1은 그들 사이의 미묘한차이를 가져오는 분류를 나타낸다.

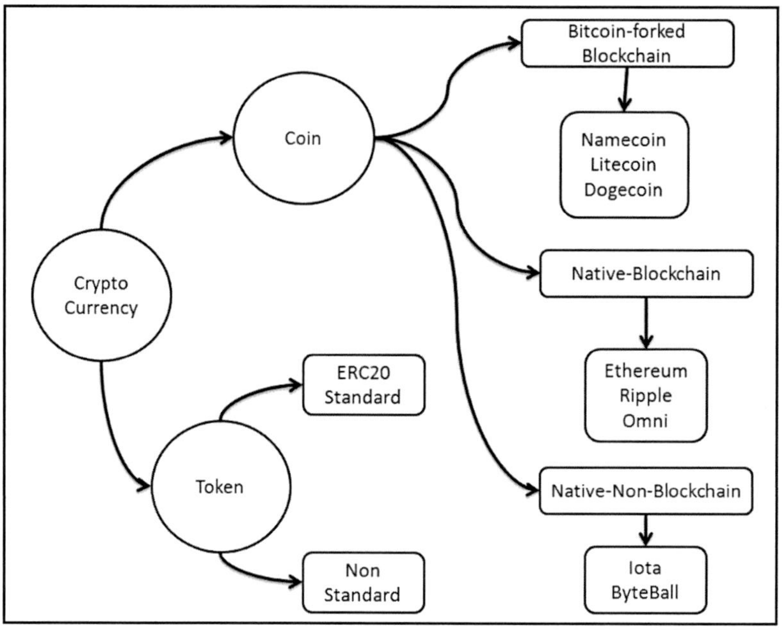

그림 8.1: 토큰대코인

간단히 말하면, 다음 네 가지 요점은 동전과 토큰의 차이점을 요약한것이다.

- 동전은 자신의 블록체인에서 별도의 통화이지만 토큰은 주로 단일 블록체인 변형을 기반으로 한다.
- 코인은 일반적으로 제한된 기능, 즉 가치의 저장을 가지고 있는 반면, 토큰은 복잡하고 다각적인 수준의 가치를 저장할수 있다.
- 코인은 대부분 블록체인을 마이닝하여 생성되는 반면 토큰은 블록체인에서 스마트 계약을 실행하여 생성된다.
- 따라서, 이 장에서 암호화폐에 대해 말할 때 우리는 실제로 이더리움 스마트 계약에 관한 토큰이기 때문에 실제로는 토큰을 의미한다. 이처럼 작지만 중요한 정보를 가지고 ERC20 호환성에 따라 처음부터 이더리움 토큰을 개발하는 방법에 대한 다음 섹션을 살펴보겠다.

Truffle을사용한 ERC20 토큰개발

Truffle은 이더리움의 개발, 테스트 및 자산 파이프 라이닝을 위한 프레임워크이다. 또한 ERC190 표준을 사용하여 통합 패키지 사양을 제공한다. ERC190은 이더리움 스마트 계약의 패키지 사양에 대한 규칙 집합을 설명하는 주석 요청이다.

이더리움의 자산 파이프 라이닝은 ruby on rails에서 빌린 개념이다. 이것은 필요한 실행 순서로 javascript, 솔리드 티 및 css 자산을 연결, 축소 또는 압축하는 프레임워크를 제공하는 기능이다. 이 기능을 통해 개발자는 압축 및 사전처리된 라이브러리와 같은 모듈을 만들어 다른 코딩 모듈에서 재사용할 수 있으므로 생산성 향상에 도움이 된다.

Truffle 프레임워크를 설치하여 시작하겠다. 설치는 매우 간단하며 그림 8.2와 같이 git bash 창에서 다음 명령을 사용하여 수행할 수 있다.

```
$ npm install -g truffle
```

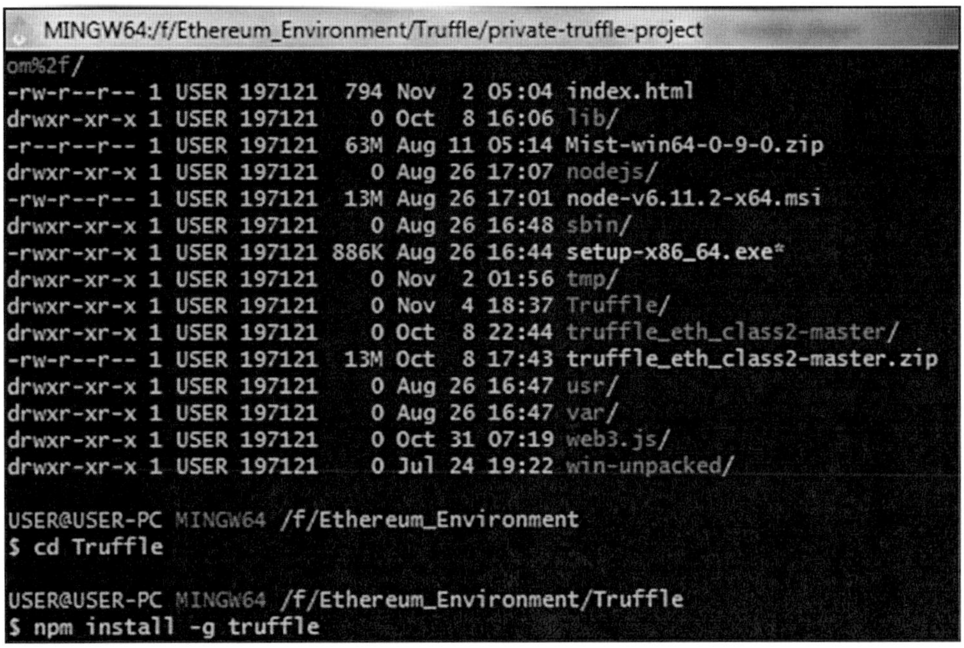

그림 8.2: truffle라는 새 폴더 안에 설치

새로운 프로젝트를 위해 truffle을 시작하려면 사용자 정의 프로젝트 이름이 있는 새 폴더에서 truffle init 명령을 항상 사용해야 한다. Truffle 프레임워크가 이미 시작된 프로젝트 폴더에서 truffle을 시작할 수 없다. 그러면 예외가 발생한다.

TIP 설치가 끝나면 **그림** 8.3과 같이 프레임워크를 초기화해야 한다. 설치 또는 초기화 중 문제가 발생하면 이더리움 스택 교환 또는 truffle 설명서에서 알려진 문제 해결 문제를 참조하십시오.

이것이 작동하는 방법이다.

```
USER@USER-PC MINGW64 /f/Ethereum_Environment/Truffle
$ mkdir private-truffle-project

USER@USER-PC MINGW64 /f/Ethereum_Environment/Truffle
$ cd private-truffle-project

USER@USER-PC MINGW64 /f/Ethereum_Environment/Truffle/private-truffle-project
$ truffle init
Downloading...
Unpacking...
Setting up...
Unbox successful. Sweet!

Commands:

  Compile:        truffle compile
  Migrate:        truffle migrate
  Test contracts: truffle test

USER@USER-PC MINGW64 /f/Ethereum_Environment/Truffle/private-truffle-project
$ truffle.cmd version
Truffle v4.0.1 (core: 4.0.1)
Solidity v0.4.18 (solc-js)
```

그림 8.3: truffle 프레임워크의 시작

이제 간단한 ERC20 호환 토큰을 작성해 보겠다. 이를 위해 private-truffle-project 폴더 안에 새로운 폴더인 ERC20_token을 만들고 내부에 견고 성 파일인 scratchtoken.sol을 작성한다.

We place this solidity file, along with the Migration.sol file, inside the contract folder.

이제 그림 8.4와 같이 다른 git bash 창을 열고 testrpc를 입력하여 testnet을 시작한다.

```
MINGW64:/f/Ethereum_Environment/Truffle/private-truffle-project/ERC20_token

USER@USER-PC MINGW64 /f/Ethereum_Environment/Truffle
$ cd private-truffle-project/ERC20_token

USER@USER-PC MINGW64 /f/Ethereum_Environment/Truffle/private-truffle-project/ERC
20_token
$ testrpc
EthereumJS TestRPC v3.9.2

Available Accounts
==================
(0) 0x73a59a715b01fbc804da4ef5ece281da10c1cb09
(1) 0xc1611604d71481ad115bff19e50110b91b3ff7b7
(2) 0x740ed43bc749356d6f8c99afaf05710213f118f1
(3) 0xb204f7c84f8bcbe6dcaf992b7eb8eb68cafbac8b
(4) 0xfd2d780937d4a0c41497f98fb0c227bf29fd4963
(5) 0xf5cc15d9890eb5f2666ba429f0afdc53b361ff1f
(6) 0xc83a00f59f470ce5c5a899e7ee0b36071fd7c8fc
(7) 0x11f62f40ab52d3cdf9ec1eb10217bf940c51ba50
(8) 0x2e88cd260b5d0004088b09ef0f9d250bf4820d37
(9) 0x0541171c7b450f7b3535b62774fff8ef94169cbb
```

그림 8.4: testrpc 시작하기

이전 git bash 창에서 그림 8.5와 같이 truffle.js 파일을 localhost를 가리키도록 변경한다

```
module.exports = {
    networks: {
    development: {
    host: "localhost",
    port: 8545,
    network_id: "*" // Match any network id
   }
  }
 };
```

그림 8.5: trufl ffl e.js 구성변경

그런 다음 그림 8.6과 같이 .sol 파일을 컴파일한다. Testnet에 truffle.cmd deploy 명령을 사용하여 배포할수 있다.

```
USER@USER-PC MINGW64 /f/Ethereum_Environment/Truffle/private-truffle-project/ERC20_token
$ truffle.cmd compile
Compiling .\contracts\Migrations.sol...
Compiling .\contracts\ScratchToken.sol...

Writing artifacts to .\build\contracts


USER@USER-PC MINGW64 /f/Ethereum_Environment/Truffle/private-truffle-project/ERC20_token
```

그림 8.6: scratchtoken.sol 컴파일하기

이것이 truffle 프레임워크를 사용하여 기본 ERC20 준수 토큰을 배포하는 방법이다. 보안 강화 기능을 갖춘 본격적인 토큰에 필요한 다른 ERC20 준수 기능을 통합하기 위한 더 많은 기능을 추가할 수 있다.

Totalsupply ()

이 함수는 인수가 없으며 순환중인 토큰의 총공급을 되찾는다.

예를 들어 비트코인 이데올로기를 모방한 ERC20 토큰을 만들면 totalsupply ()가 2100만 개를 숫자로 가져옵니다.

Balanceof (소유자)

앞의 함수는 소유자의 주소인 괄호 안의 인수를 가진다. 따라서 이 balanceof 함수는 균형 값을 되돌리려면 소유자의 주소가 필요한다.

Transfer (가치로)

앞의 함수는 to의 주소, 즉 받는 사람의 주소와 그 주소로 보내야 하는 토큰의 수를 나타내는 두 개의 인수를 가진다.

Transferfrom (from, to, value)

앞의 함수는 전송자 주소, 수신자 주소 및 전송해야 하는 토큰 값과 같은 세 가지 인수를 가진다.

Approve (쓰다, 가치)

앞의 함수는 지정된 최댓값까지 토큰을 사용하도록 제3 자엔 티티를 승인하도록 소유자에게 권한을 부여한다.

Allowance (소유자, 지출자)

앞의 기능을 사용하면 소유자는 지출한도를 적용하지 않고 제3 자엔 티티가 자신을 대신하여 토큰을 사용할 수 있는 권한을 부여할 수 있다.

앞의 함수 외에도 이러한 토큰에는 두 가지 이벤트가 있다.

Event Transfe (from, to, tokens)
Event Approval(tokenowner, spender, tokens).

For example, if there is a token that has a totalSupplyInCirculation( ) function, which has the same functionality as totalSupply( ), the token is ERC20-non-compliant, because the function name has changed.

반면 이벤트는 네트워크 전체에서 방송된다. 예를 들어, 전송이 발생하면 전송 이벤트가 네트워크 전체에서 브로드 캐스팅되므로 네트워크가 트랜잭션을 인식하고 블록 이 블록체인에서 그에 따라 업데이트된다. 승인 이벤트는 네트워크가 소비자 주소의 권한 변경을 알 수 있도록 비슷한 방식으로 또한 방송된다.

암호화폐를 위한 차익 거래

Ajay는 고아였다. 우린 고등학교 친구들이었어. 그의 연구를 지원하기 위해 그는 이상한 일을 하곤 했다. 아침 일찍, 그는 야채를 파는데 사용했다. 밤에는 팔찌를 팔았다. 그는 과도한 출퇴근 시간으로 인해 공부를 마칠 수 없었다. 20년 전: 그는 이벤트 관리사업을 운영하고 이벤트 기능을 위해 대여한 2개의 방갈로 및 3개의 세단을 소유한다. 그는 아직 어린 시절부터 1층짜리 아파트에 산다. 그는 주인에게서 그것을 샀고 현금으로 지불했으므로 더 이상 집세를 내지 않는다.

며칠 전에 제3의 파티가 저녁 파티를 열어놓은 방갈로에서 만났다. 나는 그에게 무엇이 진드기를 만들어주는지 부담스럽게 물었다. 그는 첫째로, 그는 결코 어떤 융자도 받지 않았다고 말했다. 그는 지금도 신용카드가 없다. 둘째, 철도가 추적한다.

알다시피, 우리 집은 기차역에 아주 가깝다. 우리는 문자 그대로 매일 밤 열차의 휘파람을 들을 수 있었다. Ajay는 그가 학교 일 동안 그의 돈의 대부분을 만들었다고 말했다. 역에는 양방향 레일트랙이 있으며, 지역 열차는 도시 교차점에서 멀리 떨어진 마을까지 30분마다 통근한다.

그는 적절한 플랫폼에 앉아 기차를 타고 왼쪽 플랫폼의 조력자와 조깅하는 사람들에게 야채를 사곤 했다.

우리 학교가 왼쪽에 있었어. 학교 종소리가 울렸을 때 그는 팔찌를 사러 갔다가 집에 돌아갔다. 황혼이 시작되자 그는 오른쪽 플랫폼 바로 옆에 있는 성전 근처에서 팔찌들과 함께 나왔다.

공식 비즈니스 교육 없이 ajay는 어떤 차익거래가 정확히 무엇인지 알고 있었다. 그것은 동일한 상품에 대한 서로 다른 시장의 가격차이를 활용하여 투자자가 위험이 없는 수익을 창출할 수 있는 기회이다. Ajay에게는 두 시장이 철도 플랫폼의 양쪽에 있었다.

차익거래는 빠른 이익을 내기 위해 사용된 오래된 거래 관행이다. 상거래라고도 한다.

암호화폐의 경우 교차지역, 교차 교환 (cross-border) 거래는 서로 다른 지리적 지역에서 매우 변동적인 전환율로 인해 발생할 수 있다. Eth / inr 또는 btc / inr 요금은 eth / usd 또는 btc / usd보다 훨씬 높다. 광부에게 1%의 수수료가 주어지더라도 순이익은 대용량 암호해독 거래에 충분한다.

ICO 이야기

다음 링크에서 YouTube에 동영상 로그가 있다.

Https://www.youtube.com/watch?V=4bmf4xzg_4u&feature=youtu.be&t=4m19s

글을 쓰는 시점에는 285 건의 조회수를 수집했다. 이것은 san jose의 비트코인 2013 컨퍼런스의 클립이다. 클립의 4시 19분에, 패널리스트는 신뢰할 수 있는 소프트웨어 개발자 그룹을 사용하여 새로운 x, y 및 z 기능을 사용하여 비트 쵸 블록체인 프로토콜 위에 새로운 프로토콜을 개발하려는 아이디어를 제시했다. 그는 또한 벤처 캐피털 회사에 가지 않고이 창업을 창출하기를 원한다고 강조했다. 오히려 대량의 군중이 투자로 구입할 수 있는 몇 가지 토큰을 공개할 것이고 이는 킥 스타터 펀드의 역할을 할 것이다. 이러한 토큰의 가치는 창업이 증가함에 따라 증가할 것이며, 이는 차례로 그러한 토큰의 얼리 어답터에게 보상할 것이다.

"나는 그들을 데려갈 거야." 누군가 소리 치고 비디오가 끝납니다.

This person in the video is J.R. Willet and the idea he pioneered in this video is the concept of initial coin offering(ICO). Sadly, this idea never took off on the bitcoin blockchain as there were no early adopters. A few years later, Vitalik Buterin used this concept to pitch the ICO on the Ethereum blockchain and has bagged around USD 2 billion worth of ether in terms of funding within the first nine months of 2017.

An ICO is an unregulated way of offering investors some units of a new cryptocurrency or crypto token in exchange for market-established cryptocurrencies, such as bitcoin and Ethereum, via smart contracts.

The good news is that a legitimate ICO, such as Ethereum, Augur, and Golem, is an amalgamation of a kick-starter model and an initial public offering (IPO). The bad news is that most of the ICOs that come out in today's market do not have the proof-of-concept to start with, which is the core of any kick-starter model, nor are they regulated by the Securities and Exchange Commission, which is the backbone of all securities offered in IPOs. Figure 8.7 represents this dilemma. Such dilemmas give rise to scams, Ponzi schemes, and faucets that we need to identify.

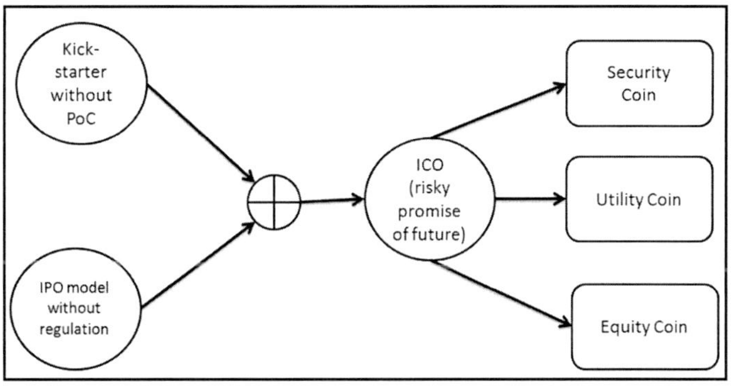

그림 8.7: ico 딜레마

지난 몇 개월 동안 많은 해킹이 일어난 후에 왜 이더리움을 합법적인 ico(initial coin offering)로 생각할지 궁금해할 것이다. 이를 해결하기 위해서는 이더리움에서 발생한 모든 해킹이 인프라 자체 (즉, 이더리움 블록체인 또는 이더리움 가상 시스템 및 솔리 디디)가 아닌 현명한 계약의 코딩규칙 때문이라는 것을 이해해야 한다.

가장 중요한 점은 ico 측면에서 이더리움 블록체인을 통해 가스에 스마트 계약을 체결하는데 사용되는 토큰과 동일한 토큰인 ethers가 판매 중인 것이다.

이것은 우리가 사기 ico를 식별할 수 있는 지점으로 안내한다. 사기 ico의 중요한 포인터는 블록체인에서 실행 중인 스마트 계약이 ico에 있던 토큰을 사용하지 않는다는 것이다.

이것을 상상해 보십시오: 다이아몬드 상인이라고 말하는 회사에 투자하거나 투자하겠습니까? 하지만 당신은 구운 아몬드를 투자의 토큰 또는 영수증으로 제공합니까? 토큰이나 귀중한 돌에 투자한 금액과 동일한 법적 서류 계약을 제공한다.

Ponzi ico는 다른 종류의 금융 사기이다. 실제로 ponzi의 개념은 150년 전에 오프라인으로 시작되었다. 투자자는 다른 투자자를 속여 이 계획에 참여할 수 있는 경우에만 투자를 회수할 것을 약속한다. 제품이 없는 제휴 비즈니스는 ponzi 비즈니스의 한 형태이다. 이더리움의 세계는 불행히도 새로운 ponzi ico의 번식지가 되었다.

그림 8.8은 massimo bartoletti et al.에 의해 확인된 이 더리움 기반 ponzi의 분류를 나타낸다. 이탈리아 사르데냐 칼리아리 대학 수학 및 정보학과 (arxiv: 1703.03779v5):

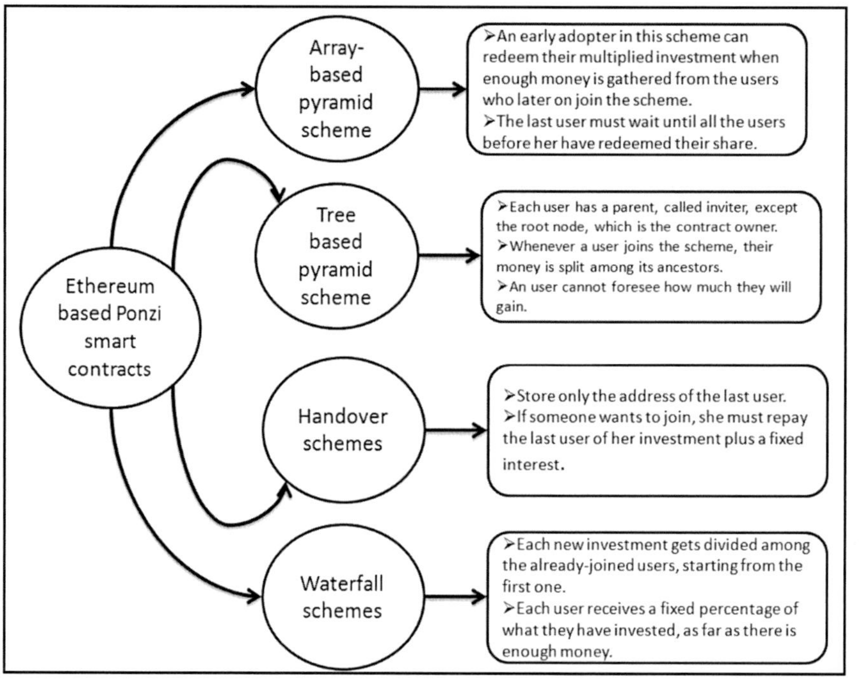

그림 8.8: 이더리움 근거한 ponzi 스마트 계약

수도꼭지는 ico와 관련이 없다. 그들은 기본적으로 사용자가 ethers를 얻으려는 일상적인 일을 해야만 하는 웹사이트이다. 작업은 웹페이지를 클릭하거나, 설문조사에 참여하거나, 게임을 하거나, 리뷰를 쓰거나, 간단히 제휴사 링크를 복사하여 간단하게 처리할 수 있다. 작업 다 얻는 ethers는 극히 적지만 수도꼭지에서 사용자의 지갑으로 ethers를 옮길 수 있는 워터마크는 매우 높거나 막대한 시간이 걸릴 수 있다. 수도꼭지는 국경선의 사기 사례이다. 일부는 제휴 및 지속성으로 인해 성장한 사용자에게 비용을 지불하기 때문에 사기이다. 그러나 이것들은 합법적인 광부들이 광산용 ethers가 아니다. 오히려 그것들은 자유로운 ethers에 의해 유인된 사용 트자 전환된 노예이다.

Fiat2crypto와 crypto2crypto 교환

암호화폐는 아직 대부분의 일상적인 구매를 지불하기 위한 금융수단이 아니다.

예를 들어 비트코인 지갑을 사용하여 커피 한 잔을 사려면 변환을 위해 교환원에게 btc를 보내고 확인이 처리되는 동안 기다리고 비트코인을 상당한 손실로 판매한 다음 피아트 자금을 카드로 이체해야 한다. 경우에 따라 우리 돈의 이동은 실제 택배사의 책임이다. 에테리엄 (이더리움)의 경우, 이것은 훨씬 더 성가시다.

버섯 교환 포털이 많이 있지만 위험도가 높다. 시간이 걸리는 몇 가지 교환은 poloniex.com과 cex.io이다.

에스토니아는 공개 무기로 크립토 통화를 채택했다. Crypterium이라는 이름으로 2018년까지 암호화 은행을 개설할 계획이다.

그림 8.9는 crypterium에 대한 ico 판매를 묘사한다. 암호은행 crypterium은 다음과 같은 교환시설을 갖춘 기본 dApp이다.

- Fiat2crypto: dApp은 피아트 금액을 사용자로부터 인출하고 사용자의 계정에 암호화를 저장한다.
- Crypto2crypto: dApp는 다른 사용자의 지갑에서 암호해독을 철회하고 동일 또는 다른 변형의 암호해독을 사용자 계정 (예: btc/eth, eth/btc, bch/btc)으로 보낸다.
- Crypto2fiat: dApp은 사 용자의 지갑이나 계정에서 암호해독을 철회하고 해당 피아트 통화 (usd/eur/gbp등)를 사용자의 은행 계좌로 보낸다.

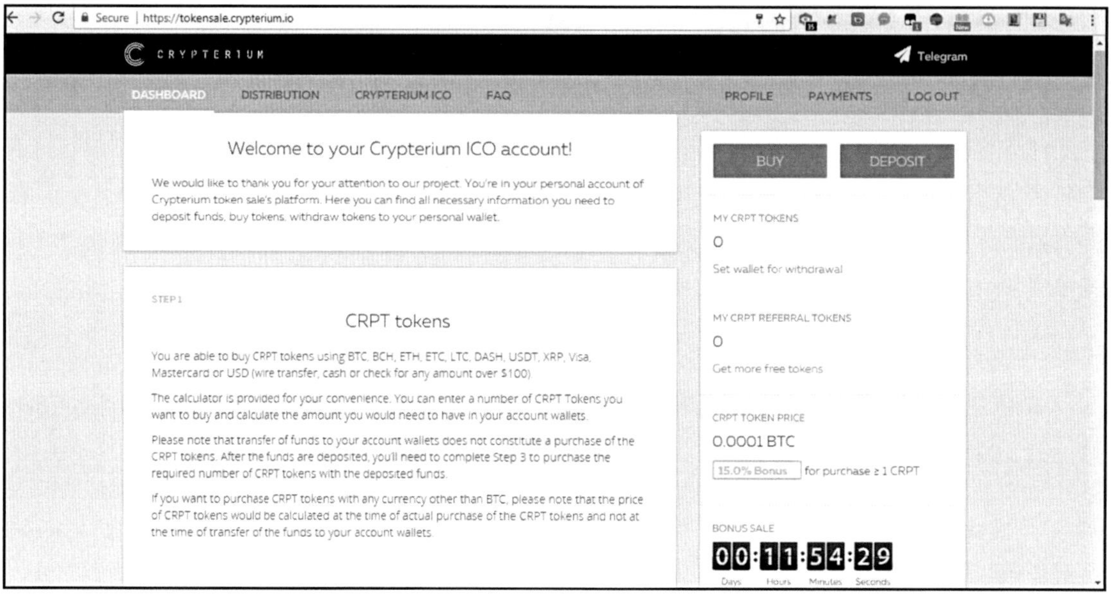

그림 8.9: crypterium ico 판매

패리티 해킹 반환

이 전쟁에서 견고성에 관해서, 우리는 도서관 계약에서 다중 서명 지갑에 의한 패리티 해킹에 대해 논의했다. 해킹 후 패리티 팀은 도서관 계약을 필요한 수정으로 변경했다. 그러나 그렇게 함으로써 그들은 새로운 취약점이 있는 도서관 스마트 계약의 다른 섹션을 감사하는 것을 잊어버렸다.

그림 8.10은 외부 사용자가 사용할 수 있는 자체 파괴 코드의 일부를 보여 준다. 별칭 devops199를 가진 신인 개발자가 이 함수에 액세스하여 우연히 실행했다. 따라서 전체 도서관 계약이 자멸하고 블록체인에서 벗어났다.

라이브러리를 호출하는 지갑이 무의미해지고 수백만 달러의 가치가 있는 토큰이 이러한 매달려 있는 지갑 계약에 영원히 갇혀 있었을 때 충격은 훨씬 나중에 실현되었다. 이러한 해킹 사례로 인해 오픈소스코드에 대한 동료 평가의 중요성을 깨닫게 되고 왜 핫 지갑 대신 하드 지갑을 사용해야 하는지 설명할 수 있다.

```
// kills the contract sending everything to `_to`.
function kill(address _to) onlymanyowners(sha3(msg.data)) external {
  suicide(_to);
}
```

그림 8.10: 동등한 지갑도 서관 자살 계약의 자살기능

개요

우리는 토큰과 동전을 명확히 구분하여 이 장을 시작했다. 그런 다음 truffle 프레임워크를 사용하여 ERC20 호환 토큰을 개발하는 방법에 대해 논의했다. 우리는 암호화폐의 arbitrage 거래 개념과 합법적인 ico와 사기 및 ponzi 계획을 구별하는 방법을 탐구했다.

우리는 crypterium ico와 c2c 및 f2c 교환에 혁명을 일으킬 수 있는 방법에 대해 이야기했다. 우리는 자살 스마트 계약 도서관에서 영원히 수백만 달러 ethers를 얼어붙은 또 다른 패리티 해킹을 분석함으로써 이 장을 결론지었다.

9장, 기업 사용 사례에서는 이더리움 스마트 계약의 일부 기업용 사례를 살펴볼 것이다.

제 09 장

기업 사용 사례

이 장에서는 블록체인 및 스마트 계약이 어떻게 산업에 침투했는지에 초점을 맞추고 있다. 우리는 Money of Internet의 개념을 소개함으로써이 장을 시작하고 현명한 계약이 다양한 산업에서 기술, 사회 및 경제에 어떻게 영향을 미치는지 탐구한다. 특히, 블록 계약의 경우 18건, 현명한 계약의 경우 12건을 검토한다. 이 장에서는 명령 줄 인터페이스 기반의 분산된 마이크로 블로깅 플랫폼에 대한 다양한 모듈을 설계하고이를 사설 블록체인에 배포함으로써이 장을 마무리한다.

이 장을 공부하면 다음을 할 수 있다.

- 돈 인터넷의 개념을 이해하십시오.
- 현명한 계약과 블록체인을위한 다양한 유스 케이스에 대해 알아
- 마이크로 블로깅 dApp의 구성 요소 이해
- DApp의 보안 및 관리 속성 탐색

"What you seek is seeking you"

- Rumi

이 장을 시작하기 전에, 13 세기의 유명한 페르시아 수니파 무슬림 시인 잘랄 애드 딘 무하마드 루미(Jalal ad-Din Muhammad Rumi)가 말한 선행 인용문을 한 걸음 물러서서 깊이 생각해 보십시오. 이 악명 높게 간단한 6 단어 견적은 그것 내의 신비한 그러나 깊은 철학을 나른다.

예를 들어, 당신이 인생의 파트너를 찾고 있다면, 이 세상에 당신과 똑같은 사람을 찾고 있는 누군가가 있다.

이제 가장 간단한 기술 예제 중 하나를 살펴보겠다. 우리 모두 웹상에서 검색했지? Google은 일반적으로 Google에 알려 주므로 (아무도 들으 려하지 말고, Bing하거나, 오리 오리로 간다고하자.), 그 역시 무료이다. 그러나이 웹 경제에서 우리가 무언가를 무료로 얻을 때 우리는 우리가 제품이라는 것을 이해해야 한다. 누구에게 물을지 모르다. 광고주, 시장 조사자, 제품 디자이너 - 우리는 제품이다. 우리가 클릭하는 링크, 우리가 보는 제품, 우리가 만드는 거래, 우리가 좋아하는 따옴표, 우리가 듣는 노래 - 말 그대로 웹에서 이루어지는 모든 행동이 기록된다. 우리가 가장 좋아하는 채팅 앱에 입력하는 가장 작은 메시지조차도 친구에게 보내고 더 공식적인 메시지를 보내려면 삭제하십시오. 이들은 우리의 진정한 사적인 심리를 엿볼 수 있는 회사, 데이터 거인 및 제품 제조사에게 판매된다. 그들은 우리의 심리학을 제품으로 사용하여 해당 제품에 대한 제품이나 광고를 만듭니다. 우리는 결국 검색 엔진 회사에 대한 수익을 창출하고 생성할 것이다. 따라서 우리가 웹에서 추구하는 것이 많을수록 더 많이 추구한다.

프라이버시에 민감한 인간에게 있어서 이것은 분명히 놀라운 일이다. "왜 우리 개성이 나 외에 다른 사람에게 이익이되는 걸까요?" 물론, 우리는 플랫폼에서 서비스를 제공하고 있지만, 그것이 우리의 개성이나 프라이버시를 희생하지 않아도된다. 이것은 우리의 개성이 우리의 책임이며 중개인/기계가 우리의 명시적인 허가 없이는 이익을 가져야 하는 분권화와 분산된 응용의 씨앗을 심은 바로 그 아이디어이다.

사랑과 지식을 찾는 것이 좋다. 그러나 우리는 먹이를 줄 수 있는 더 큰 괴물을 가지고 있다. 사회에서 존중받고, 권력을 가진 사람이되고, 우리가 살고 있는 사회의 내부적 인 활동을 통제하는 것은 인정되어야 할 굶주림이다. 그리고 어떻게 든, 그것은 인간 문명 세대를 통해, 돈을 버는 것은 우리에게 이러한 인식을 가져다준다. 다른 두 가지, 지식과 사랑이 축적되어 더 많은 인정을 줄 수 있지만, 대부분의 평범한 필사자들은 돈이 우리 자신의 평생 동안 명성을 얻을 수 있다고 생각한다. 그리고 은행과의 공생이 시작되었다. 왜냐하면 어떻게 든 우리가 돈을 그들과 함께 안전하다고 믿게 만들었고 오랫동안 그 돈을 거기에 간다면 성장할 수 있기 때문이다. 그런 다음 합법적이고 규제된 도박의 일종 인 주식 시장이 나왔다. 우리는 모든 위험을 기꺼이 감내하고 있는 한, 때때로 우리의 돈을 배가시킬 수 있다. 그런 다음 파생 상품, 채권, 선물, 규정 및 규정 준수가되었다. 너무 많은 수익성이 있지만 위험한 제안으로 우리를 타락시키지 못하게 하는 금융 경찰.

그러나 2008년 9월 15일 150년 역사의 리먼 브라더스(Lehman Brothers) 투자 은행이 파산 신청을 하면서 전 세계는 은행들이 자신들이 주장하는 만큼 안전하지 못하다는 것을 깨달았다. 그러나 사람들은 여전히 돈이 필요했고 은행은 머물러야 했다. 2009년 1월 3일, 익명의 단체인 Satoshi Nakamoto는 비트코인(비트코인)이라는 개념을 소개했다. 비트코인(비트코인)은 일반 사람들과 소위 규제된 금융 기관 간의 권력 투쟁을 시작했다.

이 금융 기관들은 처음에이 혁명을 무시한다면 곧이 암호 경제학은 자연스러운 죽음으로 끝날 것이라고 생각했다. 껍질로 되돌아가는 거북이처럼, 금융 세계는 이 진행중인 혁명을 무시하기 시작했다. 그러나 지난 8년 동안 암호화폐가 증가했다. 블록체인 기술은 인터넷에 돈을 가져다 줄뿐만 아니라 현명한 계약을 통해 돈을 벌 수 있게 되었다.

우리의 돈 추구는 우리에게 새로운 패러다임 인 돈 인터넷을 가져왔다. 여기서 돈이란 교환 매체 일뿐만 아니라 표현 매체이다. 이전 장에서는 기본적으로 인간의 아이디어가 암호 해독 토큰으로 변환된 ICO에 대해 설명했다. 우리는 돈이 우리를 찾고 있는 기술의 시점에 있다. 우리의 아이디어를 사람들이 살 수 있는 토큰으로 바꾸어 우리를 찾고 있다. 우리의 생각이 승리한다면, 우리의 토큰도 마찬가지이다.

널리 알려진 프레임워크 나 가이드 라인없이 인터넷상의 새로운 자유로 인해 IT 업계는 매우 불안정 해졌다. 프로그래밍 가능한 돈은 새로운 웹 앱이나 소프트웨어와 동일하지 않다. 블록체인에서의 불변성 개념은 인터넷의 디자인을 엔터프라이즈 아키텍트에게 악몽처럼 만듭니다. 그들은 더 이상 데이터 과학자 또는 소프트웨어 개발자라고 생각할 수 없다. 그들은 더 많은 펌웨어 개발자 또는 건설 노동자처럼 생각해야 한다. 그것은 생계를 위해 맞춤형 집을 만드는 것과 같다. 바닥 계획 중 원하는 변경 사항을 제안할 수 있지만 일단 승인되고 집이 만들어지면 원래의 평면도를 변경하지 않고 방을 수정하는 것이 매우 어렵다.

원래 계획에 약점과 취약한 사각 지대가 있는 경우 도둑이 DAO와 패리티의 이더리움 해킹에서 보았 듯이 도둑이 들어서 모든 귀중품을 훔칠 수 있다. 이 기술의 경우 모듈화된 아키텍처보다는 단순한 아키텍처를 권장해야 한다. 전자는 크기가 작고 해킹에 덜 취약하기 때문이다.

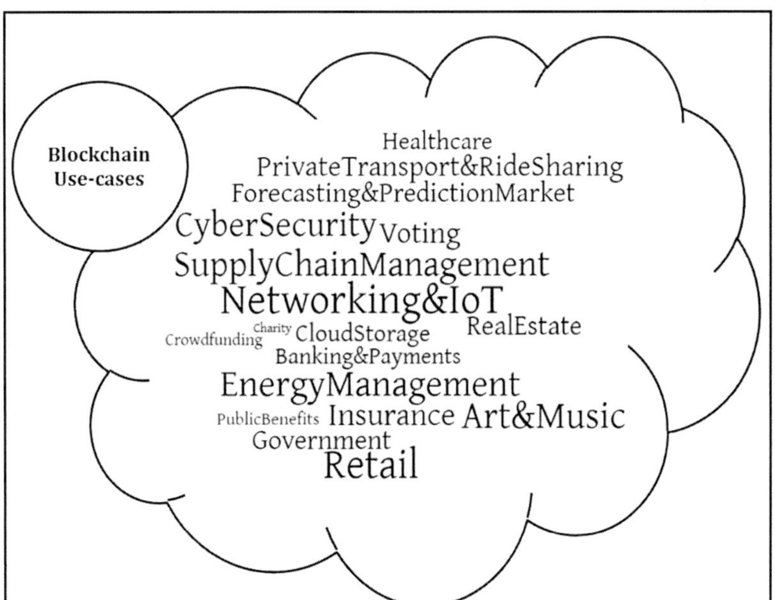

그림 9.1: 블록체인 사용 사례

은행 및 지불

블록체인은 월드 와이드 웹(World Wide Web)이 미디어 업계와 같은 방식으로 은행 업계를 혼란에 빠뜨릴 것이다. 비트코인 및 이더리움과 같은 암호화폐가 상당히 낮은 송금 수수료로 몇 초 내에 국경 간 거래를하고 있기 때문에 국경으로 인해 발생하는 규정 및 규정을 위반하고 있다. 이것은 선진국의 투자자를 개발 도상국의 혁신가들과 연결시키는 것이다. Barclays와 같은 은행은 운영 능력을 강화하기 위해 블록체인을 구현하고 있다. 은행은 또한 블록체인 기반 벤처 기업에 투자하고 있다.

보험

글로벌 보험 시장은 신뢰를 기반으로한다. 블록체인은 신뢰를 관리하는 새로운 방법이다. 이것은 피보험자의 신원을 확인하는 데 사용될 수 있을뿐 아니라 지불하는 동안 합의된 금액을 수정하기 위해 oraclize와 같은 프레임워크를 사용하여 실시간 데이터와 상호 작용하는 데 사용될 수 있다. 자동차 및 작물 보험에 대한 현명한 계약은 중대한 사람 개입없이 판매 대금을 결정할 때 강력 할 수 있다.

Fizzy.axa는 프랑스 보험 회사 AXA가 시작한 이더리움 기반 보험 제품이다. 이는 2시간 이상 지속되는 비행 지연에 대한 자동 판매 대금을 지급하는 현명한 계약이다.

공급망 관리

모든 공급망 지점에서 블록체인에 대한 비용, 노동, 폐기물 및 배출량 모니터링을 문서화함으로써 관리가 중단될 수 있다. 우리는 전체 공급망이 갈등이없고 공정 무역 정책을 준수하도록 제품의 출처를 추적할 수도 있다. 블록체인 (블록체인s)은 생태 학적 및 탄소 발자국을 지속적으로 기록함으로써 제품이 환경에 미치는 양자 효과를 확인하는 데 사용될 수도 있다.

기술 대기업인 마이크로 소프트는 **무선 식별**(RFID) 신생 기업인 Mojix와 협력하여 프로젝트 매니페스트라는 이더리움 블록체인을 사용하여 원산지에서 배달까지 제품 ID를 개발하고 추적한다. 주요 연구는 Auburn University의 RFID 연구소의 교수 팀과 학생 팀이 수행한다.

예측 및 예측 시장

블록체인은 예측 산업에 혁명을 일으키려하고 있다. 현명한 계약을 통해 베팅을 할 수 있으며, 우승 한 금액은 자동으로 우리의 계좌로 이체된다. 선거 결과, 수퍼 보울 매치 결과, 월드컵 결승전 진출 자의 예측과 같은 도전적인 행사는 자동으로 합법화된 도박 게임으로 전환될 수 있다.

App.Augur.net은 이더리움 기반의 예측 시장 플랫폼으로, 베팅을하고 이더리움 거래로 돈 거래를 할 수 있다. 완전히 분산되어 있다.

자선

중매인에 의한 부패와 에스크로의 비효율은 자선 공간에서 공통적 인 문제이다. 이러한 쟁점들은 돈이 실제로 그것을 필요로하는 사람들에게 도달하는 것을 막다. 블록체인은 기부금 추적 기능을 제공함으로써 자선 공간을 혼란에 빠뜨리고 있다.

이더리움 공간에서 giveth.io는 기본적으로 이더리움 펀드를 직접 전송하거나 자동화된 대리인을 통해 자금을 이체할 수 있는 스마트 계약 인 liquid pledging이라는 개념을 배포 원장에서 투명한 추적을 통해 사람에게 소개했다. 기금이 옮겨 질 때마다 기증자는 통보를받으며 어떤 행동을 취하든지 거부할 수 있다.

또한 캠페인에 자금을 할당하고 미리 정의된 목표에 따라 기부금을 추적할 수 있는 분산된 이타적인 공동체를 개발할 수 있는 플랫폼을 제공한다.

소스 코드 및 개발 상태는 다음 github 링크 https://github.co.kr/Giveth에서 추적할 수 있다.

공공 혜택

블록체인은 사회 복지 기금을 투명하게 배분하는 훌륭한 기본 틀이다. 장학금, 군대 급여, 장학금, 실업 수당은 천천히, 부패와 관료주의를 겪지 않고 분배될 수 있다.

Govcoin Systems Limited는 Barclays 및 University College London과 제휴하여 블록체인 및 스마트 계약을 사용하여 사회 복지 분배 시스템을 개발했다. 이 계약은 영국 정부의 근로 연금 부 (Department for Work and Pensions)에서 시행한다.

에너지 관리

에너지 그리드 및 유틸리티 산업은 고도로 중앙 집중화되어 있다. 가스, 연료 및 전기를 구입하려면 공인된 그리드 또는 공인된 사기업을 통과해야 한다. 생산자들조차도 규제가 엄격한 채널을 통해 기본적인 유틸리티를 판매해야 한다. 블록체인은 피어-투-피어 유틸리티 공유 프레임워크를 가져옴으로써 이러한 독점을 혼란시킬 수 있다.

독일의 전력 회사인 RWE는 이더리움 기반 블록체인 신생 업체인 Slock.it과 파트너가 되어 전기 자동차를위한 분산 형 차량 충전소를 개발했다.

예술과 음악

불법 미술 경매 및 음악 불법 복제는 엔터테인먼트 업계에 항상 도전 과제였다. 매니저와 레코드 사의 커미션과 결합하여, 심각한 금액의 돈이 예술가들로부터 도난당했다. 블록체인은 소비자의 예술가에게 직접 지불하는 투명 시스템과 예술 작품의 신원을 저장하는 고유 한 서명의 사용을 제공한다.

Maecenas는 분산된 방식으로 미술에 액세스하고 경매하기 위한 개방 된 블록체인 플랫폼이다. Mycelia는 예술가들에게 직접 소비자들에게 돈을 지불하는 온라인 음악 플랫폼이다.

소매

우리가 스펜서(Spencers) 또는 푸드 바자(food bazaar)로부터 월간 소모품을 구입할 때, 우리는 소매 시스템이 실제 상품 생산자에게 돈을 지불할 것이라고 믿다. 블록체인은 제작자를 중간 엔티티없이 소비자와 연결할 수 있다. 이로 인해 소매가가 급격히 하락할 수 있다.

Https://www.Openbazaar.Org/는 블록체인(blockchin) 기반의 온라인, 피어-투-피어 (peer-to-peer) 상점으로 누구나 자신의 eshop을 설정하고 중개 수수료없이 제품을 판매할 수 있다. 플랫폼은 비트 코 인 (비트코인)으로 트랜잭션을 수용한다.

부동산

부동산 매매에는 투명성 결여, 관료주의, 공공 기록의 실수, 사기 등이 있다. 블록체인은 종이 기반의 기록 보관을 줄이고 거래 속도를 높일 수 있다.

현명한 계약은 추적을 자동화하고 재산 증서를 이전하고 소유권을 확인하고 문서의 정확성을 보장하는데 도움이 될 수 있다.

인도의 Andhra Pradesh 주정부는 Swedish 신생 회사 인 chromaway와 제휴하여 토지 등록을위한 블록체인 기반 솔루션을 구축했다. 인도 전역의 토지 등록 기관에 7 억 달러가 뇌물 형태로 지급되는 것으로 추산된다.

사이버 보안

사이버 보안과 블록체인은 공생 관계가 있다. 두 사람은 서로를 성장시키고 붕괴시키기 위해 서로를 필요로한다. 블록체인의 기본 토대는 암호화 해시 기능을 기반으로하며, 블록체인이 초기 단계에 있으므로 사이버 보안이 가장 중요한다.

퀀텀 컴퓨팅은 현대 비대칭 암호화에 대한 실질적인 위협이다. Iota.org는 차세대 그래프 기반 분산 원장 기술로서이 양자 위협을 극복하고 분산원장기술의 보안을 강화한다고 주장한다.

크라우드 펀딩

블록체인은 초기 동전 제공의 개념을 도입함으로써 완전히 새로운 수준으로 crowdfunding을 활용했다. 소개 및 이전 장에서 논의했듯이 적절한 감사를 통해 공감대가 규정 된 ICO 프레임워크를 갖기 전에 먼 길을 가야 한다. 현재, ICO 경기장은 암호 - 토큰 토큰에 대해 "야생 - 야생 - 서쪽"상황으로 간주될 수 있다.

네트워킹 및 사물의 인터넷

블록체인을 사용하면 사람이 개입하지 않아도 컴퓨터간에 통신 및 미세 지불을 수행할 수 있다.

기계의 경제는 자동화 분야의 혁신을 주도하는 데 중요한 역할을 할 신흥 분야이다. Project Oaken은 수상 경력이 있는 이더리움 기반의 스마트 계약 프로젝트로서 iot를 사용하여자가 운선 빛 수동 차량을 위한 부스 단위의 자동 통행료를 지불한다. 이 프로토 타입은 Tesla를 사용하여 성공적으로 테스트되었으므로 Dubai 블록체인 Hackathon에서 $ 100K의 우승을했다. 현재, Oaken Innovations는 Toyota 연구 및 MIT Media Labs와 협력하여 자율 드라이브 미래를위한 프로토 타입을 연구했다.

투표

> "투표를 하는 사람들은 아무 것도 결정하지 않고 투표를 한 사람들이 모든 것을 결정한다."
>
> – 조세프 스탈린

데이터 과학자는 하버드 비즈니스 리뷰 (Harvard Business Review)에 따르면 가장 섹시한 직업이지만 2016년 미국 총선을 비참하게 예측하지는 못했다. 투표 시스템을 세우는 것은 주요한 데이터 과학 실패로부터 벗어나 음모론 일 수는 있지만 완전히 배제 할 수는 없다. 블록체인 기술은 불변의 속성으로 인해 그러한 민주적 인 과정에 대해 놀라운 일을 할 수 있다.

Https://www.Democracy.Earth/ 및 https://followmyvote.Com/은 벤처 캐피털 회사가 자금을 지원하는 블록체인 기반 투표 앱이다. 가까운 미래에 스마트 계약을 통합할 계획과 로드맵도 있다.

정부

정부 시스템은 종종 부패가 느리고 투명하지 않은 경향이 있다. 블록체인 기반 시스템을 구현하면 정부 운영의 관료적 인 간접비를 줄임으로써 보안, 투명성 및 효율성을 크게 높일 수 있다.

에스토니아는 암호 은행을 열 계획이다. 두바이는 2020년까지 정부의 문서를 블록체인에 올려 놓을 계획이다.

개인 교통 수단 및 승용차 공유

우버 (Uber)와 올라 (Ola)는 택시 및 대중 교통 산업을 혼란에 빠뜨렸다. 블록체인은 분산 및 피어 - 투 - 피어 공유 패러다임을 제공함으로써이 수준을 한 단계 끌어 올릴 수 있다. 이것은 운전자 커뮤니티가 불필요한 중개인 수수료없이 더 많은 것을 얻는 것을 도울 것이다.

Oaken Innovations와 MIT Media Labs는 dApp를 공유하는 피어 - 투 - 피어 (peer-to-peer) 라이드 개발을 위한 수신료 징수에 관한 또 다른 프로젝트를 위해 Toyota와 협력 관계를 맺고 있다. 이스라엘 텔 아비브 (Tel-Aviv)에 본부를 둔 Lazooz.org는 탈 방식 공유 시설을 갖춘 지방 분권적이고 지역 사회 소유의 운송 시스템을 시작했다.

클라우드 스토리지

블록체인을 사용하면 클라우드 스토리지를 암호화하고 고도로 분산시킬 수 있으므로 공격에 대비할 수 있다. 중앙 집중식 서버의 데이터는 데이터 손실, 해킹 및 사람의 실수에 취약한다.

Storj.io는 블록체인을 사용하는 암호화된 클라우드 스토리지 네트워크이다. 그러나 스토리지 및 검색의 가격 책정은 여전히 어려운 과제이다. Swarm과 IPFS는 또한 수수료 체계를 갖춘 성숙한 클라우드 스토리지로 진화할 가능성이 있다.

건강 관리

블록체인(블록체인)과 같은 기술은 정부 기관 및 기존 스토리지 시스템에 많이 의존하는 개인 건강 기록을 조작하기 위해 건강 기록 업계에 이익이 될 수 있다. 그것은 일반 대중이 무의미한 정치에 맞서 싸우도록 권한을 부여 할 수 있다. 원장은 입원에서 퇴원에 이르기까지 익명의 환자 데이터로 공개된다. 수정할 수 없다. 함부로 변경할 수 없다.

Medrec은 이더리움 기반 사설 블록체인에서 의료 기록을 유지하는 프로토 타입을 개발 한 MIT Media Labs에서 잠복 한 프로젝트 중 하나이다. 이 분산 응용 프로그램은 Fitbit (iot를 사용하는 실시간 신체

활동 추적 응용 프로그램) 및 23andme (침샘 샘플에서 응용 프로그램을 결정하는 DNA 트리)와 같은 외부 데이터 소스와 함께 환자 레코드를 연결할 수 있다. Medrec은 또한 환자가 의료 제공자, 연구원, 심지어 환자의 자녀 및 손자뿐만 아니라 다른 의사에게 개인 건강 정보에 대한 액세스 권한을 안전하게 부여하도록 허용한다.

스마트 계약 유스 케이스

이 섹션에서는 기술로서의 스마트 계약이 사회와 경제의 모든면을 혼란에 빠뜨릴 수 있는 방법에 대해 논의할 것이다.

그림 9.2에서는 스마트 계약에 대한 12가지 사용 사례를 보여 준다.

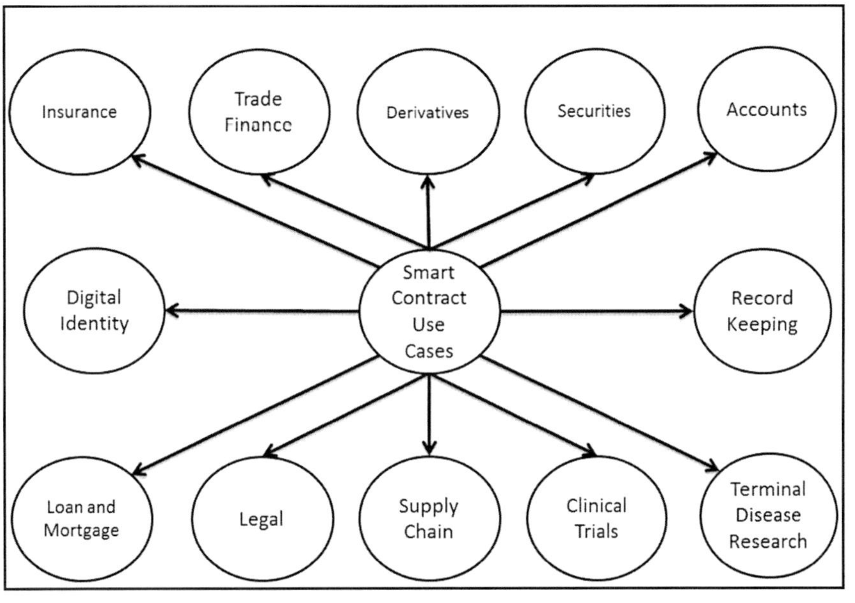

그림 9.2: 스마트 계약의 12가지 사용 사례를 보여 준다.

보험

보험 과정의 대부분은 많은 인간 개입과 본질적으로 흩어져 있다. Iot와 함께 스마트 계약을 체결하면 자동 보험 지불에 대한 자체 인식 의사 결정을 내릴 수 있다.

보고서 및 정책 확인시 중복된 작업을 줄임으로써 절약 효과를 높이다.

무역 금융

스마트 계약은보다 빠른 신용장 및 지불 개시를 용이하게 하여 간소화된 국제 송금으로 이어진다. 이는 자산 유동성을 높이고 계약서 작성의 효율성을 높이며 더 빠른 지불 승인을 촉진한다.

파생 상품

스마트 계약은 거래 후 프로세스를 간소화하여 거래 라이프 사이클 동안 중복된 프로세스를 제거한다. 프로모션의 실시간 평가, 자동화된 외부 이벤트 처리 및 트리거 된 거래 이벤트를 처리하는 동안 의무의 자동 해결을 지원한다.

증권

스마트 계약은 자동 배당 지급, 주식 분할 및 부채 관리를 용이하게 한다.

또한 중개자를 우회하고 자본화를 관리함으로써 운영상의 위험을 줄이다.

분산 원장의 증권으로 인해 디지털화된 투명하고 추적 가능한 엔드 투 엔드 워크 플로우를 제공한다.

계정

스마트 계약을 사용하는 분산된 재무 기록 관리는 투명성과 데이터 무결성을 향상시켜 시장 안정성을 가져옵니다. 재무 데이터에 대한 접근성 향상으로 자본 금액에 대한 통찰력이 향상된다.

디지털 신원

스마트 계약을 통해 개인은 자신의 디지털 신원을 통제하고 소유할 수 있다. 모든 개인은 KYC 정보로 제3자에게 공개할 개인 데이터를 선택할 수 있다.

이는 거래 상대방의 데이터 유출을 줄이고 규정 준수 및 상호 운용성을 향상시킵니다.

기록 보관

자동화된 컴플라이언스, 자동 갱신, 자동 릴리스 및 자동화된 상업 코드 파일링은 현명한 계약의 주요 장점 중 일부이다.

이는 결국 법안을 줄이고 대출 및 담보 가치를 추적하며 아카이브를 자동으로 보관한다.

융자 및 모기지

담보 대출은 현재 매우 혼란스럽고 수동적 인 절차이다. 현명한 계약은 모기지 거래와 관련된 여러 당사자를 연결하여 자동화함으로써 오류가 발생하기 쉬운 프로세스를 가능하게 한다.

서비스 기록의 가시성을 높이고 저당권이 해제될 때 통제 해제를 자동화한다.

적법성

부동산 양도와 같은 법률 서비스는 현명한 계약을 통해 사기없이 원활하게 처리 될 수 있다. 트랜잭션은 효율적이고 투명한다. 감사 및 보증 비용도 절감된다.

공급망

스마트 계약은 복잡한 다중 당사자 전달 시스템을 단순화하고 제품 추적에 대한 정밀성을 확보한다. 추적 성 및 검증이 향상되고 사기 및 절도가 감소한다. Oracles은 외부 계약을 현명한 계약에 제공하기 위해 공급망에서 중요한 역할을한다.

임상 시험

지능적인 계약은 지리적 인 경계를 뛰어 넘는 기관 간 가시성을 증가시켜 임상 시험에 엄청난 이익을 줄 수 있다. 독립적 인 연구자 그룹에 의한 시험 결과의 재현성을 향상시킴으로써 환자 데이터의 동의 추적을 가능하게 하고, 데이터 프라이버시를 높이고, 시험을 능률화하고, 설정을 처리한다.

말기 질환 연구

암과 같은 말기 질환은 데이터 프라이버시 문제와 잘못된 인센티브로 인해 공동 연구를 통해 연구 과제를 공유한다. 스마트 계약은 많은 분야에서 효율적인 데이터 공유를 제공하면서 환자의 사생활을 보호함으로써 데이터의 힘을 최대한 활용할 수 있다. 또한 규제 요구 사항과 환자 동의를 유지하면서 실시간 가시성 및 정책 집행에 도움이된다.

분산된 마이크로 블로깅

이 섹션에서는 기본 이더리움 기반 마이크로 블로깅 플랫폼의 디자인을 살펴보겠다. 새로운 사용자는 이 플랫폼을 사용하여 등록하여 개인용 마이크로 블로깅 계정을 만들 수 있다. 이 계정을 사용하면 익명

트윗을 분산된 이더리움 기반 개인 블록체인에 보낼 수 있으며 기본적으로 비활성화되어 있다.

하지만 tweeting에 분산된 블록체인이 필요한 이유는 무엇이며, 더 중요한 것은 사용자가 익명으로 된 이유는 무엇입니까? 이 질문에 답하기 위해 우리는 다음 섹션에서 논의할 일반적인 중앙 마이크로 블로깅 플랫폼의 관리 및 보안 제약 사항을 이해해야 한다.

관리 및 보안 제약

Twitter, Tumblr 및 Weibo와 같은 인기 있는 마이크로 블로깅 플랫폼 (Sina와 Tencent가 지배하는 마이크로 블로그의 중국 변형)은 기본적으로 문제가 발생하기 쉬운 중앙 집중식 소셜 네트워크 서비스이다.

문제는 주로 두 가지 차원으로 나뉩니다. 하나는 기술이고 다른 하나는 사회적이다. 기술적 차원에서 이러한 서비스의 인기가 높아지면 인프라 관리 비용이 증가한다. 프로덕션 환경에서 확장 성 배포를 수행하는 동안 많은 관리 문제가 발생한다

예를 들어, 최근에 트럼프(Trump)의 트위터 처리 @POTUS는 기술적 결함으로 인해 많은 추종자를 자동으로 차단했다. 이러한 트러블은 자동화 트레이드 봇이 끊임없이 트윗 감정을 모니터하고 전세계 증권 거래소에서 다양한 주식 가격을 결정할 때 심각 할 수 있다. 이로 인해 시가 총액에서 수십억 달러짜리 닦음이 발생할 수 있다.

사회적 차원에서 합법적 인 마이크로 블로깅 계정에 대한 트롤의 증가와 온라인 남용이 나타납니다. 사람들이 일자리를 잃고 정치인들이 사임해야 했으며 유명 인사들은 인종, 성별 또는 종교로 인해 벌금형을 받았다.

우리의 직감 상사 나 인적 자원이 마이크로 블로깅 작업을 따르고 있다면 우리 삶 에서조차도 공개적으로 마이크로 블로그에 대한 압박감을 느끼게 된다. 그래서 사회적 차원에서 개인의 자유와 안보는 큰 문제가된다.

분권화된 마이크로 블로깅 플랫폼은 분산된 플랫폼과 익명성을 제공함으로써 기술적 차원과 사회적 차원 모두에서 문제를 예방할 수 있다. 그러나 블록체인과 같이 분산된 기술을 사용하는 동안 익명성은 위임 사항이 아닌 선택 사항이라는 점에 유의해야 한다. 간단히 말하면 블록체인을 사용해도 자동으로 익명성을 갖지는 않다. 오히려 블록체인 위에 별도로 구현해야 하는 애드온 기능이다.

토론중인이 분산 플랫폼의 아이디어는 원래 Jahn Bertsch라는 소프트웨어 개발자가 생각한 것이다. 전체 기능 논리는 솔리디티 프로그래밍 언어로 구현되었다. 그것에는 2 개의 주요한 현명한 계약이 있다. 계정 관련 스마트 계약(twtaccount.sol) 및 사용자 등록 관련 스마트 계약(twtregistry.sol) 이 두 스마

트 계약서가 사설 블록체인에 배포되면 서로 상호 작용하여 명령 줄 인터페이스 기반의 분산된 마이크로 블로깅 플랫폼을 구성한다.

다음 단원에서는 개별 솔리디티 파일에 대해 살펴보고 개인 블록체인에서 서비스를 설정하고 CLI 및 리믹스 브라우저 모드에서 스마트 계약이 어떻게 수행되는지 확인한다.

Twtaccount.sol

이 견고성 파일은 블록체인에서 하나의 트위터 계정을 모델링한다. 그림 9.3은 이 트위터 계정 계약에 있는 중요한 기능을 요약한 것이다.

```
contract TwtAccount{

  function TwtAccount()

  function getOwnerAddress()constant returns(address adminAddress)
  function adminDeleteAccount()
  function adminRetrieveDonations(address receiver)

  function getLatestTweet()constant
  returns(string tweetString,uint256 timestamp,uint256 numberOfTweets)

  function isAdmin()constant returns(bool isAdmin)

  function getTweet(uint256 tweetId)constant
  returns(string tweetString,uint256 timestamp)

  function getNumberOfTweets()constant returns(uint256 numberOfTweets)
  function tweet(string tweetString)constant returns(int256 result)
}
```

그림 9.3: twtaccount 계약 요약

자, 이스마트 계약의 각 기능이 무엇을하는지 분명히 이해하자. 그림 9.4는 twtaccount ()가 생성자 함수 인 계정 계약의 시작을 나타낸다. Tweet은 싱글 트윗의 데이터 구조를 나타낸다. 매핑은 각 트윗을 tweetid로 검색하는 데 도움이되는 특정 트윗, 계정에 대한 모든 트윗의 배열을 나타낸다. 다른 두 변수는 특정 소유자의 계정 소유자 및 트윗 총 수를 나타낸다.

```
pragma solidity ^0.4.0;
contract TwtAccount {

    struct Tweet {
        uint timestamp;
        string tweetString;
    }
    mapping (uint => Tweet) _tweets;
    uint _numberOfTweets;
    address _adminAddress;

    function TwtAccount() {
        _numberOfTweets = 0;
        _adminAddress = msg.sender;
    }
```

그림 9.4: 구조체와 생성자 함수

그림 9.5는 isadmin () 함수를 나타내며 트위터가 트위터 계정의 실제 소유자인지 여부를 확인한다. 이 함수는 true 또는 false를 반환한다.

```
function isAdmin() constant returns (bool isAdmin) {
    return msg.sender == _adminAddress;
}
```

그림 9.5: 계정 소유자 확인 기능

그림 9.6은 정당한 트위터 계정 소유자가이 기능으로 거부되는 160 자보다 큰 트윗이 160 자 이내 인 새로운 트윗을 만들 수 있게 하는 메인 트윗 기능을 보여 준다.

```
function tweet(string tweetString) returns (int result) {
    if (!isAdmin()) {
        // only owner is allowed to create tweets for this account
        result = -1;
    } else if (bytes(tweetString).length > 160) {
        // tweet contains more than 160 bytes
        result = -2;
    } else {
        _tweets[_numberOfTweets].timestamp = now;
        _tweets[_numberOfTweets].tweetString = tweetString;
        _numberOfTweets++;
        result = 0; // success
    }
}
```

그림 9.6: tweet () 함수

그림 9.7은 두 가지 중요한 함수 인 gettweet ()과 getlatesttweet ()을 나타낸다. 첫 번째는 tweetid를 사용하여 게시물의 시간과 함께 실제 짹짹 메시지를 검색한다. 두 번째 함수는 계정 소유자가 게시한 마지막 짹짹 메시지의 세부 정보를 검색한다.

```
function getTweet(uint tweetId) constant returns (string tweetString, uint timestamp) {
    // returns two values
    tweetString = _tweets[tweetId].tweetString;
    timestamp = _tweets[tweetId].timestamp;
}

function getLatestTweet() constant returns (string tweetString, uint timestamp, uint numberOfTweets)
{
    // returns three values
    tweetString = _tweets[_numberOfTweets - 1].tweetString;
    timestamp = _tweets[_numberOfTweets - 1].timestamp;
    numberOfTweets = _numberOfTweets;
}
```

그림 9.7: 중요한 짹짹 검색 기능

다음 그림 9.8은 계정 계약의 나머지 기능을 요약한 것이다. Getnumberoftweets ()는 계정 소유자가 트윗 수를 반환한다. Getowneraddress ()는 계정 소유자의 블록체인 주소를 반환한다. Adminretrievedonations () 함수는 계정 소유자가 다른 사용자로부터받은 기부를 검색할 수 있도록 개발할 수 있다. 따라서이 계약은 메시지를 트위터화할 수 있는 기부 지갑 역할을 할 수 있다. 계약을 간단하게 유지하기 위해이 기능을 사용하지 않았다. Admindeleteaccount () 함수는 트위터 계정을 삭제하고 수신된 모든 기부금을 검색한다.

```
function getNumberOfTweets() constant returns (uint numberOfTweets) {
    return _numberOfTweets;
}

function getOwnerAddress() constant returns (address adminAddress) {
    return _adminAddress;
}

function adminRetrieveDonations(address receiver) {
    if (isAdmin()) {
        receiver.transfer(this.balance);
    }
}

    function adminDeleteAccount() {
        if (isAdmin()) {
        selfdestruct(_adminAddress);
        }
```

그림 9.8: 기타 기능들

그러나 새로운 트위터 계정을 가지려면 사용자 등록이 필요한다. 이 작업은 다음 섹션에서 설명하는 twtregistry 스마트 계약에 의해 수행된다.

Twtregistry.sol

이 계약은 새 사용자를 트위터 계정으로 등록하는 데 사용된다. 그림 9.9는 이 레지스트리 계약에서 사용할 수 있는 기능을 요약한 것이다.

```
contract TwtRegistry{
  function TwtRegistry()
  function adminUnregister(string name)
  function register(string name,address accountAddress)returns(int256 result)
  function getNumberOfAccounts()constant returns(uint256 numberOfAccounts)
  function adminRetrieveDonations()
  function getAddressOfName(string name)constant returns(address addr)
  function adminDeleteRegistry()
  function adminSetAccountAdministrator(address accountAdmin)
  function adminSetRegistrationDisabled(bool registrationDisabled)
  function getNameOfAddress(address addr)constant returns(string name)
  function unregister()returns(string unregisteredAccountName)
  function getAddressOfId(uint256 id)constant returns(address addr)
}
```

그림 9.9: twtregistry 계약 개요

계정 계약과 마찬가지로 twtregistry ()는 생성자 함수이며 다양한 변수와 매핑을 사용하여 사용자 수를 확인하고 새로운 버전의 등록 업데이트를 사용하고 **그림 9.10**과 같이 bool _registrationdisabled를 사용하여 계정을 관리한다:

```
pragma solidity ^0.4.0;
contract TwtRegistry {

    mapping (address => string) _addressToAccountName;
    mapping (uint => address) _accountIdToAccountAddress;
    mapping (string => address) _accountNameToAddress;

    uint _numberOfAccounts;
    address _registryAdmin;
    address _accountAdmin;
    bool _registrationDisabled;

    function TwtRegistry() {
        _registryAdmin = msg.sender;
        _accountAdmin = msg.sender;
        _numberOfAccounts = 0;
        _registrationDisabled = false;
    }
```

그림 9.10: 생성자, 변수 및 매핑

그림 9.11과 같이 register ( ) 함수는 새 고유 사용자 계정을 만드는 데 사용된다. 관리자는 가능한 경우 사용자에게 업그레이드된 버전의 등록을 사용하도록 강제할 수 있다.

```
function register(string name, address accountAddress) returns
(int result)
{
    if (_accountNameToAddress[name] != address(0)) {
        // name already taken
        result = -1;
    } else if (bytes(_addressToAccountName[accountAddress]).length != 0) {
        // account address is already registered
        result = -2;
    } else if (bytes(name).length >= 64) {
        // name too long
        result = -3;
    } else if (_registrationDisabled){
        // registry is disabled because a newer version is available
        result = -4;
    } else {
        _addressToAccountName[accountAddress] = name;
        _accountNameToAddress[name] = accountAddress;
        _accountIdToAccountAddress[_numberOfAccounts] = accountAddress;
        _numberOfAccounts++;
        result = 0; // success
    }
}
```

그림 9.11: register () 함수 정의

다른 계정 관련 정보는 그림 9.12에 표시된 자체 설명 기능을 사용하여 검색할 수 있다.

```
function getNumberOfAccounts() constant returns (uint numberOfAccounts) {
    numberOfAccounts = _numberOfAccounts;
}

function getAddressOfName(string name) constant returns (address addr) {
    addr = _accountNameToAddress[name];
}

function getNameOfAddress(address addr) constant returns (string name) {
    name = _addressToAccountName[addr];
}

function getAddressOfId(uint id) constant returns (address addr) {
    addr = _accountIdToAccountAddress[id];
}
```

그림 9.12: 계정 관련 기능

계정 등록 및 등록 취소는 그림 9.13의 다음 기능을 사용하여 수행할 수 있다. 한번 등록된 주소는 블록체인에 대한 이력을 유지하기 위해 의도적으로 제거되지 않다. 등록 취소는 사용자를 제거하지만 주소를 사용되지 않은 상태로 유지한다.

```
function unregister() returns (string unregisteredAccountName) {
    unregisteredAccountName = _addressToAccountName[msg.sender];
    _addressToAccountName[msg.sender] = "";
    _accountNameToAddress[unregisteredAccountName] = address(0);
    // _accountIdToAccountAddress is never deleted on purpose
}

function adminUnregister(string name) {
    if (msg.sender == _registryAdmin || msg.sender == _accountAdmin) {
        address addr = _accountNameToAddress[name];
        _addressToAccountName[addr] = "";
        _accountNameToAddress[name] = address(0);
        // _accountIdToAccountAddress is never deleted on purpose
    }
}

function adminSetRegistrationDisabled(bool registrationDisabled) {
    // currently, the code of the registry can not be updated once it is
    // deployed. if a newer version of the registry is available, account
    // registration can be disabled
    if (msg.sender == _registryAdmin) {
        _registrationDisabled = registrationDisabled;
    }
}
```

그림 9.13: 등록 관련 기능

마지막으로 그림 9.14와 같이 계정 스마트 계약에서 논의된 것과 유사한 기타 기능이 있다.

```
function adminSetAccountAdministrator(address accountAdmin) {
    if (msg.sender == _registryAdmin) {
        _accountAdmin = accountAdmin;
    }
}

function adminRetrieveDonations() {
    if (msg.sender == _registryAdmin) {
        _registryAdmin.transfer(this.balance);
    }
}

function adminDeleteRegistry() {
    if (msg.sender == _registryAdmin) {
        selfdestruct(_registryAdmin);

    }
}
```

그림 9.14: twtregistry 계약의 기타 기능

개인 블록체인의 서비스 설정

개인 블록체인에서 트윗 서비스를 설정하는 것은 매우 간단한다. 먼저 3장 Hello World of 스마트 계약에서 설명한 대로 프로젝트 폴더 내부의 geth 명령 줄을 사용하여 **IPC(Inter Protocol Communication)**를 시작해야 한다.

$ geth -datadir = ./chaindata/

그런 다음 mist 브라우저를 열고 새 계약 옵션으로 이동한다. 그림 9.15는 사설 블록체인에 대한 스마트 계약 계정 배포를 나타낸다.

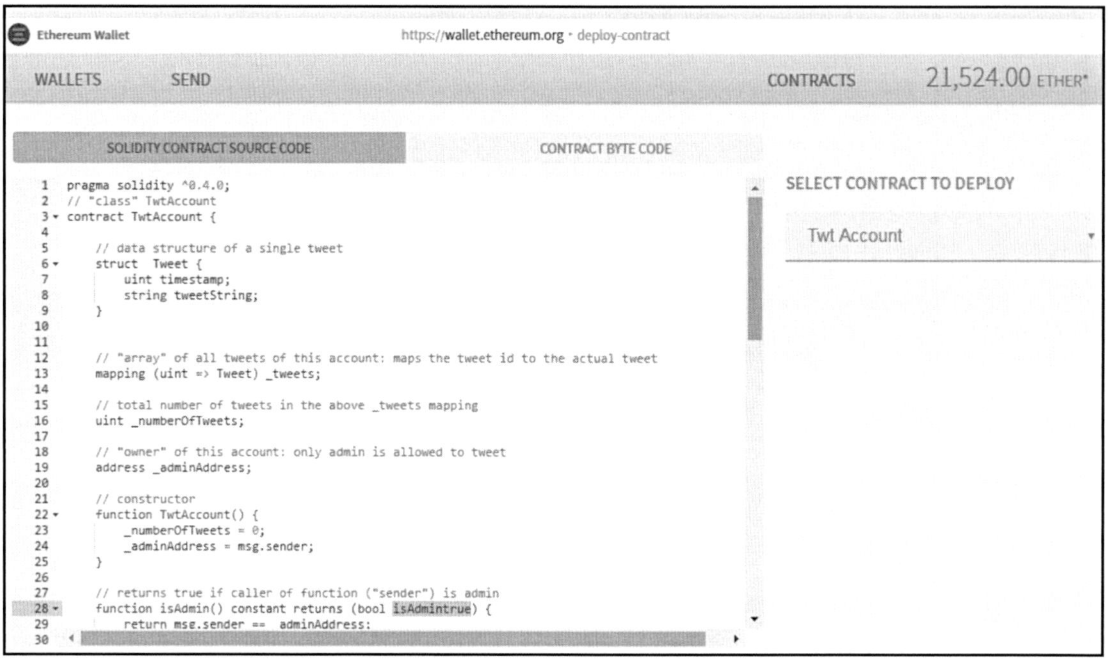

그림 9.15: mist 속에서 twtaccount 컴파일하기

We compile the registry smart contract in a similar fashion as shown in Figure 9.16. Before clicking the deploy button, we need to start the private miner in the geth command line, using the $ miner.start(1) command. We can stop the miner, using the $ miner.stop(0) command:

그림 9.16: Compiling TwtRegistry in Mist

이 계약을 전개하려면 3장, 스마트 계약서의 Hello World에서와 같이 가스 금액과 패스 코드 new123456을 표시해야 한다. 그런 다음 그림 9.17과 같이 사설 블록체인 사후 광 확인에 이러한 계약이 설정된다.

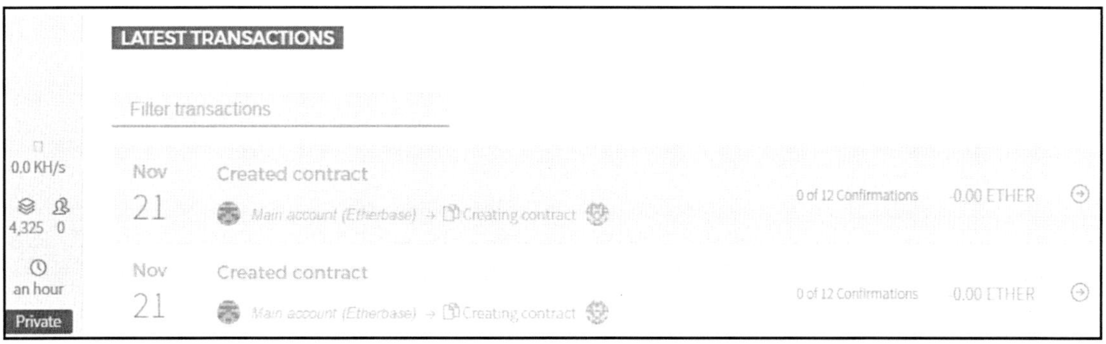

그림 9.17: 채굴되는 Tweet 계약

Mist 브라우저를 0.9.2 이상으로 업그레이드해야 한다. 그렇지 않으면 이전 컴파일러의 특정 버그로 인해 소스 코드가 컴파일되지 않다. 또한이 컴파일러에는 기존의 재정의 된 선언을 어둡게 하는 버그가 있다. 해결 방법은 함수와 변수에 동일한 이름을 사용하지 않는 것이다. 여기서는 isadmin 대신 isadmin-true라는 변수 이름을 사용했다.

트윗 읽기

스마트 계약을 사후 채광함으로써 스마트 컨트랙트 계정에서 함수를 사용하여 사적인 블록체인에서 사용자가 게시한 트윗을 읽을 수 있다. 여기서는 **그림** 9.18의 리믹스 브라우저를 사용하여 다른 변형을 보여 준다. 블록체인에 세 개의 트윗을 테스트로 배치한다.

Tweet0:"안녕하세요 블록체인."

Tweet1: "안녕 이더리움."

Tweet2: "이것은 부정적인 테스트 케이스로 사용되는 160 자 제한을 초과하고 현명한 계약 작업의 정확성을 확인하기 위해 가짜 문자가 포함된 정크 트윗이다."

그림 9.18에서 세 번째 트윗이 거부되기 때문에 트윗 수는 2 개만 반환된다.

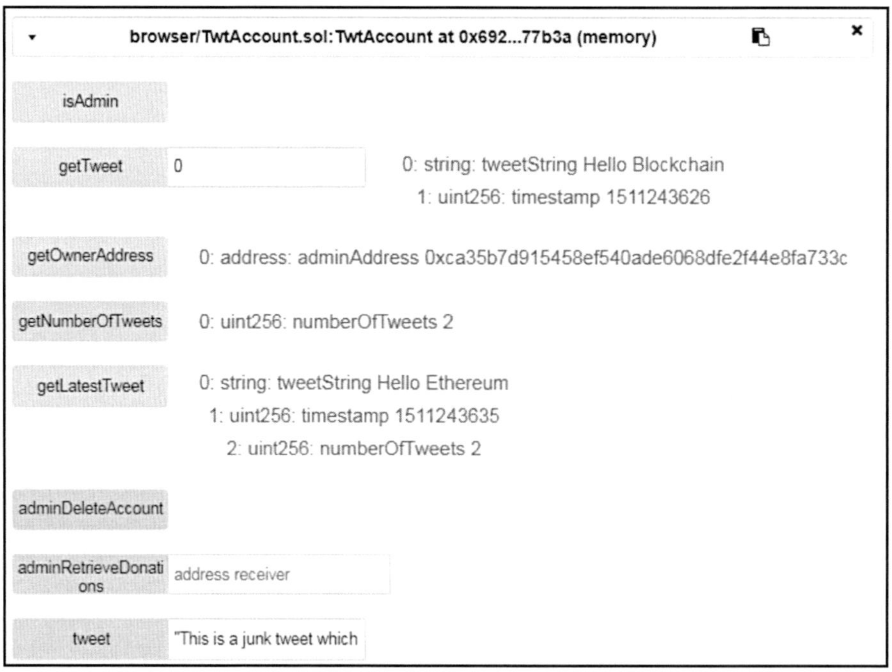

그림 9.18: Remix 브라우저를 사용하는 Tweeter 스마트 계약 테스트

개요

우리는 Money of Internet의 개념을 이해함으로써이 장을 시작했다. 우리는 프로그래밍 가능한 돈이 많은 사전 계획을 필요로하는 콘크리트 주택을 짓는 것과 같은 것을 보았다. 그런 다음 스마트 계약 및 블록체인의 다양한 사용 사례에 대해 논의했다. 우리는 이 혁명적 기술로 인해 혼란에 빠질 가능성이 있는 사회와 경제의 거의 모든면을 열거했다. 우리는 분산된 마이크로 블로깅 어플리케이션을 디자인하여이 장을 결론내어 사설 블록체인에 배포했다.

10장, BaaS와 다크웹 시장에서는 개발 플랫폼을 설정하기 위해 이더리움 블록체인을 사용하는 특정 기업 수준의 프레임워크에 대해 논의할 것이다. 또한 다크웹 마켓 플레이스와이를 안전하게 탐색하는 방법을 살펴볼 수 있다.

제 10 장

BaaS와 다크웹 시장

이 장에서는 현명한 계약 및 블록체인 개발과 관련된 다양한 플랫폼을 소개한다. 우리는 허가 스펙트럼에 관한 사적, 컨소시엄 및 공개 블록에 대해 논의할 것이다. 그런 다음 Blockchain-as-a-service(BaaS) 개념에 대해 배우고 Hyperledger, Azure 및 AWS와 같은 엔터프라이즈 플랫폼을 소개한다. 우리는 이 장을 돈 세탁에 관한 메모와 함께 신비한 다크웹 장터를 탐구하여 결론을 맺다.

이 장을 공부하면 다음을 할 수 있다.

- 다양한 유형의 블록체인 식별
- 서비스로서의 블록체인 개념 이해
- Hyperledger, Azure 및 AWS 이해
- 다크웹 마켓 플레이스 탐색

장난기 넘치는 개인 정보

이전 장 전반에 걸쳐 모든 예제가 3장 Hello World of 스마트 계약에서 기원 블록을 사용하여 작성한 사설 블록체인을 통해 코딩되었다는 사실을 알았을 수도 있다. 이것은 사설 블록 체가 산업이 선호하는 것이기 때문에 이루어졌다. 주변에서 놀기가 훨씬 쉬워진 것과는 별도로 블록을 기다리거나 실제 돈을 쓸 필요가 없다. ETH 및 ETC와 같은 암호 해독 성은 이더리움 블록체인 위에 있으며 사설 체인과 완전히 다른 체인 유형이다. 혼란스러워?

이 분류를 이해하기 위해 여러 유형의 블록 쇄를 살펴보겠다.

블록체인 유형

블록체인 유형에 대해 알아보기 전에 분산 형 원장 기술 (분산원장기술)의 허가 스펙트럼이라는 개념을 잘 알고 있어야 한다. 블록체인은 분산원장기술이며 허가 스펙트럼 전체에 존재한다.

허가 스펙트럼을 이해하려면이 스펙트럼의 두 극단을 식별해야 한다. 한쪽 끝에서, 우리는 합의에 참여하기 위한 법인의 완전한 허가를 얻어야 하며, 다른 극단에서는 합의에 참여할 수 있는 모든 기관의 허가를 구할 필요가 없다.

무허가 극단에 관한 흥미로운 점은 우리가 합의에 참여하는 모든 사람에게 자신의 정체성을 드러 낼 의무가 없다는 것이다. 우리가 동의의 범위에 있는 완전한 승인을 향해 나아감에 따라, 합의에 참여하기 위해서는 이 정체성 측면을 드러내야 한다. 우리가 완전한 허가에 도달했을 때, 우리는 자신을 확인하고 합의에 참여할 권한을 허가 받아야 한다.

허락을 얻기 위한 어떤 단체 나 기관의 이념은 분권화의 아이디어를 위험에 빠뜨리고 블록체인 공동체와 전통적인 기업에서 심각하고 종종 열띤 논쟁의 주제이다.

분산원장기술로 돌아오면 블록체인은 다음과 같은 경우 허가된 블록체인이라고한다.

- 이는 시스템 상태에 대한 공감대에 기여할 수 있는 참여자를 제한한다.
- 제한된 일련의 식별된 사용자 만 차단 트랜잭션의 유효성을 검사할 권한이 있다.
- 당국은 현명한 계약을 맺을 수 있는 승인된 주체에 대한 액세스를 제한할 수 있다.
- 거래를 송신/수신할 권한이 필요한다.

허가된 블록체인은 RAFT 또는 Paxos(1장, 블록체인 기본 참조)와 같은 컨센서스 알고리즘을 사용하여 끝납니다. 왜냐하면 모든 참가자는 자신의 신분을 밝혀내기 때문이다. 블록을 확인하는 데 소요되는 노력은 시스템에 의해 보상되지 않으며 참가자는 중개자로 행동함으로써 최종 사용자에게 요금을 부과한다.

기업 수준의 금융 기관은 비트코인이나 다른 크립토 통화가 제공하는 경계없는 트랜잭션 기능을 사용할 수 있기 때문에 허가된 블록체인이라는 개념을 좋아하지만 사설 고속 네트워크에서는 승인된 참여기관 그룹의 세밀한 액세스 제어, 개인 정보 보호가 제공된다, 그리고 그들의 인트라넷에 확장성.

반면 무허가 블록체인은 다음과 같은 것들이 있다:

- 누구나 네트워크에 가입할 수 있다.
- 누구나 블록 검증 프로세스에 참여할 수 있다.

- 누구나 스마트 계약을 맺을 수 있다.

이더리움과 비트코인블록체인은 무분별한 블록체인의 좋은 예이다. 블록 검증 프로세스는 광산과 유사하며 시스템에 의해 높은 인센티브가 부여된다. 이 블록체인은 pow와 같은 컨센서스 알고리즘을 사용하며 가까운 미래에 pos가 될 수 있다. 참가자는 소유권을 주장하여 자신의 지분을 청구해야 할 수 있다. 그러나 참여는 본질적으로 소유권 계시와 무관하게 무의미한 상태로 남아 있다.

그림 10.1은 허가 스펙트럼의 두 극단을 구분 짓는 주요 특성을 요약한 것이다.

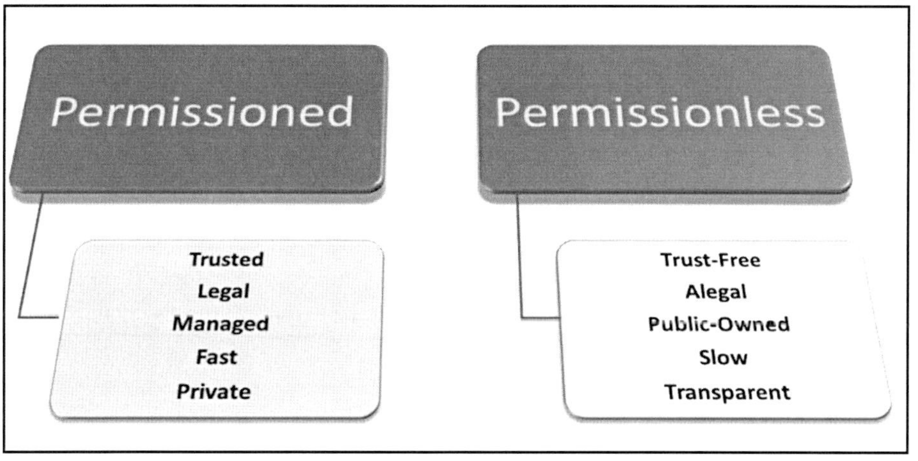

그림 10.1: 권한이 없는 사용자 대 권한이없는 사용자

비트코인 및 이더리움 블록체인은 강화된 블록체인 플랫폼이다. 그들은 많은 해킹과 가끔씩의 시장 파산 이후에도 시간의 테스트를 견뎌 왔다. Andreas Antonopoulos는 이더리움에 거의 적용할 수 있는 비트코인에 대해 다음과 같이 썼다.

> ".... 하수구 쥐이다 다리가없는 상태이다 지난 1년 동안 주둥이가 심하게 엉망이났다 아무것도 알레르기가 없었다 사실, 아마도 두통의 괴사가 있을 것이다 그것은 보통 감기처럼 취급한다. 당신은 단단하고 역동적이며 견고한 시스템을 가지고 있다. 가지고 가서 수염을 잘라 내고, 피어싱을하고, 양복에 넣고, 블록체인이라고 부르며 그것을 이사회에 제출하십시오. 우리는 동일한 규제를 적용할 수 있으며, 진입 장벽을 마련하고 누가 액세스 할 수 있는지를 통제할 수 있는 반 경쟁 환경을 조성함으로써 기존 은행 시스템보다 더 효율적이 될 수 있다."

이 시점에서 공개, 사설 및 컨소시엄이라는 세 가지 유형의 블록체인을 소개할 수 있다. 컨소시엄 블록체인은 때때로 연합 블록체인 (federated 블록체인s)이라고도 한다. 그림 10.2는 허가 스펙트럼을 따라 이 세 가지 유형을 보여 준다:

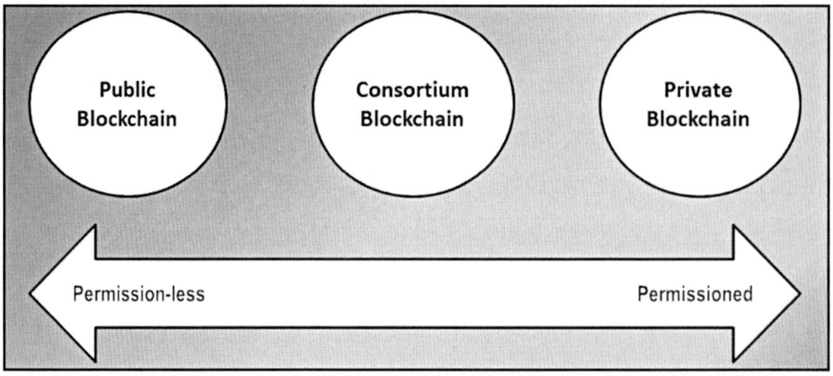

그림 10.2: 허가 스펙트럼상의블록체인 유형

사설 블록체인

사설 블록체인은 트랜잭션을 내부적으로 확인할 수 있는 개인 그룹을 설정하여 블록체인 기술을 이용한다. 쓰기 권한은 기존 데이터베이스 관리 시스템처럼 중앙 집중식이다. 읽기 권한은 제한되거나 공개될 수 있다. 이러한 블록체인은 확장 성, 데이터 개인 정보 규칙 준수 및 기타 규제 지침 때문에 틈새 사용 사례가 있다. 이러한 블록체인은 비용을 절감할 수는 있지만 파괴적인 것은 아니다. MONAX 및 다중 체인은 사설 블록체인 공간에서 두드러진 역할을한다.

공개 블록

공개 블록체인은 최신 컨센서스 알고리즘을 기반으로하며 오픈 소스이며 권한이 없으며 트랜잭션 검증 작업에 인센티브를 제공한다.

- 누구든지 로컬 장치에서 무료 코드를 다운로드하여 공용 노드를 시작할 수 있다.
- 네트워크상의 트랜잭션을 검증함으로써 누구나 컨센서스에 참여할 수 있으므로 현재 상태와 함께 어떤 블록이 체인에 추가되는지 결정한다
- 전 세계 누구나 유효한 거래를 할 수 있으며이를 블록체인에 반영할 수 있다.

공용 블록 탐색기를 사용하면 누구나 트랜잭션을 읽을 수 있으므로 투명하면서도 가짜이다. 비트코인, namecoin, 이더리움, 비트코인 현금, 이더리움 classic 및 litecoin은 공개 블록체인 프로토콜의 수많은 예제 중 일부에 지나지 않다.

블록체인 협회

컨소시엄 블록체인은 이해 관계자 그룹 내에서 운영된다. 공개 블록체인과는 달리 인터넷에 액세스 할

수 있는 임의의 사람이 거래 확인 프로세스에 참여하는 것을 허용하지 않다. 컨소시엄 블록체인은 확장성이 뛰어나고 트랜잭션 프라이버시를 제공한다. 이러한 블록체인은 주로 은행 및 기업 부문에서 사용되며, 다양한 은행이 기존 시스템을 대체하고 트랜잭션 비용 및 데이터 중복을 줄이며 스마트 규정 준수 메커니즘을 사용하여 문서 처리를 단순화하기 위해 자체 내부 네트워크에서 상호 작용할 컨소시엄을 구성한다.

뱅크 체인은 블록체인 솔루션을 구축하고 탐구하기 위해 함께 모인 컨소시엄이다. 회원 목록은 연대순으로 나열된 다음 링크에서 검색할 수 있다. Http://www.Bankchain.Org/members.Php.

이 목록의 일부 유명 인사에는 주립 은행, 도이체 방크, 두바이 이슬람 은행 및 인텔과 같은 기술 기업까지 포함된다. 이 컨소시엄은 2017년 말까지 다양한 베타 버전 dApp를 출시하기 위해 Primechain Technologies라고 하는 블록체인 창업을 단행했다. DApps 중 하나는 Primechain-KYC이다. Primechain-KYC는 승인된 컨소시엄 블록체인에 배포 된 스마트 계약 기반 솔루션이다. Know-yourcustomer(KYC), **자금 세탁 방지**(AML) 및 **테러 자금 지원**(CFT) 데이터에 대한 대응.

Primechain Technologies는 Azure 개발 플랫폼을 사용하여 컨소시엄 멤버에게 블록체인 -asa-service 모델을 제공하기 위해 Microsoft와 파트너 관계를 맺었다. 다른 주요 컨소시엄 블록체인은 R3 (은행), EWF (에너지), B3i (보험) 및 Corda (합법)이다.

다음 섹션에서는 서비스로서의 블록체인이 의미하는 바를 이해하고 다양한 기업이이 baas 모델을 위해 다양한 플랫폼을 제공하는 방식을 이해하려고 노력할 것이다.

서비스로서의 블록체인

블록체인을 구현하는 다양한 솔루션과 접근 방법이 있다. 그림 10.3은 이러한 접근법의 광범위한 분류를 나타낸다. 서비스로서의 블록체인은 개발 플랫폼 접근 방식과 IT 서비스 접근 방식을 결합하여 고객에게 확실한 블록체인 기반 솔루션을 제공하는 업계 관행이다.

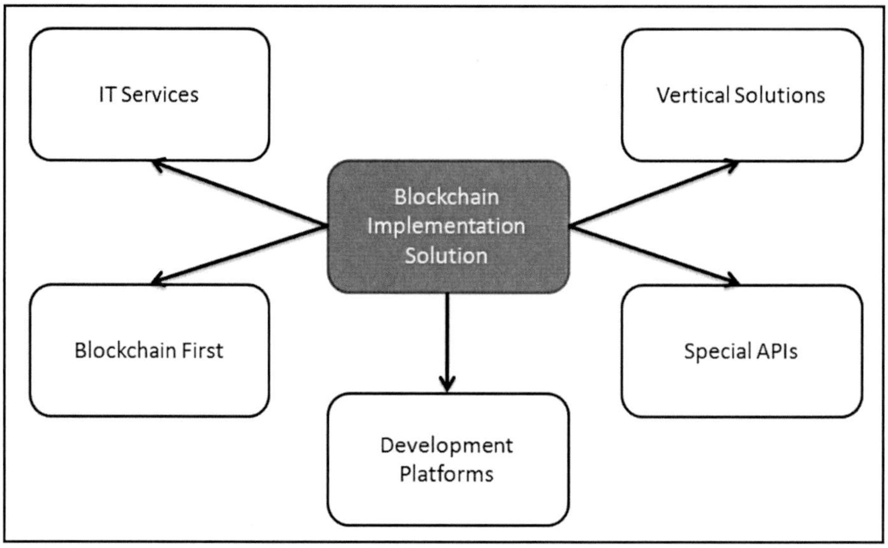

그림 10.3: 블록체인 구현 솔루션

이전 장에서 geth, node.js 및 Java 런타임 환경과 같은 여러 소프트웨어 구성 요소와 함께 솔리디티 및 web.js와 같은 프로그래밍 도구와 함께 운영 체제 상단에 전체를 개발해야 한다는 것을 알았다 블록체인 기반의 분산 응용 프로그램을 처음부터 끝까지 사용할 수 있다.

이것은 어느 정도까지 새롭고 고도로 맞춤화된 제품을 만드는 데는 적합하지만 반복 가능하고 확장 가능한 서비스를 구현하기 위해서는 처음부터 코딩하는 것이 바퀴를 다시 만드는 것과 같다.

IBM(Bluemix), Microsoft(Azure) 및 Amazon(AWS)과 같은 클라우드 컴퓨팅 업계의 대기업들은 이러한 차이를 깨닫고 이 baas 모델을 제시했다. 클라이언트와 사용자가 하드웨어 투자의 오버 헤드를 피할 수 있는 이점과 함께 블록체인 네트워크를 구성하고 설정하는 문제를 해결할 수 있는 클라우드에서 블록체인 서비스를 제공하면 얻을 수 있는 이점을 알게 되었다.

개발자는 baas를 사용하여 한 번의 클릭으로 드래그 앤 드롭 방식의 클라우드 기반 블록체인 환경에 액세스 할 수 있으므로 dApp 및 스마트 계약의 신속한 프로토 타이핑 및 배포가 가능한다.

Baas용 엔터프라이즈 플랫폼

이 섹션에서는 세 가지 포인터를 사용하여 baas 오퍼링을 사용하는 몇 가지 엔터프라이즈 플랫폼을 소개한다. 이러한 모든 플랫폼은 컨소시엄 블록체인 기반 응용 프로그램을 개발하기 위한 개발 플랫폼의 프리 엠 (Freemium) 버전을 제공한다.

IBM 하이퍼 리더

하이퍼 레거(Hyperledger)는 2015년 리눅스 재단에 의해 산업 간 블록체인 기술을 발전시키는 포괄적 인 프로젝트로 소개되었다. Hyperledger Fabric은 네트워크상의 사용자가 멤버십 서비스 공급자를 통해 등록해야 하는 권한 있는 컨소시엄 블록체인을 제공하는 블록체인 프로젝트 중 하나이다. IBM(bluemix)은 고객에게 baas를 제공하기 위해 Hyperledger와 제휴했다. 또한 iot 기반 솔루션을 제공하기 위해 IBM Watson의인지 능력을 활용했다.

Microsoft Azure ebaas

처음에 Microsoft는 consensys와 협력하여 Microsoft Azure 클라우드 플랫폼에서 이더리움 Block-as-a-Service(ebaas)를 제공했다. 그런 다음 Bletchley 프로젝트를 발표하여 고객에게 컨소시엄, 블록체인 기반 솔루션을 제공했다. 이제 그들은 고객이 dApp 개발 기술을 활용할 수 있는 다중 신뢰 모델을 따르는 기존 인프라 위에 엔터프라이즈 스마트 계약 프레임워크를 구축하고 있다.

아마존 에리스

아마존은 디지털 통화 그룹과 공동으로 baas를 제공할 것이라고 발표했다. 그들은 복잡한 스마트 계약을 다루기 위해 블록체인 백엔드를 사용하여 분산 애플리케이션을 구축, 테스트, 유지 및 운영하기 위한 플랫폼 인 Amazon 클라우드 위에 Eris를 개발했다.

안타깝게도 현재이 서비스는 신규 사용자가 이용할 수 없으며 Amazon의 오래된 클라우드 기반 클라이언트에 제공된다.

다크 웹 마켓 플레이스

다크웹을 실제로 이해하려면 정상적인 웹과 구별해야 한다. 일반적인 웹을 통해 우리는 웹페이지 주소를 사용하여 탐색하는 표면 웹을 의미하거나 Google 또는 Bing과 같은 검색 엔진에 입력된 자연어를 사용하여 검색한다. 깊은 웹이라는 또 다른 유형의 웹이 있다. 그림 10.4는 빙산 유추를 사용하여 웹의 세 가지 지층을 묘사한 것이다.

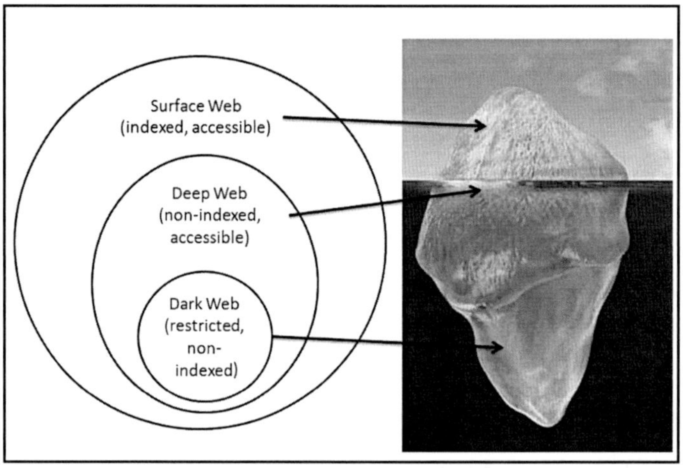

그림 10.4: 웹 커널 다이어그램과 빙산 유추

간단히 말해서, 표면 웹은 검색 엔진이 찾고 색인을 생성할 수 있는 인터넷상의 모든 것이다. 딥 웹은 검색 엔진에서 찾을 수없는 것이다. 검색 엔진이 페이지를 찾는 방법을 직관적으로 이해하려면 뉴스 채널 웹사이트로 이동한 다음 기사가 계속 올라올 때까지 계속 클릭하여 수동 연습을 할 수 있다.

따라서 기사의 새로운 페이지로 연결되는 일부 웹 링크를 클릭하여 기사 전체를 탐색한다. 이것은 검색 엔진 용어로 웹 크롤링이라고한다. 이제는 Expedia 또는 Airbnb와 같이 크롤링만으로는 완전히 탐색할 수없는 사이트가 많이 있다. 출발 날짜, 출발 도시, 도착 도시, 경제 또는 비즈니스 클래스, 그리고 그러한 페이지를 이동하기 위해 필요한 호텔 객실 수와 같은 정보를 제공해야 한다. 그들은 심지어 우리의 이름, 이메일 및 연락처를 요구하고, 그러면 우리는 새로운 웹 컨텐츠로 이동한다. 이러한 웹사이트는 검색 엔진만으로는 탐색할 수 없다. 이것들은 깊은 웹의 일부이다.

다크웹은 의도적으로 숨겨져 있고 표준 웹 브라우저를 통해 액세스 할 수없는 깊은 웹의 하위 집합으로 간주될 수 있다. 따라서 표면 웹과 딥 웹 모두 Chrome, Firefox, IE, Opera 또는 Safari와 같은 표준 브라우저를 사용하여 탐색할 수 있지만 다크웹을 탐색하려면 Tor 브라우저라는 완전히 새로운 브라우저가 필요한다. 또한 I2P 및 다른 사람, 그러나 Tor가 더 두드러진다). 웹사이트 주소는 파일 형식을 제안하는 .onion으로 끝납니다.

그림 10.5는 Tor 브라우저를 사용하는 숨겨진 위키라고 불리는 .onion 사이트를 보여 준다. 반대의 경우는 사실이다. 즉 Tor는 표면 웹페이지를 탐색하는 데 사용할 수 있다.

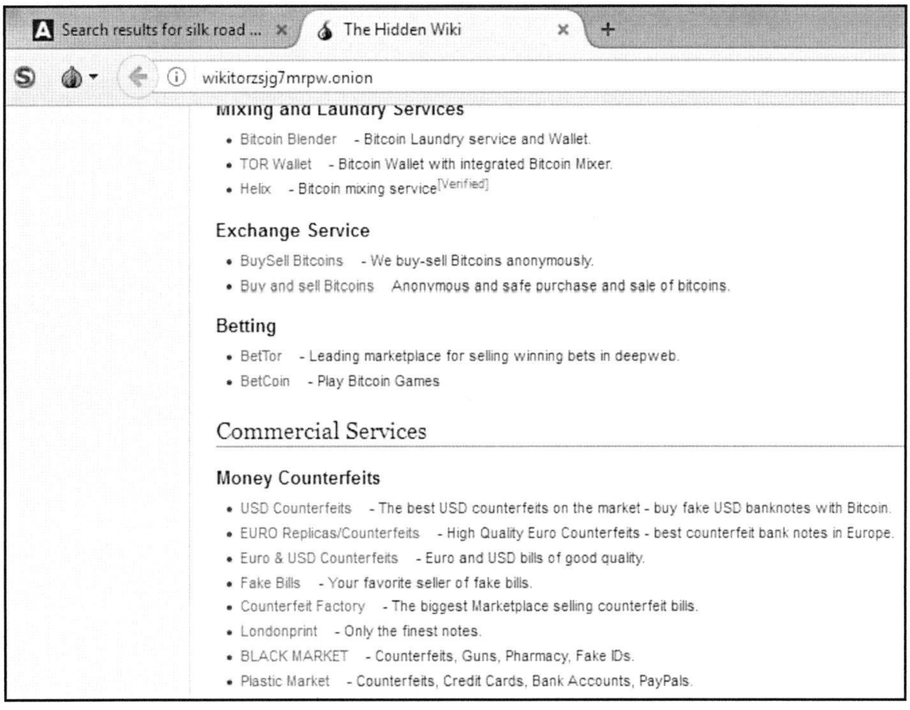

그림 10.5: 다크웹의 숨겨진 위키

숨겨진 위키에서 볼 수 있듯이, 다크 웹은 마약 거래 및 위조, 고용된 암살 및 불법 무기 구입에 이르기까지 불법적 지속적인 활동으로 가득한다.

그림 10.6은 위조 된 영국 여권에 대한 하나의 사이트를 나타낸다. 또한 결제가 엄격하게 비트코인과 같은 암호화폐를 사용하고 있음을 확인할 수 있다. 많은 사이트에서 이더리움도 허용된다. 암호화폐가 즐기는 소스의 익명성 때문이다.

그림 10.6: 영국 여권을 가짜 신분증

불행히도 이러한 사이트는 꽤 오래 머무르고 도메인 이름을 계속 변경한다. Virgil Griffith 외 연구 MIT의 연구원 팀이 크롤링하는 동안 추적한 웹페이지의 87% 이상이 손실된다고 밝혔다. 그들은 또한 어둠의 웹에서 "웹"이라는 단어는 잘못된 이름이고 분명히 크게 고립된 어두운 사일로 집합이라고 제안했다.

이러한 격리된 설정은 다크웹을 돈세탁 자에게 안전한 피난처로 만듭니다. 돈세탁은 복잡해 보이지만 ACAMS(Association of Anti-Money Laundering Specialists) 가이드에서 인용 한 것처럼 세 단계로 나눌 수 있다.

1. **스테이지** 1
   배치: 형사상의 활동에서 파생된 현금 또는 기타 자산의 물리적 처분
2. **스테이지** 2
   계층화(Laying): 수익금의 원천을 숨기기 위한 금융 거래 단계별로 불법 수익금을 원천에서 분리하는 행위.
3. **스테이지** 3
   통합: 정상적인 비즈니스 또는 개인 거래로 보이는 자금 유입을 통해 불법적인 부의 합법성 제공

예를 들어, 마약상은 익명으로 자신의 제품을 이더리움 또는 비트 코닉으로 청구함으로써 전 세계 고객에게 다크웹을 통한 플래시 판매를 통해 판매할 수 있다. 그런 다음 이러한 동전은 암호 해독 거래에 사용될 수 있다. 아니면 교환기에서 다른 암호 해독 성으로 변환될 수 있다. 나중에 교환기의 이러한 "흰색"통화를 다시금 화폐로 환산할 수 있다.

이것은 이 장의 끝으로 우리를 데려다 준다. 지금까지 암호화폐와 블록체인s을 최첨단 기술과 인류에 보탬이되게 하는 속성이 많은 불법 활동에 사용될 수 있다는 것을 깨달았다. 판도라의 상자를 인류의 이익으로 대하는 것은 우리의 맹세이다.

Smartcv 프로젝트

이 섹션에서는 스마트 계약 기반의 이력서를 개발하려고한다. 원래 Ryan Hendricks, 뉴욕에 본사를 둔 스마트 계약 개발자가 설계 한이 기본 계약에는 다음과 같은 두 가지 중요한 모듈이 있다.

- 라이브러리(cvsection)
- 계약(cvcontract)

계약은 세 부분으로 더 세분될 수 있다.

1. Contract 정의 및 생성자
2. 새로운 프로파일 데이터 모듈
3. 프로필 데이터 모듈 편집

그림 10.7은 다양한 Struct 데이터 유형으로 구성된 라이브러리 함수를 보여 준다.

```
library cvSections {

    struct Profile {
        string _name; string _title; string _summary; string _website; string _phone; string _email;string _description;
    }
    struct Role {
        string _company; string _Role; string _startDate; string _endDate; string _summary; string _highlights;
    }
    struct Education {
        string _institution; string _focusArea; int32 _startYear; int32 _finishYear;
    }
    struct Project {
        string name; string link; string description;
    }
    struct Publication {
        string name; string link; string language;
    }
    struct Skill {
        string name; int32 level;
    }

}
```

그림 10.7: 라이브러리 정의

라이브러리 내의 각 구조 정의에는 다른 인수 세트가 있다. 다음으로 계약 정의를 나타내는 그림 10.8을 참조하십시오.

```
contract cvContract {
    mapping (string => string) Profile;
    address owner;

    cvSections.Project[] public projects;
    cvSections.Education[] public educations;
    cvSections.Skill[] public skills;
    cvSections.Publication[] public publications;

    // =====================
    // ==== CONSTRUCTOR ====
    // =====================
    function cvContract() public{
        owner =  msg.sender;
    }

    modifier onlyOwner {
        require(msg.sender == owner);
        _;
    }
```

그림 10.8: cvcontract 정의

이 계약은 여러 사람의 여러 CV를 관리할 수 있다. 이것은 setprofile 및 getprofile 모듈에 의해 수행된다. 그림 10.9는 setprofile 모듈을 나타낸다.

```
// ============================
// ====== ADD NEW PROFILE ======
// ============================
function setProfileData (string key, string value) public onlyOwner() {
    Profile[key] = value;
}

function editProfileData (string key, string value) public onlyOwner() {
    Profile[key] = value;
}

function editProject ( bool operation, string name, string link, string description ) public onlyOwner() {
    if (operation) {
        projects.push(cvSections.Project(name, description, link));
    } else {
        delete projects[projects.length - 1];
    }
}

function editEducation ( bool operation, string name, string speciality, int32 year_start, int32 year_finish ) public onlyOwner() {
    //  == similar logic goes here
}

function editSkill(bool operation, string name, int32 level) public onlyOwner() {
    //  == similar logic goes here
}

function editPublication (bool operation, string name, string link, string language) public onlyOwner() {
    //  == similar logic goes here
}
```

그림 10.9: 새로운 프로파일 추가 모듈

비슷한 방식으로, 그림 10.10은 프로파일 데이터를 보여 주며, 메인 CV 계약의 업데이트를 추가하기 위해 사용된다:

```
// =======================================
// ======= Retriving Profile data =======
// =======================================
function getProfileData (string arg) public constant returns (string) {
    return Profile[arg];
}

function getSize(string arg) public view returns (uint) {
    if (keccak256(arg) == keccak256("projects")) { return projects.length; }
    if (keccak256(arg) == keccak256("educations")) { return educations.length; }
    if (keccak256(arg) == keccak256("publications")) { return publications.length; }
    if (keccak256(arg) == keccak256("skills")) { return skills.length; }
    revert();
}
```

그림 10.10: 프로파일 가져 오기 모듈

전체 계약서가 컴파일되면 리믹스 출력은 **그림 10.11**처럼 보이다.

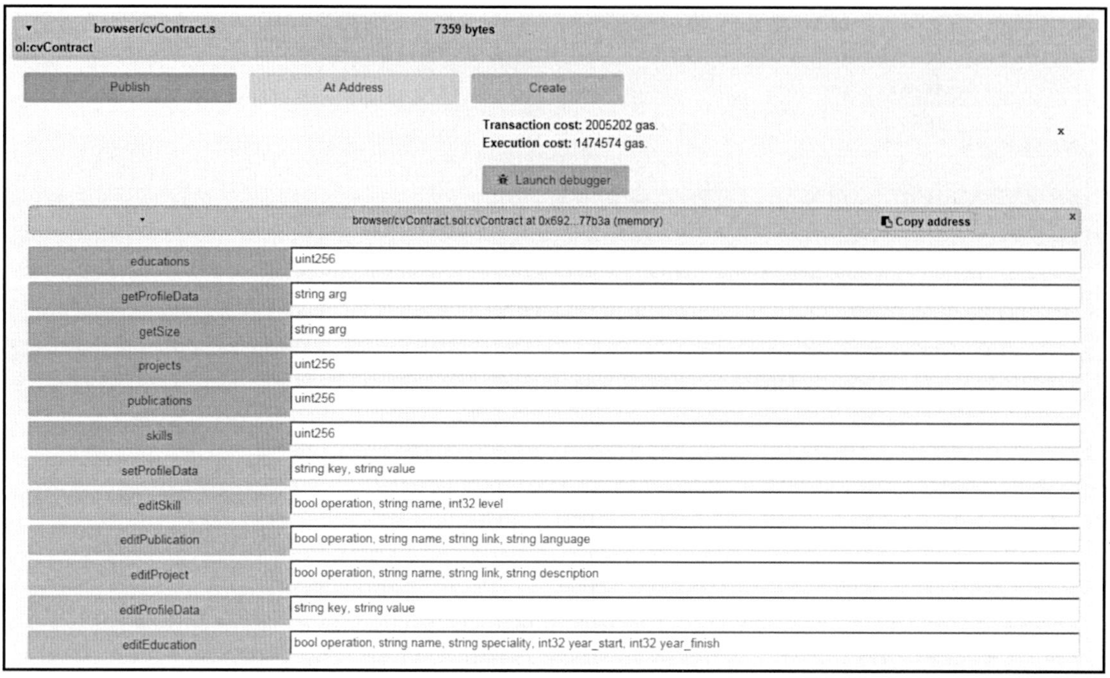

그림 10.11: cvcontract

TIP

이전 스크린 샷의 파란색 아이콘은 데이터를 가져오는 데 사용되고 분홍색 아이콘은 데이터를 입력하는 데 사용된다.

그림 10.12와 같이 게시 및 기술과 같은 여러 속성 및 기타 속성을 추가 할 수 있다.

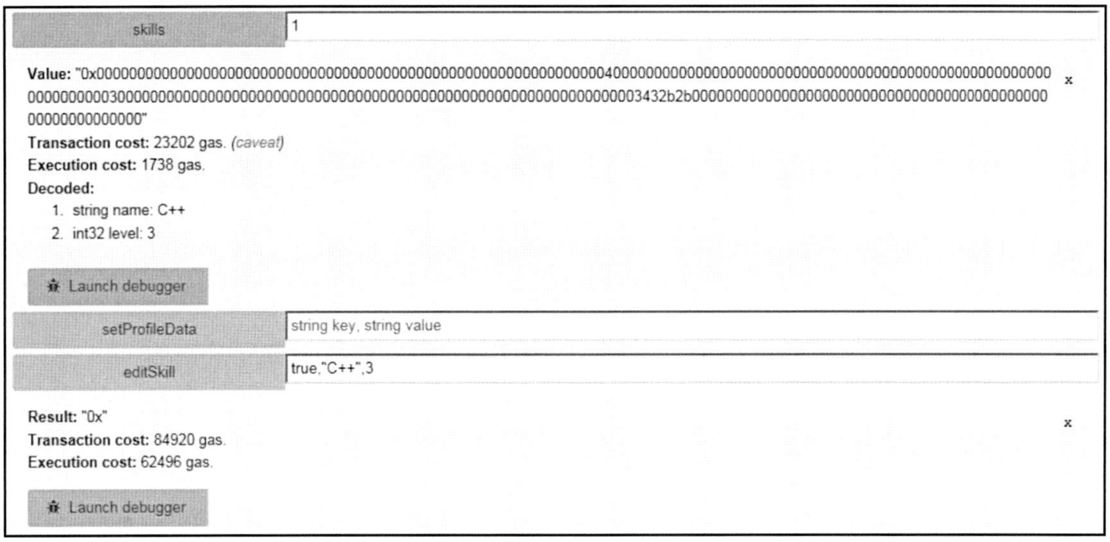

그림 10.12: Get_Set 기술

또한 github에서이 스마트 계약의 코드를 제출한 다음 **그림 10.13**과 같이 이더케스트에 소개할 수 있다.

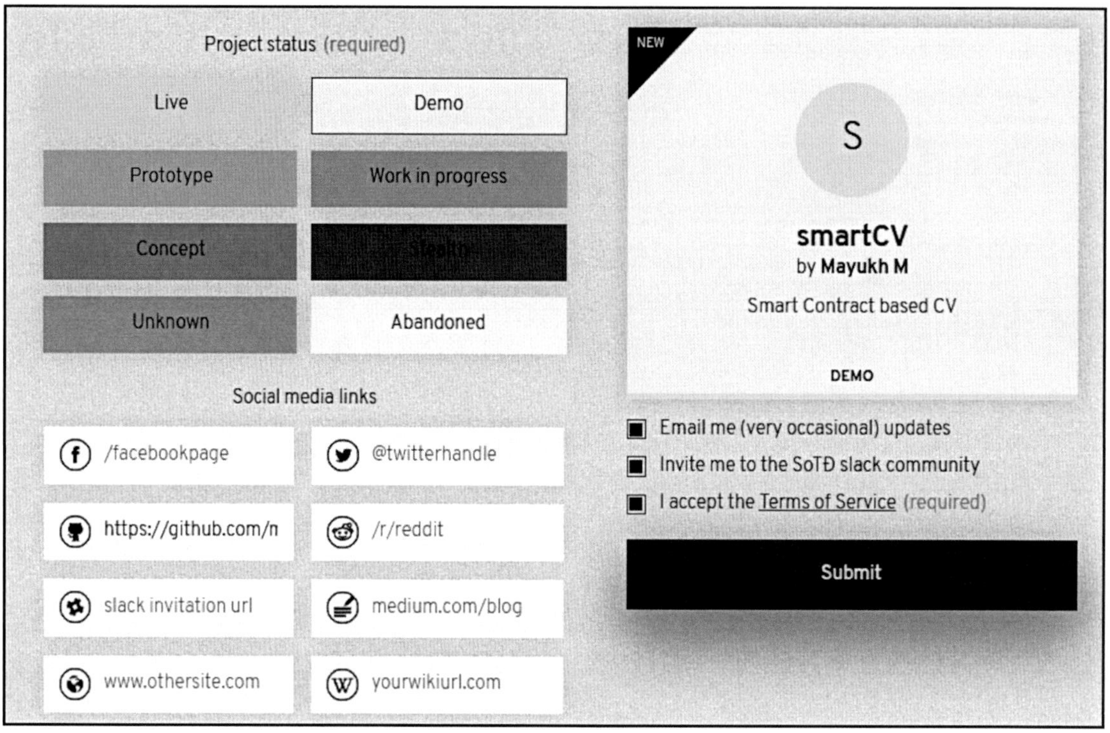

그림 10.13: 이더케스트

이렇게 하면 데모/프로토 타입 스마트 계약 기반 CV를 개발하고 게시할 수 있다. 이CV는 공개 이더리움 체인 또는 사설 체인에 최종적으로 게시할 수 있다.

개요

이 장은 개인, 컨소시엄 및 공공 블록체인에 대한 개념 강화 토론으로 시작되었다. 우리는 공공 블록체인이 본질적으로 무의미하다는 것을 알았지 만 사설 블록체인은 엄격하게 허가를 받았다. 따라서 산업은 이해 관계자들 사이에서 민주주의를 달성하기 위해 컨소시엄 블록체인의 중간 방법을 선호한다. 그런 다음 컨소시엄 블록체인을 구축하는 데 도움이되는 몇 가지 개발 플랫폼을 나열했다. IBM의 Hyperledger, Microsoft의 Azure 및 AWS Cloud는 컨소시엄 블록체인을위한 흥미로운 로드맵을 약속했다. 우리는 돈세탁의 개념을 탐구했고, 계속 증가하는 경제적 전염병에 연료를 공급하기 위해 암호 해독 진화가 시작된 이래 어떻게 다크웹 마켓 플레이스가 사용되었는지를 조사했다. 우리는 스마트 계약과 블록체인의 개념이 새로운 판도라의 상자를 어떻게 열 었는지, 그리고 기술자로서 우리가 그로부터의 장점을 쥐어 짜내는 책임을 어떻게 지니고 있는지에 대해 균형 잡힌 메모를 남겼다.

11장, 고급 토픽과로드 어드밴스에서, 우리는 끊임없이 성장하는 블록체인 및 스마트 계약 분야의 몇 가지 고급 주제에 대해 논의하고이 책에서 학습의 덩어리를

제 11 장

고급 주제와 로드맵

이 장에서는 이더리움 및 블록체인과 관련된 고급 주제를 다루고 있다. 연구 관심과 학문적 연구를 위해 다섯 가지 주제를 다룹니다. 먼저 엔터프라이즈 수준의 스마트 계약 개발 중에 적용할 수 있는 일반적인 디자인 패턴에 대한 섹션부터 시작한다. 그런 다음 우리는 분산되고 자율적 인 기업과 사회의 주제로 나아갑니다. 우리는 전체 섹션을 **이더리움 개선 제안**(EIP)에 집중하여 제안의 수명주기에 대해 논의한다. 컨소시엄 블록체인 개념은 사례 연구를 통해 재검토된다. 우리는 Tangle이라는 독창적 인 주제로이 장을 마무리하고 Iota에 특히 중점을 둔 그래프 기반 분산 원장 기술의 새로운 영역을 탐구하기 위한 지표를 제공한다.

이 장을 공부하면 다음을 할 수 있다.

- 다른 디자인 패턴을 식별
- DAC 및 DAS의 개념 이해
- 이더리움 개선 제안 수명주기 이해
- 사례 연구를 사용하여 컨소시엄 블럭 체인 논의
- Tangle과 Iota의 개념을 이해하십시오.

일반적인 디자인패턴

최근에, 아빠는 은퇴하고 요리의 열정으로 위로를 찾았다. 그는 자기 엄마와도 공유하지 않는 향신료 세트를 가지고 있다. 치킨에서부터 병아리에 이르기까지 그가 준비하는 모든 요리는 대표적인 마살라 믹스의 전형적인 힌트를 가지고 있다. 그는 향료가 그가 사용하는 향신료에 관한 것이 아니라 조리법을 디자인하는 동안 그의 향신료를 혼합하기 위해 적용하는 패턴이라고 주장한다.

그래서 디자인 패턴은 무엇입니까? 소프트웨어 공학 용어로는 일반적으로 응용 프로그램을 개발하는 동안 재사용 할 수 있는 일반적인 솔루션을 나타내는 가상 코드 조각으로 바퀴의 재발 명 시나리오를 방지한다. 일반적인 예는 암호 기반 사용자 인증의 기능이다. 대부분의 응용 프로그램은 이 기본 기능을 필요로하며 거의 비슷한다. 사용자는 먼저 응용 프로그램에 등록해야 한다. 그런 다음 응용 프로그램은 OTP 또는 확인 링크를 보내어 새 암호를 설정하고 새 사용자를 등록한다. 등록된 사용자가 로그인해야만 응용 프로그램에 사용자 이름과 암호를 제공해야 한다. 그런 다음 응용 프로그램은 자신의 레지스트리 데이터베이스에서이 사용자 이름과 암호를 확인하고 이에 따라 사용자를 허용 또는 차단한다.

소프트웨어 디자인 패턴은 크게 **그림 11.1**과 같이 세 가지 범주로 분류된다.

- **구조**: 이러한 패턴은 엔티티 간의 관계를 처리하므로 이러한 엔티티가 함께 작업할 수 있다.
- **창출**: 이러한 패턴을 통해 주어진 상황에 맞는 방식으로 객체를 쉽게 만들 수 있다.
- **동작**: 이러한 패턴은 둘 이상의 엔티티 간에 유연하게 통신하는 데 사용된다.

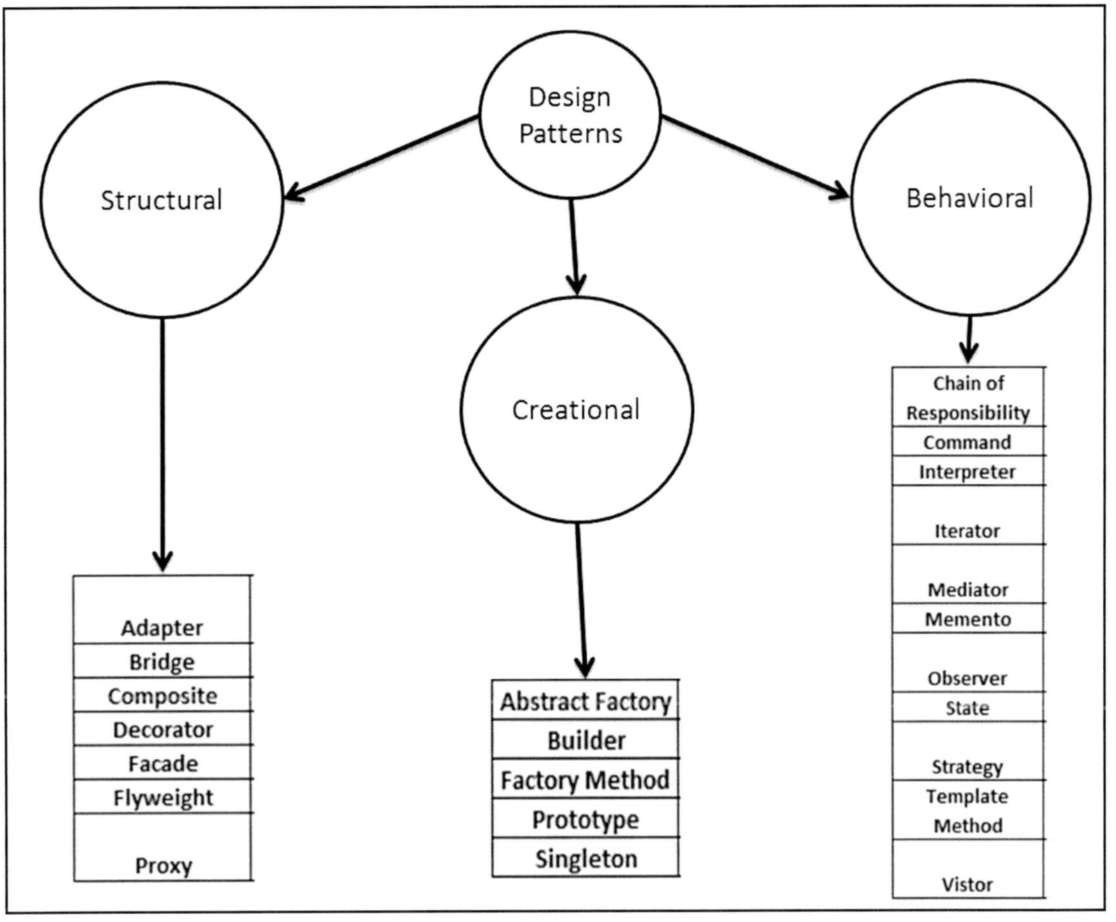

그림 11.1: 소프트웨어 디자인 패턴

이 세 범주는 Gang of Four(gof) 디자인 패턴으로, Erich Gamma, Richard Helm, Ralph Johnson 및 John Vlissides의 네 명의 작성자를 나타낸다. 그림 11.2는 각 gof 디자인 패턴을 간략하게 설명한다.

다음 섹션에서는 스마트 계약 개발자가 이더리움 블록체인에서 자주 사용하는 디자인 패턴에 대해 설명한다.

Abstract Factory	Allows for the creation of objects without specifying their concrete type
Builder	Used to create complex objects
Factory Method	Creates objects without specifying the exact class to create
Prototype	Creates a new object from an existing object
Singleton	Ensures only one instance of an object is created

Adapter	Allows for two incompatible classes to work together by wrapping an interface around one of the existing classes
Bridge	Decouples an abstraction so two classes can vary independently
Composite	Takes a group of objects into a single object
Decorator	Allows for an object's behavior to be extended dynamically at run time
Facade	Provides a simple interface to a more complex underlying object
Flyweight	Reduces the cost of complex object models
Proxy	Provides a placeholder interface to an underlying object to control access, reduce cost, or reduce complexity

Chain of Responsibility	Delegates commands to a chain of processing objects
Command	Creates objects which encapsulate actions and parameters
Interpreter	Implements a specialized language
Iterator	Accesses the elements of an object sequentially without exposing its underlying representation
Mediator	Allows loose coupling between classes by being the only class that has detailed knowledge of their methods
Memento	Provides the ability to restore an object to its previous state
Observer	Is a publish/subscribe pattern which allows a number of observer objects to see an event
State	Allows an object to alter its behavior when its internal state changes
Strategy	Allows one of a family of algorithms to be selected on-the-fly at run-time
Template Method	Defines the skeleton of an algorithm as an abstract class ,allowing its sub-classes to provide concrete behavior
Vistor	Separates an algorithm from an object structure by moving the hierarchy of methods into one object

그림 11.2: gof 디자인 패턴 요약

액세스 제한

액세스 제한은 스마트 계약의 공통 기능이다. 이전 장에서는 외부 계약이 Parity 라이브러리 계약의 액세스 관련 취약점을 악용하여 전체 지갑 라이브러리를 자체 파괴하고 3 억 달러 상당의 이더리움을 차단하는 방법에 대해 설명했다. 우리는 인간이나 컴퓨터가 계약 상태를 읽지 못하도록 제한할 수 없다. 암호화를 사용하면 조금 어려울 수 있다.

개발자가 염두에 두어야 할 유일한 실행 가능한 것은 계약 상태가 공개되어 문제없이 문제가 발생하지 않도록 설계하는 것이다. 그러나 엔터티 주소에서 함수 수정자를 사용하여 계약을 수정할 수 있는 엔터티의 수를 제한할 수 있다. 이러한 주소는 ACL(Access Control List)에서 관리할 수 있지만 읽기 전용 액세스는 공용 블록체인의 모든 사용자가 사용할 수 있다.

수정자는 함수 본문을 변경하는 데 사용된다. 그러한 수식어가 사용되면 (자), 함수가 특정의 주소로부터 불려 갔을 경우에게만 통과하는 수표가 붙다.

이 디자인 구현은 일종의 구조 디자인 패턴이다.

토큰 시스템

이것은 행동 설계 패턴과 관련이 있다. 토큰 시스템은 템플릿 메소드와 유사한다. 알고리즘의 골격은 추상 클래스로 정의되어 하위 클래스가 구체적인 동작을 제공할 수 있다.

이전 장에서 호환성을 위해 ERC20 표준이 이더리움 기반 토큰 시스템에 어떻게 구현되는지에 대해 논의했다. ERC20은 코드, 소프트웨어 또는 기술이 아니다. 기술 사양이다.

그림 11.3은 권고 된 함수 정의와 함께 샘플 ERC20 표준 계약 인터페이스를 묘사 한 것이다:

```
contract ERC20 {
     function totalSupply() constant returns (uint totalSupply);
     function balanceOf(address _owner) constant returns (uint balance);
     function transfer(address _to, uint _value) returns (bool success);
     function transferFrom(address _from, address _to, uint _value) returns (bool success);
     function approve(address _spender, uint _value) returns (bool success);
     function allowance(address _owner, address _spender) constant returns (uint remaining);
     event Transfer(address indexed _from, address indexed _to, uint _value);
     event Approval(address indexed _owner, address indexed _spender, uint _value);
}
```

그림 11.3: ERC20 토큰 시스템

공장 패턴

이 디자인 패턴은 창조적 인 디자인 패턴의 일종이다. 이 패턴을 사용하면 정확한 생성 클래스를 지정하지 않고도 객체를 만들 수 있다.

그림 11.4는 템플릿에서 계약(위스키)을 배치하고 생성된 계약을 추적하는 간단한 허브(배럴)이다.

위스키는 소스 파일의 일부이므로 배럴은 컴파일하는 동안 볼 수 있다. 위스키의 바이트 코드는 배럴의 일부가되어 newwhisky ( ) 호출은 무엇을해야 하는지 알 수 있다.

일단 허브(배럴)가 배치되면 템플릿(위스키)을 배포할 필요가 없다.

우리는 전자에서 함수를 호출하여 후자를 필요에 따라 만들 수 있다.

```
pragma solidity ^0.4.11;

contract Barrel {
  address[] public contracts;
  function getContractCount()
    public
    constant
    returns(uint contractCount)
  {
    return contracts.length;
  }
  function newWhisky()
    public
    returns(address newContract)
  {
    Whisky c = new Whisky();
    contracts.push(c);
    return c;
  }
}

contract Whisky {
  function getFlavor()
    public
    constant
    returns (string flavor)
  {
    return "single malt";
  }
}
```

그림 11.4: 배럴과 위스키의 공장 패턴

레지스트리

레지스트리는 주로 데이터 디자인 패턴이다. IT는 사람이 읽을 수 있는 형식으로 계약 또는 주소를 참조하는 것을 도와준다. 일반적으로 이름 대 주소 연결로 구성된다. 외관 (문자 그대로 외설적 인 외관을 의미함) 디자인 패턴과 유사하며 구조 디자인 패턴 범주에 속한다.

솔리디티 프로그래밍 언어에서 매핑 패턴을 사용하여 레지스트리 패턴을 구현할 수 있다. 이는 부울 값, 정수, 주소 및 구조체와 같은 값 유형을 구조화하는 데 사용된다. _keytype과 _valuetype의 두 부분으로 구성된다. 다음 구문으로 나타납니다.

Mapping (_keytype =〉 _valuetype) mapname

투표 시스템

투표 시스템은 공장, 프록시, 기념품, 복합, 관찰자 및 책임 체인과 같이 더 간단한 디자인 패턴으로 구성된 복잡한 디자인 패턴이다. 이러한 복잡한 디자인 패턴 자체가 독립형 응용 프로그램으로 사용될 수 있다.

완전히 분권화된 투표 시스템을 구현하는 것은 투표 시스템을 설계하는 데 다음 모듈이 필요하기 때문에 여전히 어려운 과제이다.

- **유권자**: 투표를 한 사람. 그들은 이중 투표를 피하기 위해 식별 가능해야 한다. 그러나 그들의 표는 사적이어야 한다.
- **인증기**: 이 모듈은 유권자의 신원을 인증한다.
- **사용자**: 이들은 기본적으로 투표 프로세스의 올바른 사용을 위해 유권자를 지원하지만 유권자의 결정에 영향을주지 않는 자원 봉사자이다.
- **선거 관리 책임자**: 이 모듈은 투표 과정에서 발생할 수 있는 불일치를 감독한다.
- **관리자**: 이 모듈은 유권자의 선택에 대한 인증자와 익명성 을 유지한다.
- **연구원**: 이들은 기본적으로 이례적인 것을 탐지하고 카운트를 유지하는 통계 에이전트이다.
- **데이터베이스**: 투표 트랜잭션이 저장되는 저장소 및 유권자 ID이다.

이러한 모듈은 중앙 집중식 저장소 및 권한에 적합한다.

통일된 디자인 패턴으로서의 투표 시스템은 일반적으로 분산된 자율 법인이나 사회를 개발하는 동안 사용되며, 우리는 다음 섹션에서 연구할 것이다.

DAC 및 DAS

우리는 전체 지부를 **분산된 자율 조직**(DAO)에 헌정했다. 우리는 오랫동안 악명 높은 DAO 해킹과 엉성한 프로그래밍과 관련된 취약점에 대해서도 논의했다.

이 섹션에서는 DAO와 쉽게 혼동될 수 있는 두 가지 유사한 개념을 이해하려고한다. 이들은 **분산된 자치 기업**(DAC)과 **분산된 자치 사회**(DAS)이다.

혼란을 야기하기 위해 DAC가 DAO의 하위 집합이라는 것도 사실이다. DAC라는 용어는 Daniel Larimer에 의해 만들어졌다. 그는 DAC가 배당금을 지불하는 반면 DAO는 본질적으로 비영리 단체라는 점을 언급했다. DAC에서 주식은 구매가 능하고 거래가 가능하며, DAC의 성공 여부에 따라 주식을 지속적으로 수령할 수 있다. 물론, 우리는 DAO로부터 돈을 벌 수 있지만 그 돈에 투자하는 것은 아니다. 생태계에 참여함으로써

Vitalik Buterin이 말했듯이, DAO와 DAC의 차이점은 유동적이며, 배당금을 어느 정도 강조하고, 참여로 토큰을 얻는 것이 어느 정도인지를 강조하는 데 중점을 둡니다. 예를 들어 비트코인은 DAO로 간주될 수 있다. 일부 비트코인을 소유해도 비트코인 생태계 내에서 이익이나 의사 결정 능력을 주장 할 수 있는 자격이 부여되지 않다. 그러나 Microsoft 또는 Google의 일부 주식을 보유하고 있는 경우 합법적인 이익 공유 청구권을 보유하게 된다.

한편, DAS는 여전히 새로운 개념이다. J.Z. Garrod는 그의 통찰력 있는 논문 "분산된 자치 사회의 현실세계"에서 DAS를 떠오르는 사회로 정의했다. 이사회에서 분산된 자치 단체의 확산을 통해 인간이 중앙권력에서 벗어났다.

DAS는 병렬 현실로, 정부의 역할이 감소하고 모든 프로세스의 제어가 참가자들에게 직접 전달된다. DAS는 개발 초기 단계에 불과하지만 미래이다. 이 미래는 채팅 봇, 자가 운전 차량 또는 증강 현실이 아니라 정보 흐름, 고유 한 편향 및 분산 시스템에 대한 다양한 접근 방법에 관한 것이다. 그것은 사회의 나머지 부분과의 의사 소통 및 상호 작용 방식을 변화시킬 것이다.

이더리움개선 제안

이더리움스마트 계약 개발자가되기 위해서는 기술 및 건축 지식 외에 설계 문서를 이해할 수 있어야 한다. 이러한 문서는 모든 개발자를위한 성배이며, 기능의이면에 있는 다양한 복잡성 및 근거에 대한 필요한 통찰력을 제공한다. 이더리움 커뮤니티의 개발자를 위해, 그러한 디자인 문서는 전 세계 많은 선임 개발자에 의해 유지되며 이더리움 개선 제안으로 알려져 있다.

이더리움 개선 제안은 이더리움 커뮤니티에 정보를 제공하는 디자인 문서이다. 새로운 이더리움 기능, 새로운 프로세스 또는 새로운 환경을 제안하는 데 사용된다. EIP는 제안된 기능에 대한 간결한 기술 사양 및 근거를 제공한다. EIP의 저자는 공동체 내에서 합의를 구축하고 비평가의 의견을 문서화하는 책임이 있다. 누구나 EIP를 사용하여 새 구현을 제안할 수 있으며 공동체가 이에 동의하면 구현의 일부가 된다.

EIP의 목적과 지침은 Martin Becze와 Hudson Jameson에 의해 작성되었다. 그들은 Amir Taaki가 작성한 **비트코인 개선 제안**(BIP-0001)에서 크게 유래되었다. Amir Taaki는 Python **향상 제안**(PEP-0001)에서 영감을 얻었다. 이 제안서에 대한 저작권은 CC0에 따라 면제되며 다음 github에서 무료로 공개된다.

Https://github.com/이더리움/eips

다음 섹션에서는 정보 과부하로 인해 잃지 않고 EIP github를 직접 탐색할 수 있는 EIP에 대해 최소한의 세부 사항을 설명한다.

EIP 뒤의 합리적인 이유

EIP는 구현 진행 상황을 추적하는 데 편리한다. 각 구현은 이상적으로 EIP로 나열되어야 한다. 이를 통해 참가자와 투자자는 특정 라이브러리 또는 구현의 현재 상태를 편리하게 알 수 있다.

EIP 유형

그림 11.5는 이더리움 커뮤니티에서 권장하는 다양한 유형의 개선 제안을 보여 준다. 주로 제안서에는 세 가지 유형이 있다.

- **표준 트랙 EIP**: 이 제안은 이더리움 구현에 영향을준다. 예를 들어, 블록 크기의 변경, 트랜잭션 유효성 규칙 및 응용 프로그램의 상호 운용성은 이러한 제안의 일부일 수 있다.
- **정보 EIP**: 이 제안은 모든 디자인 문제를 표시하거나 일반적인 지침을 제공한다. 그러나 이러한 제안은 새로운 기능을 도입하지 않는다.
- **메타 EIP**: 프로세스 EIP라고도한다. 이러한 제안은 지침 및 프로세스의 변경을 제안한다. 정보용 EIP와는 달리 사용자는 구현된 EIP를 무시할 수 없다.

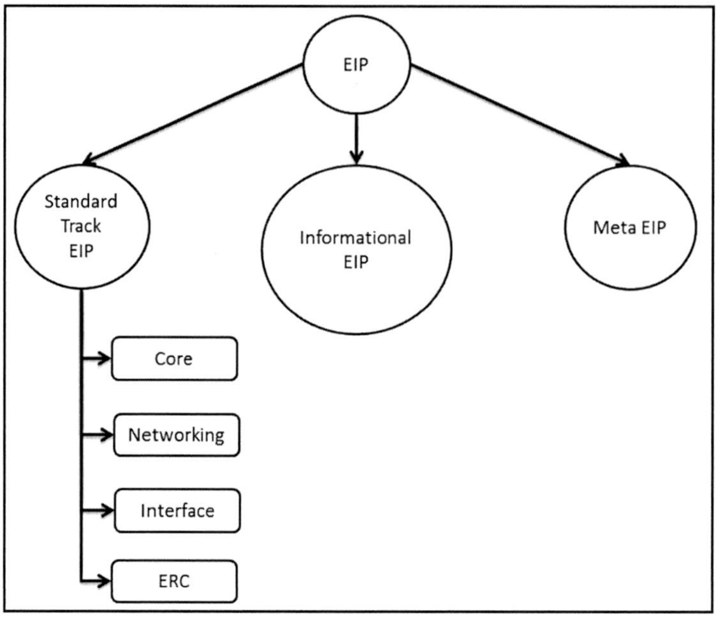

그림 11.5: eips의 종류

표준 트랙 EIP는 다음 네 가지 하위 범주로 나뉩니다.

- 핵심: 이러한 제안은 주로 합의에 비판적이며 이더리움 프로토콜 및 구현 전략의 근본적인 변화를 포함한다. 예를 들어, EIP7은 DELEGATECALL이라는 새로운 연산 코드를 제안했다.
- 네트워킹: 이 제안은 주로 웜, 속삭임, devp2p 및 라이트 서브 프로토콜 구현에 대한 변경 사항을 처리한다. 예를 들어, EIP8은 홈 스터드 에디션에 대한 devp2p 포워드 호환성 요구 사항을 제안했다.
- 인터페이스:이 제안은 ABI 인터페이스 또는 RPC 표준을 개선한다. 예를 들어, EIP6는 자살 op-code의 이름을 바꿀 것을 제안했다.
- ERC: 주로 RC(의견 수렴) 요청이며 이전 장에서 그러한 제안인 ERC20에 대해 논의했다. 이 제안은 애플리케이션 레벨 표준 및 협약을 다룹니다. 예를 들어 EIP20은 ERC20 토큰 준수를 제안했다.

EIP 수명주기 제안

수명주기의 라이프 사이클은 매우 간단한다. 일반적인 행복 경로에서 제안은 이더리움에 대한 개선 아이디어로 태어납니다. 이러한 아이디어는 EIP 초안에 의해 공식화된다. EIP가 이더리움 커뮤니티의 신뢰를 얻은 후에는 제안서가 수락되고 EIP 번호가 지정된다. 그런 다음 코드를 사용하여 구현되고 최종 상태가 주어지거나 가이드 라인인 경우 github에서 활성화된다. 최종적으로 EIP 목록은 최종 EIP 제안 번호로 업데이트된다. 일반 커뮤니티가 비판적으로 반대하는 경우 제안의 라이프 사이클이 크게 바뀔 수 있다.

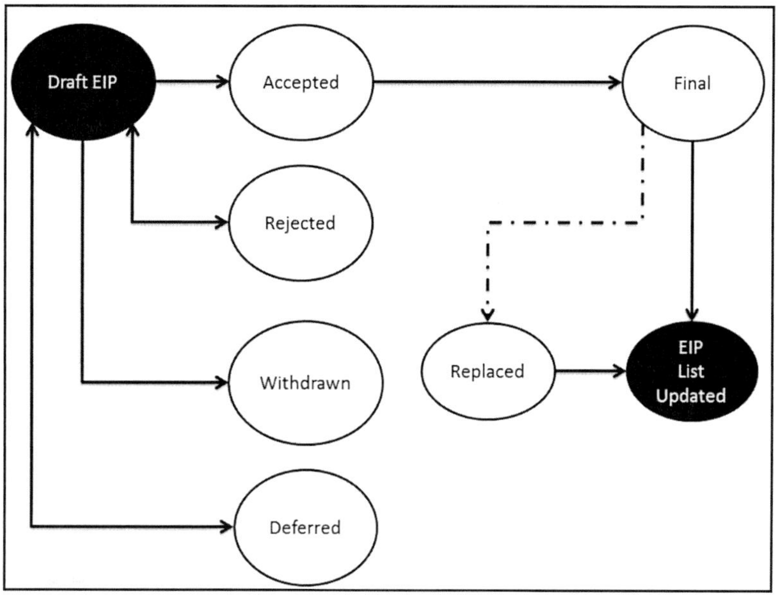

그림 11.6: EIP 작업 흐름

기술적으로 "라이프 사이클"은 잘못된 이름이다. 일반적으로이를 제안 워크 플로라고 부른다. 이는 제안서가 자체적으로 상태를 변경하지 않기 때문이다. 제안의 상태를 변경하려면 외부 사람의 개입이 필요한다. 그림 11.6은 제안서의 초안부터 시작하여 EIP 목록에서 완료되고 업데이트 될 때까지의 여러 가지 상태를 보여 준다. 또한 EIP를 대체할 수 있으므로 이전 EIP가 더 이상 사용되지 않다. 정보 용 EIP의 경우 활성 상태로 만드는 것은 최종 상태와 유사한다.

EIP 템플릿

일반적인 개선 제안 템플릿에는 다음과 같은 10개의 섹션이 있다.

- **서문**: EIP는 그림 11.7과 같이 RFC 822 스타일의 머리말 전문으로 시작한다. EIP에는 요구 헤더가 있을 수 있다. 이 현재 EIP가 종속된 EIP를 나타낸다.
- **간단한 요약**: 이 섹션에서는 EIP에 대한 간략한 설명을 제공한다.
- **개요**: 기술 문제를 해결하기 위해 약 200 단어의 짧은 설명이다.
- **동기 부여**: 이 절에서는 프로토콜의 현재의 부적절 함과 제안이이를 완화하거나 해결할 방법을 명확하게 설명해야 한다. 충분한 동기 부여가 없다면 EIP는 완전히 거부될 수 있다.
- **사양**: 이 섹션에서는 새로운 기능의 의미 및 구문을 설명한다. 사양은 상호 운용성을 지원하기에 충분해야 한다.
- **이론적 근거**: 이 섹션에서는 커뮤니티 내에서 합의가 이루어졌음을 보여 주는 증거, 이의 제기 및 이 제안에 대해 고려 된 대체 연구를 제공한다.
- **이전 버전과의 호환성**: 이 섹션에서는 이전 버전과의 비 호환성을 논의하고 결론에 도달해야 한다.
- **테스트 사례**: 이 섹션은 핵심 EIP 변경에는 필수 항목이지만 몇 가지 긍정적 인 테스트 케이스와 부정적인 테스트 케이스가 나열된 다른 EIP 제안에 대해서는 선택 사항이다.
- **구현**: EIP의 상태가 "최종"되기 전에이 섹션의 지침을 완료해야 한다.
- **저작권**: EIP는 모든 저작권이 포기된 상태로 항상 공개된다.

그림 11.7은 최종 상태 번호 EIP6가 주어진 샘플 EIP를 보여 준다.

Preamble

EIP: 6
Title: Renaming SUICIDE opcode
Author: Hudson Jameson <hudson@hudsonjameson.com>
Status: Final
Type: Standards Track
Layer: Applications
Created: 2015-11-22

Abstract

The solution proposed in this EIP is to change the name of the SUICIDE opcode in Ethereum programming languages with SELFDESTRUCT.

Motivation

Mental health is a very real issue for many people and small notions can make a difference. Those dealing with loss or depression would benefit from not seeing the word suicide in our programming languages. By some estimates, 350 million people worldwide suffer from depression. The semantics of Ethereum's programming languages need to be reviewed often if we wish to grow our ecosystem to all types of developers.

An Ethereum security audit commissioned by DEVolution, GmbH and performed by Least Authority recommended the following:

Replace the instruction name "suicide" with a less connotative word like "self-destruct", "destroy", "terminate", or "close", especially since that is a term describing the natural conclusion of a contract.

The primary reason for us to change the term suicide is to show that people matter more than code and Ethereum is a mature enough of a project to recognize the need for a change. Suicide is a heavy subject and we should make every effort possible to not affect those in our development community who suffer from depression or who have recently lost someone to suicide. Ethereum is a young platform and it will cause less headaches if we implement this change early on in it's life.

Implementation

SELFDESTRUCT is added as an alias of SUICIDE opcode (rather than replacing it).

Copyright

Copyright and related rights waived via CC0.

그림 11.7: EIP6 요약

블록체인협회

이전 장에서 논의했듯이 컨소시엄 블록체인은 개인 및 공용 블록체인 사이, 그리고 허가 범위의 중간에 놓여 있다. 이 섹션에서는 은행에서 채택한 컨소시엄 블록체인을 사용하여 사례 연구를 수행할 것이다.

은행은 송금을 빠르고, 쉽고, 저렴하게 하기 위해 블록체인이 필요한다. 다음은 이러한 목적으로 사용되는 공개 블록체인의 제한 사항이다.

- **속도**: 은행은 실시간으로 트랜잭션을 수행해야 하며 이더리움은 트랜잭션을 확인하는 데 약 12초 정도 걸립니다.
- **사용 권한**: 누구나 공용 블록체인에 대한 합의에 참여할 수 있다. 그러나 은행은 권한을 유지하거나 규제 기관을 고용하는 것을 선호한다.
- **보안**: 제한된 수의 참가자 때문에 작업 증명이 충분히 안전하지 않다.
- **프라이버시**: 기본적으로 개인 정보 프라이버시와 데이터 프라이버시로 나뉘어져 있으므로 공용 이더리움 블록체인에서 이러한 프라이버시를 유지하는 것은 매우 어렵다.

컨소시엄 블록체인은 일반적으로 광산을 필요로하지 않는 권위의 증거를 사용한다. 유효성 검사기 목록을 참조하여 진실이 도달하는 합의 메커니즘이다. 이러한 유효성 검사기는 주로 합의에 참여할 수 있는 노드 그룹이다.

R3 Corda에 대한 사례연구

R3는 많은 기관 금융 서비스를 지원할 수 있는 블록체인 플랫폼 인 Corda를 개발 한 분산 원장 회사이다.

Corda는 금융 계약을 기록 및 처리하고이 문서에 포함 된 비전을 구현하기 위해 설계되었다.

Corda 플랫폼은 현명한 계약을 지원한다. Corda에서 업데이트는 기존 상태 개체를 사용하고 새 상태 개체를 생성하는 트랜잭션을 사용하여 적용된다. 컨센서스에는 트랜잭션 유효성과 트랜잭션 고유성의 두 가지 측면이 있다.

Corda의 현명한 계약은 cordApp이다. CordApp는 일반적으로 Java 또는 kotlin으로 작성된다.

CordApps는 다음 주요 구성 요소로 구성된다.

- States (상태): 합의에 도달한 사실을 정의한다.
- 계약서: 유효한 원장 갱신 내용을 정의한다.

- 서비스: 노드 내에서 수명이 긴 유틸리티를 제공한다.
- 일련 화 화이트리스트: 이것은 노드가 유선에서받을 유형을 제한한다.

Corda의 노드 구조는 다음과 같은 구조를 가진다.

```
├—— certificates // The node's certificates
├—— corda-webserver.jar // The built-in node webserver
├—— corda.jar // The core Corda libraries
├—— logs // The node logs
├—— node.conf // The node's configuration files
├—— persistence.mv.db // The node's database
└—— plugins // The cordApps jars installed on the node
```

노드는 다음 네 가지 기능 범주를 가질 수 있다.

- **네트워크 맵**: 이것은 신원을 물리적 노드 주소 및 관련 공개 키로 해석하는 방법을 제공한다
- **공증인**: 주 지출을 목격하고 거래가 이중 지출인지 아닌지에 대한 최종 결정권을가진다.
- **Oracle**: 이것은 거래의 유효성에 영향을 미치는 사실을 제공함으로써 장부를 외부 세계에 연결한다
- **정규 모드**: 다른 노드, 공증인 및 신탁과 통신하는 프로토콜을 시작하고 개인 원장을 발전시킵니다.

블록체인 넘어서

우리는 전체 책을 블록체인 기반의 스마트 계약 개발에 집중했다. 그러나 블록체인을 기반으로 하지 않는 크립토 통화의 또 다른 생태계가 있다. 직접 비순환 그래프 또는 DAG를 기반으로 한다. 이러한 시스템을 그래프 기반 분산원장기술이라고 한다. 일부 주목할 만한 DAG 기반 분산원장기술은 dagcoin, Byteball, 해시graph 및 Tangle이다.

DagCoin was the first DAG-based DLT launched in 2012 by Sergio Demian Lerner, pioneer of blockchain-free cryptocurrencies. That was closely followed by Byteball by Anton Churyumov. Hashgraph is currently a private DLT based on DAG, invented by Leemon Baird. Tangle technology was introduced as a whitepaper by Sergey Popov on April 3, 2016. The cryptocurrency on Tangle aims at supporting transactions between Internet-of-Things(IoT) appliances, hence aptly named Iota.

In the following sections, we will explore the shortcoming of a traditional blockchain, the technology behind Tangle, a GitHub analysis of Iota, and how to purchase and store Iota cryptocurrency.

Shortcomings of a blockchain

Traditional blockchains suffer from two major problems for currency transaction:

- **Mining-pool oligopoly**: Taking into consideration the competitive nature of mining rewards, mining pools with high-end technology make the process profitless for individual miners. Also, with decreasing mining rewards, as we reach the threshold of mining (for example, in bitcoin, currently it is 12.5 BTC; earlier it was 25 BTC, which came down from 50 BTC), miners will be charging high transaction costs to justify the cost of mining and transaction validation using electricity.
- Slow validation processes with no possibility of speed-up.

Tangle demystified

Tangle is a new data structure based on direct acyclic graph. This data structure has no blocks, no chains, and no miners.

So how does a public ledger on Tangle achieve consensus or validate transactions in the absence of miners? This is achieved by involving the user who wants to make a transaction validate and approve two past transactions. This unique way of attesting two past transactions ensures the whole network achieves consensus on the current state of an approved transaction.

Iota 트랜잭션은 세 가지 단계로 나눌 수 있다.

1. **서명**: 개인 키로 거래 입력에 서명한다.
2. **팁 선택**: Markov Chain Monte Carlo(MCMC): 이 샘플링 방법은 우리의 트랜잭션, 즉 branchtransaction 및 trunktransaction에 의해 유효성이 검사되는 두 개의 팁을 무작위로 선택하는 데 사용된다.
3. **증명 작업**: 네트워크에서 우리의 거래를 승인받기 위해서, 우리는. 해시cash와 비슷하지만 비트코를 좋아하지 않는 pow를 해야 한다.

Iota의 인코딩 된 트랜잭션은 2,673 개의 trytes로 구성된다. Tryte는 바이트의 3 진 등가물이다. 일반적으로 9로 시작하는 알파벳 문자로 표시된다. 나머지 숫자는 A에서 Z로 표시된다. Iota는 균형 삼각 시스템을 사용한다. 인간이 읽을 수 있는 삼중 코드를 만들기 위해 **그림 11.8**과 같이 Iota 개발자는 숫자에 알파벳 매핑을 만들었다.

Tryte	Dec	Char	Tryte	Dec	Char
0, 0, 0	0	9			
1, 0, 0	1	A	-1,-1,-1	-13	N
-1, 1, 0	2	B	0,-1,-1	-12	O
0, 1, 0	3	C	1,-1,-1	-11	P
1, 1, 0	4	D	-1, 0,-1	-10	Q
-1,-1, 1	5	E	0, 0,-1	-9	R
0,-1, 1	6	F	1, 0,-1	-8	S
1,-1, 1	7	G	-1, 1,-1	-7	T
-1, 0, 1	8	H	0, 1,-1	-6	U
0, 0, 1	9	I	1, 1,-1	-5	V
1, 0, 1	10	J	-1,-1, 0	-4	W
-1, 1, 1	11	K	0,-1, 0	-3	Z
0, 1, 1	12	L	1,-1, 0	-2	Y
1, 1, 1	13	M	-1, 0, 0	-1	Z

그림 11.8: Iota 진부한 알파벳

광부가 없으므로, Tangle의 Iota의 기원은 모든 동전을 즉시 생태계에 도입했으며 이는 (2,339,530,283,277,761)와 동일한다 ((3^33 - 1)/2).

Lota의 고유 한 구조로 인해 다음과 같은 기능을 제공한다.

- **확장성**: 특정 시간 간격에서 유효성을 검사할 수 있는 트랜잭션 수에 제한이없는 트랜잭션의 병렬 검증으로 인해 Iota는 트랜잭션 처리량이 매우 높으며 사용자 참여도가 증가한다.
- **거래 수수료 없음**: 광부가 없으므로 거래 수수료가 없다.
- **분권화**: 광부가 없기 때문에, 거래하고자하는 모든 사용자는 적극적으로 합의에 참여해야 하며, 블록체인 기반 프로토콜보다 본질적으로 더 중앙 집중식이 아니다.
- **양자-내성**: Iota는 Winternitz 일회용 서명을 사용하고 curl이라고 하는 새로 설계된 삼중 해시 함수를 사용한다. 이는 우리가 일부 이오타를 보낸 후 한 번 이상 주소를 사용할 수 없으므로 양자 컴퓨팅 위협으로부터 어느 정도 면역할 수 있다.

Iota github 분석

Github로 가서 Iota를 검색하면 Iota 암호 화의 저장소를 연결하는 페이지로 이동한다. Iota의 github 페이지는 지갑, IRI(Iota Reference Implementation) 및 Iota javascript 라이브러리의 세 가지 주요 저장소로 구성된다. 그림 11.9는 이러한 리포지토리를 보여 준다.

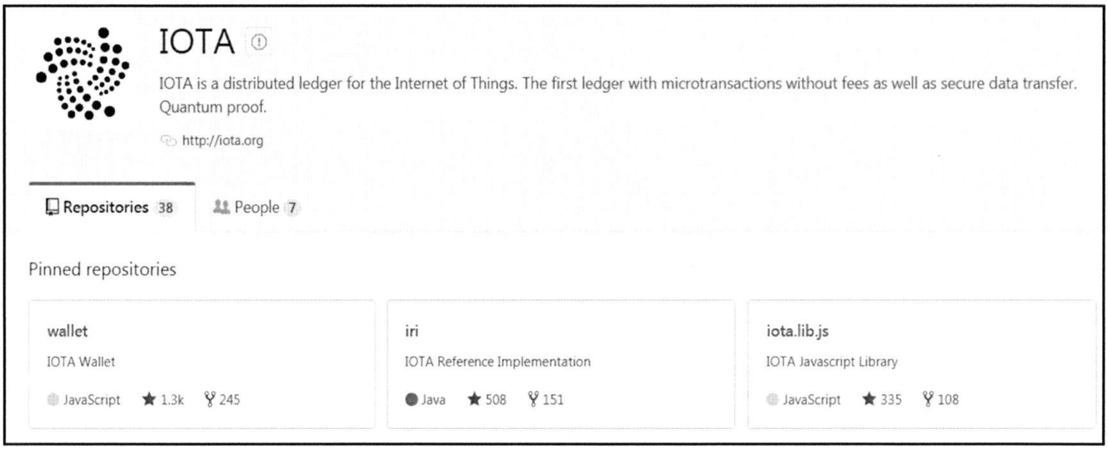

그림 11.9: Iota github (https://github.com/iotaledger)

이 세 가지 리포지토리 중 IRI는 가장 흥미로운 리포지토리이다. 그래서 IRI는 무엇입니까? Iota 프로토콜의 참조 구현이다. 비트 코 인과 매우 비슷하게 Iota는 DAG 기반 데이터베이스 인 Tangle에서 작동하며 블록체인이 아닌 프로토콜이다. 자, IRI는 Iota의 청사진을 나타낸다. 따라서 Iota 개발자가 Java로 참조 구현을 만들었을 때 실제로 Iota 함수가 작동하는 방식이며이 참조 구현을 사용하여 다른 Turing 완전한 프로그래밍 언어를 사용하여 Iota 클라이언트 또는 Iota 노드를 설정할 수 있다.

이제 우리가 한 발 물러서서 잠시 생각해 보면이 레퍼런스 구현을 사용하여 Iuring 클라이언트, 노드 또는 현명한 계약을 개발하기 위해 Turing 완전한 프로그래밍 언어 인 솔리디티를 사용할 수도 있음을 알게 될 것이다. 가능성은 끝이 없고 아주 흥미롭다. 그렇지 않니?

다음으로 우리는 Iota Wallet을 가지고 있다. Javascript로 작성되었으며 전자 응용 프로그램이다. 그래서 전자는 무엇입니까? 프로그래머가 웹사이트를 기본 응용 프로그램으로 패키지화하는 데 사용할 수 있는 도구이다. 기본적으로 macos, Windows 또는 Linux 용 기본 응용 프로그램을 개발하려는 경우 한 가지 방법은 처음부터 모든 것을 코딩하는 것이다. 이는 여러 가지 코드 기반을 유지해야 하므로 시간이 많이 걸리고 혼란스럽다. 대신 우리가 할 수 있는 일은 웹사이트를 작성하여 Windows, macos 또는 Linux 응용 프로그램으로 패키지하는 것이다. 이제 애플리케이션을 변경하거나 개발하려는 경우이 웹사이트를 추가로 개발하고 다시 패키징하면된다. 일렉트로닉은 많은 다른 암호 화 프로젝트에서도 견인력을 얻고 있다.

마지막으로 javascript 라이브러리가 있다. 다른 개발자를위한 코딩 도구 및 API를 제공한다. 개발자로서 Iota 프로토콜과 상호 작용할 웹사이트를 만들고 싶다고 가정해 보십시오. Javascript 라이브러리를 사용하여 다양한 Iota 기능을 호출할 수 있다.

다음 섹션에서는 IOT 암호 해독을 구입하고 저장하는 방법을 살펴보겠다.

Iota 구입 및 보관

현재 Iota는 화폐 단위로 직접 구매할 수 없다. Bitfinex 나 Binance와 같은 암호 교환기에서 이더리움나 비트코인을 사용하여 구입할 수 있다.

Iota를 구매하려면 다음 단계를 따라야 한다.

1. 코인베이스에 계좌를 개설하십시오.
2. 코인베이스에서 BTC 또는 ETH를 구입하십시오.
3. Bitfinex 또는 Binance에 계좌를 개설하십시오.
4. 일부 BTC 또는 ETH를 Bitfinex 또는 Binance로 전송한다.
5. BTC 또는 ETH를 사용하여 주문 입찰을한다. Iota는 5백만 달러에 판매되고 있다. MIOTA

Storage of Iota is pretty straightforward by nature. We can store the Iota in the Iota Wallet as provided in the Iota GitHub. Or we can use paper wallets as provided in the following link: https://arancauchi.github.io/IOTA-Paper-Wallet/.

To create a paper wallet, we need to pass the 81-digit code and generate a QR code, as show in Figure 11.10. We can then take a printout of the wallet and store it in a safe place:

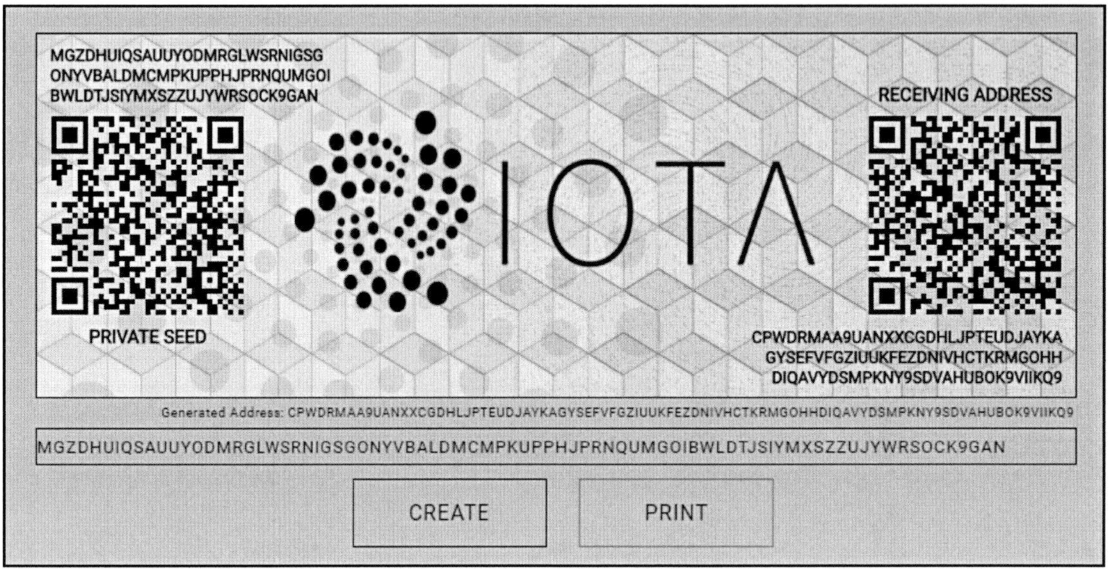

그림 11.10: Iota를 위한 서류상 지갑

블록체인(블록체인)을 넘어선 얽힘(tangle)에서, 우리는 기술적 진보의 흥미로운 새로운 단계로 끝날 수 있었다. 우리는 곧 Internet-of-Things 어플라이언스에 의해 촉진될 컴퓨터 대 기계 경제를 경험할 것이고, Iota는 결국 암호 해독 등급을 결정할 것이다.

이것은 이 책의 끝으로 우리를 데려다준다. 그러나 당신의 여정은 방금이 현명한 계약의 세계로 시작되었다. Youtube 채널, github 링크, Reddit 스레드 및 스택 교환 포럼을 통해 널리 퍼져 있는 커뮤니티에 문의하십시오. 이제 모든 **두려움-불확실성-의심**(FUD) 속에서이 기술을 사용하여 세상을 변화시킬 수 있는 힘을 얻었다. 좋은 소스 코드를 만드는 능력 만 있으면 충분한다.

Exit 0

개요

이 장에서는 디자인 패턴에 대한 간략한 소개와 함께 스마트 계약 개발에 사용되는 액세스 제한, 공장 패턴, 토큰 시스템, 레지스트리 및 투표 시스템과 같은 일반적인 패턴에 대해 설명했다. 그런 다음 분산형 자치 단체와 사회의 개념을 이해하고 DAO와 어떻게 다른지 살펴보았다. 제안 수명주기를 이해한 후 이더리움과 관련된 몇 가지 중요한 제안을 살펴 보았다. 컨소시엄 블록체인의 향후 의미를 이해하기 위해 사례 연구를 선정했다. 우리는 이타 크립토콜 러티에 대한 github 분석과 Tangle에 대한 소개를 통해 그래프 기반 분산 원장의 세계를 간단히 소개함으로써이 장을 마무리지었다.